D1666168

Leo Abel

ICH IN MEINER ZEIT

Nicht besiegt, sondern befreit!

KLECKS VERLAG

Für meine Frau Edeltraud

PROLOG

Unser Leben währet siebzig Jahre,
wenn's hoch kommt, so sind es achtzig Jahre,
wenn's köstlich gewesen ist,
so ist es Mühe und Arbeit gewesen;
denn es fährt schnell dahin, als fliegen wir davon.

PSALM 90.10

Jeder Mensch ist einmalig und einzigartig und macht seine eigenen Erfahrungen. Es gibt viele Gründe, darüber zu schreiben, aber auch darüber zu schweigen. Ich habe mich entschieden, über mein Leben zu berichten und über die Zeit, in die es eingebettet war, soweit sie für mich relevant war.
Warum?

- Ich bin Zeitzeuge. Ich habe das Dritte Reich, den Zweiten Weltkrieg, die Hungerjahre, die Wirtschaftswunderjahre sowie alle relevanten gesellschaftlichen und politischen Ereignisse der letzten 79 Jahre erlebt und einige sogar erlitten.
- Ich schreibe gern und halte es mit dem Dichter Eugen Roth, der mein Hausphilosoph ist. In meinem privaten Leben und auch in meinem Beruf habe ich

mich oft an eines seiner Gedichte erinnert und besonders an die Zeilen: »Ein Mensch denkt oft in stiller Liebe, an Briefe, die er gerne schriebe …«

In oder nach emotionsgeladenen Situationen habe ich mich dann hingesetzt und mir frei nach Eugen Roth deutlich und unmissverständlich den Frust von der Seele geschrieben und anschließend verspürt, was Eugen Roth in seinem Schlusssatz sagt, nämlich: »Das macht den Zornigen sanft und kühl und schärft das deutsche Sprachgefühl.«

Mein Leben verlief, im Wesentlichen aus Kriegsgründen, nicht so gradlinig, wie heute wohl vergleichbare Leben verlaufen. So enthält es mehrere in total verschiedene Richtungen verlaufende Lebensabschnitte. Man kann sie unter folgenden Überschriften annehmen:

- *Die Eltern mein befehl ich dir, behüt, oh lieber Gott, sie mir …*
- *Ein junges Volk steht auf zum Kampf bereit …*
- *Völker hört die Signale, auf zum letzten Gefecht, die Internationale …*
- *Brüder zur Sonne zur Freiheit …*
- *Jetzt wird wieder in die Hände gespuckt, wir steigern das Bruttosozialprodukt …*
- *Großer Gott wir loben dich …*

WOHER ICH BIN

Im Jahre 1936 fanden in Deutschland die Olympischen Sommerspiele statt. Ich war drei Jahre alt. Wir lebten in Dülmen, einer kleinen Stadt im westlichen Westfalen, bekannt durch den alljährlich stattfindenden Wildpferdefang, und nur wenige Kilometer von Münster, der Stadt des Westfälischen Friedens, entfernt. In diesem Jahr wurde ich regelrecht ins Leben geschubst, in ein Leben, das nie langweilig war und mir viele Höhen und Tiefen bescherte und das noch viele Schubse für mich bereithielt.

In diesem Jahr also setzen meine Erinnerungen ein. Das Erste, an das ich mich erinnere, hat sich so in meinem Gedächtnis verankert, dass es mich mein ganzes späteres Leben begleitet hat. Es war ein winziger Augenblick, der mein Erinnerungsvermögen in Gang brachte, ein Augenblick, in dem mir schlagartig der Zusammenhang von Regeln, Technik und Sternen klar wurde. Meine Eltern saßen mit den übrigen Bewohnern des Mehrfamilienhauses vor dem einzigen Volksempfänger und hörten sich die Übertragungen aus Berlin an. Mein Kindermädchen Annemie hatte mich nur einen Moment aus den Augen gelassen. Ich lief auf die Straße, dann: Straßenlärm, Hupen, lautes Schreien, Reifen quietschten, ein großer Schmerz durchzog Leib und Arme ... und Sterne, nein, ein ganzer Sternenhimmel sprühte aus meinen Augen ins Universum. Ich sah die weinende Mama, den mit dem Autofahrer streitenden Papa, sah viele Leute zusammenlaufen und hörte Polizeisirenen: »Tatütata.«

Einige Zeit später kam ich im Bett zu mir. Es war leider kein Traum; ein Auto hatte mich angefahren. Ich war frontal auf die Kühlerhaube geknallt, war aber mit einigen Beulen, Blutergüssen, Hautabschürfungen und natürlich mit Schmerzen und einigen Tagen Bettruhe davon gekommen. Das war also das Erste, was ich in meinem Leben bewusst wahrgenommen habe und das mich auch heute noch täglich an die Gefahren des Straßenverkehrs erinnert.

Ja, und dann noch eine weitere – eine traurige – Erinnerung an Dülmen. Einige Monate nach diesem Unfall starb die von mir heiß geliebte Annemie, die Tochter unseres Hauswirtes und mein Kindermädchen, im Alter von 14 Jahren an Leukämie. Das hat mich sehr getroffen und ich war lange Zeit sehr traurig. Ich wusste nun auch, was ›Tod‹ bedeutet und was es mit dem Himmel und so auf sich hatte. Noch lange habe ich mir vorgestellt, dass Annemie auch weiterhin von oben über mich wachte.

Drei Jahre zuvor, am 22.02.1933, habe ich vormittags um 9:45 Uhr im Mühlenweg als drittes von vier Kindern der Eheleute Maria Gabriele und Franz Josef Abel in diesem Leben den ersten Laut von mir gegeben – so ist es überliefert. Mein Geburtshaus steht direkt neben dem Parkfriedhof und ist auch heute noch in einem guten Zustand. In dem Haus am Mühlenweg erblickte drei

Jahre zuvor auch mein Bruder Bernhard, genannt Berni, das Licht der Welt. Karl-Heinz, der Älteste, wurde in Rheine geboren. Meine Schwester Hannelore, unsere Nanni, kam in Münster auf die Welt.

Als Dreikäsehoch wusste ich davon natürlich noch nichts. Aber ich wollte gern alles darüber wissen und löcherte meine Mutter immer wieder mit: »Mama, wo bin ich geboren?«

»Du bist überhaupt nicht geboren, antwortete sie einmal, dich haben sie aus dem drögen Pütt gezogen.«

»Was ist ein dröger Pütt, Mama?«

»Der dröge Pütt ist ein trockener Brunnen hier in Haus Dülmen.«

»Och.«

Es hört sich zwar nicht so an, aber für sie, meine Mutter, war es – wie später auch für mich und die meisten Menschen, die ich kenne – ein großes Glück auf Erden, Erzeuger eines neuen Erdenbürgers zu sein. Nicht umsonst spricht man ja vom ›freudigen Ereignis‹.

Mutter, Vater, Kind, eine junge Familie, eine Schicksalsgemeinschaft und Basis eines jeden Staates, ein Bild der Freude, des Friedens und des strahlenden Glücks. Ein Bild, in dem sich in der Regel Kraft, Mut, Frieden und vor allem auch Zuversicht für die Zukunft widerspiegeln.

Vielleicht ist es wissenschaftlich nicht ganz korrekt, wenn ich vom Wunder der Menschwerdung spreche, ich fühle das aber einfach so! Von der eigenen Säuglingszeit kann man naturgemäß nicht berichten. Aber als Vater, Opa, Onkel konnte ich viele Neugeborene hier auf Erden begrüßen. Ich bin jedes Mal wieder überwältigt und kann mich nicht sattsehen an dem neuen Erdenbürger.

Da liegt er vor dir, ein lieber, kleiner, bezaubernder Winzling. Mit klaren, großen und neugierigen Augen schaut er in diese Welt. Quicklebendig strampelnd und lachend liegt er vor uns – oder er schreit um Beachtung, um Nahrung – oder saugt zufrieden, genüsslich und schmatzend an Mutters Brust – eine Augenweide! Nett und liebenswert in jeder Pose. Er ist so wehrlos, schutzbedürftig, schuldlos, rein, schuldloser kann man wirklich nicht sein. Man möchte ihn hoch heben, ans Herz drücken, knuddeln und ihm das Allerbeste für alle Zeiten hier auf Erden wünschen und ihm ein Willkommen zurufen, ein Willkommen in einer Welt, die so schön sein könnte.

So schön, wären da nicht die Hypotheken, die er schon in seiner Wiege, in seinen Windeln vorfindet. Hypotheken, seien sie genetisch bedingt oder auch durch den Stand, in den er hinein geboren wurde. Hypotheken auch in Form einer auf die Person bezogenen erheblichen Staatsverschuldung oder – und besonders – durch eine von seinen Vorvätern zerstörte Umwelt. Wäre darüber hinaus sein Wahrnehmungsvermögen schon dafür geeignet, würde er mit Entsetzen feststellen, dass Menschen sich gegenseitig umbringen und ihre eigene, aber auch seine, des neuen Erdenbürgers, Existenzgrundlage mutwillig, sinnlos, gedankenlos, dumm zerstören. Er würde bestimmt laut aufschreien, seine Altvorderen verfluchen und – wenn er könnte – sich wieder von dieser Welt verabschieden.

Rein, sauber, unschuldig; das ist der Naturzustand eines Neugeborenen, so, wie er sich mir darstellt. Und was wird daraus? Was wird daraus gemacht? Wird er ein Engel, ein frommer Mensch, ein Gutbürger oder wird er gar ein Blutsauger, ein Verbrecher, ein Satan? Alles ist möglich! Wer stellt dafür die Weichen, wer ist verantwortlich?

Es fällt mir schwer zu glauben, dass ein Mensch schon als Verbrecher geboren werden kann.

Fest glaube ich jedoch an die Wirksamkeit einer guten Erziehung! Weshalb den Erziehenden und ihrer eigenen Prägung eine hohe Bedeutung beigemessen werden muss.

Kinder bekommen von ihren Eltern, von der Gemeinschaft oder vom Staat Regeln und Normen vermittelt und ihre Einhaltung als Pflicht auferlegt. Sie sollen beten, Händchen geben, Küsschen geben, die Hand zum deutschen Gruß heben, sie müssen im Haushalt helfen und zur Schule gehen und vieles andere mehr. Sie übernehmen das zunächst unreflektiert und entwickeln später daraus ein Pflichtbewusstsein, das heißt, sie wissen dann, was sie zu tun und was sie zu lassen haben. Es dauert noch viele Jahre, bis sich bei ihnen ein Pflichtgefühl bildet, was bedeutet, dass sie aus eigenem sittlichen Ermessen entscheiden können – idealerweise nach dem kategorischen Imperativ, der da meint, dass man so handeln soll, dass das eigene Handeln zur allgemeinen, universalen Gesetzgebung werden könnte.

Obwohl sich in der Zwischenzeit die einem Neugeborenen schon in die Wiege gelegten Hypotheken dramatisch erhöht haben, gab es sie auch schon zum Zeitpunkt meiner Geburt. Ich brauche nur das Jahr 1933 mit seinen Ereignissen und Folgen zu nennen, wie die Machtübernahme durch Hitler und die Reichstagswahl, bei der die NSDAP 43,9% der Stimmen erhielt. Aber auch an die Zeit davor, die das alles überhaupt erst möglich machte.

Um das alles richtig verstehen zu können, lohnt es sich, nein, ist es sogar erforderlich, einen kurzen Blick in die Vergangenheit zu werfen. In eine Zeit, in der die Eltern und Großeltern geboren wurden und in deren Geist sie aufgewachsen sind. Ein Geist, der sich nach Beendigung des ›Heiligen Römischen Reiches Deutscher Nation‹ entwickelt hat und davon beseelt war, ein vereintes Reich, jetzt ein Großdeutsches Reich zu schaffen. Ein Geist, der 1871 zum Zweiten Deutschen Reich und später zum Ersten Weltkrieg und 1933 zum Dritten Reich und in die Katastrophe führte. Ein Geist, den ich in meiner Wiege vorfand und der auch in der nachstehenden, von einem Cousin meines Vaters, geschriebenen und vorgetragenen Festrede zum Ausdruck kommt.

Von ihm sind viele Geschichten und Beschreibungen über die Heimat und Natur bekannt. Der folgende Artikel fällt durch seinen politischen Charakter aus dem Rahmen. Eine kritische Betrachtung des Textes ist auch unter Berücksichtigung der damaligen Zeit angezeigt. Geschrieben hat ihn der praktizierende Katholik wohl im Jahre 1924, in seinem 41. Lebensjahr. Beachtenswert ist dieser Artikel deshalb, weil er einen Blick auf die Person, den Geist seiner Umgebung sowie die Zeit und die Geschichte dieser Epoche wirft. Eine Zeit, von der die Großeltern und Eltern geprägt wurden und aus der zuerst der Glanz und später der Schatten auch mich erreichte.

Zur Erinnerung: 1923 besetzte Frankreich wegen stockender Reparationsleistungen das Ruhrgebiet. Reichskanzler Cuno verkündet daraufhin den passiven Widerstand. Am 8. November putschte Hitler in München.

Der Erste Weltkrieg war fast vergessen, damit das nicht auch für die gefallenen Soldaten zutraf, wurde für sie ein Ehrenmal errichtet. Zur Einweihung schrieb Vaters Cousin folgenden Text für das Heimatblatt:

ALS DER WÜRFEL FIEL …

Eine Erinnerung an Deutschlands schwerste Zeit.

Sturm!
Heulen die Glocken von Turm zu Turm!
Über die Gärten, über die Wälder,
Über die Häuser, die Hütten und Felder
Braust er daher aus Ost und West.

(Paul Waracke, August 1914.)

Sturm über Land! Wetterleuchten am Horizont! Wie ein Blitz aus heiterem Himmel schallt es über das in Ruhe und Frieden daliegende deutsche Land: Krieg! In alten Chroniken wurde er prophezeit, am prasselnden Herdfeuer sprach man von ihm seit zehn, zwanzig, fünfzig Jahren. Und nun sind die Würfel gefallen! Sarajewo! Ein fanatischer Serbe, kaum erwachsen, Student, lebensunreif, erschoss Österreich-Ungarns Thronfolgerpaar.

15

Und dieser Fürstenmord sollte das Signal sein? Dennoch! Diese Schüsse haben furchtbaren Schall. Anschwellend im hohlen Echo donnern sie über die Welt. Die Meute ist bereit. Ringsum haben die Kabinette ihr Netz über Deutschland gesponnen; zu stark, zu groß, zu glücklich ist es geworden.

Wir wollen keinen Krieg, Deutschlands Kaiser hatte sich acht Tage nach dem Morde auf seine alljährliche Nordlandreise begeben. Das Volk atmete auf, glaubend, das Unheilvolle würde sich auf Balkans Boden auswirken. Doch weit davon entfernt!

Am 30. Juli 1914 mobilisiert Russland das ganze Heer und ehe unsere Landsleute im Fernen Osten den Sommermorgen begrüßten, schritt russische Kavallerie im Kreise Thorn über die deutsche Grenze.

Am 1. August, nachmittags 5 Uhr und 30 Minuten, befahl der Oberste Kriegsherr die deutsche Mobilmachung; 50 Minuten früher stand Frankreich unter Waffen.

Mit reinen Händen griffen wir zum Schwert, deutsche Heimaterde vor der Beutegier feindlicher Nachbarn zu schützen.

Mobil!

Seit 44 Jahren war uns das Wort fremd. Nun aber schlug es mit furchtbarer Gewalt auf uns. Und es geschah das Wunder, das große, das vordem und heute wieder unfassbare: dass die Hunderttausenden, die entblößten Hauptes um das Schloss an der Spree standen und weit über Berlins Grenzen hinaus, in den Gauen, Provinzen, Herzogtümern, Königreichen und überall, wo deutsche Laute klangen, –, dass alle diese Millionen zur Einheit wurden, zum einzigen, großen, waffenstarrenden Deutschland. »Lieb' Vaterland, magst ruhig sein«, unter diesem Zeichen strömten die Freiwilligen in die Kasernen. Pflug und Schraubstock hatten ihre Arbeit getan, die Kontore und Lehrsäle lagen verwaist. Alte und Junge, Greise und Knaben – alle, alle wollten dem Vaterland helfen. Mütter, Frauen und Bräute gaben ihr Liebstes hin, ohne zu weinen, ohne zu klagen. Wie jubelte das Herz, wenn eine Siegesnachricht an unser Ohr schallte! Dann brachte der Glocken eherne Klang diese Freudenbotschaft über alle Lande. Flaggen und Wimpel brauchten nicht mehr eingezogen werden, so folgte Sieg auf Sieg.

Zehn Jahre liegen hinter uns. Zehn schwere Jahre, voll Siegesjubel und Siegesfreude, voll Harren und Hoffen, voll Entbehrung und Kümmernis, voll Niedergang und Absturz, voll Nöte und Hungerqualen, voll Knechtschaft und Sklaventum.

Aber heute, am Tage der Einweihung unseres Ehrenmals für die Gefallenen aus Stadt und Amt Dülmen, wollen wir die Not vergessen. Wir wollen die Erinnerung an Großes leben: an deutsche Einigkeit, an deutschen Heldenmut und deutsche Treue. Wir wollen aufblicken zum Heldentum unserer Soldaten, der Männer wortloser Tat, zu den circa 400 Teuren, deren Namen auf der Rückseite des Denkmals eingegraben sind. Dann finden wir Stärke, dann finden wir Kraft, und das ist das Vermächtnis derer, die aus dem Kriege nicht wiedergekommen, die Blut und Leben ließen auf dem Altare des Vaterlandes, das sie liebten über alles.

Unsere Blicke wandern hinüber zu den Grabstätten in Ost und West, Süd und Nord. Friedlich schlummern die Teuren dort dem großen Auferstehungstage entgegen, an welchem der Lohn werden soll für das, was sie dem Vaterland geopfert.

Wie oft hört man das geflügelte Wort und die bange Frage: War alles umsonst?

Nein! Es soll nicht umsonst gewesen sein! Der Geist unserer toten Helden soll uns anfeuern, uns ihrer würdig zu zeigen. Und das können wir, wenn wir den Heiligen Geist der Kameradschaft, der Treue und Pflichterfüllung unserem Volke wieder einimpfen.

Das erste Gebot des Frontgeistes war, dass man füreinander eintrat und nicht gegeneinander kämpfte. Und das zweite Gebot lautete: Du sollst dein Vaterland über alles lieben, ihm dienen, wo und wie du es auch immer vermagst!

Wenn wir diesen Geist in uns aufnehmen, jeder an seiner Stelle, wenn wir durch deutschen Fleiß, deutsche Treue, deutsche Arbeit den deutschen Namen, der lange Jahre in der Welt geächtet war, wieder reinwaschen, dann ist das Blut unserer Helden nicht umsonst geflossen. Dann hat es keimfähige Saat hervorgebracht, deren Früchte – hoffen wir es – die heutige Generation noch ernten wird. Mit größerer

Begeisterung dürfen wir dann aus vollem Herzen singen:

Einigkeit und Recht und Freiheit
Für das deutsche Vaterland.
Danach lasst uns alle streben,
Brüderlich mit Herz und Hand.
Einigkeit und Recht und Freiheit
Sind des Glückes Unterpfand.
Blüh' im Glanze dieses Glückes,
Blühe, deutsches Vaterland!

Nach diesem Text hält man zuerst einmal die Luft an. Aber so war es zu dieser Zeit. Die Glorifizierung des Deutschtums reicht weit zurück und hat ihre Ursachen – wer Näheres darüber wissen möchte, muss sich mit der europäischen Geschichte beschäftigen. Der Boden war gesät, der Weg bereitet, er führte direkt über 1933 in die Katastrophe. Das war die Hypothek, die meine Generation in die Wiege gelegt bekommen hat.

Meine Mutter Maria Gabriele, genannt Mieze, war eine schöne, freundliche, hilfsbereite und warmherzige Frau und eine tolle Köchin und völlig unpolitisch. Sie erblickte am 08.10.1897 in Przeheischen, in der damaligen Österreichisch-Ungarischen Monarchie – heute Prehyson in Tschechien – das Licht der Welt. Dort war ihr Vater, Franz Gollob, bevor die Familie nach Deutschland auswanderte, als Steiger tätig.

Mama hatte von Natur aus pechschwarze Haare, die sie im Alltag geflochten und als Dutt zusammengesteckt trug. Bei besonderen Gelegenheiten trug sie aber ihr Haar offen. Sie hat vor ihrer Heirat Hauswirtschaft erlernt und war später bis zu ihrer Verehelichung Hauswirtschafterin auf einem großen Gutshof nahe bei Düsseldorf. In der Hauswirtschaft – vom Kochen bis zum Schneidern – war sie perfekt; das hatte sie während ihrer Ausbildung und auch von ihrer ebenfalls in diesen Dingen perfekten Mutter gelernt. Nach ihrer Hochzeit hat sie ihre Berufstätigkeit aufgegeben, war aber während der Kriegsjahre noch ehrenamtlich für das Deutsche Rote Kreuz tätig: Sie nähte und strickte für die Soldaten und begleitete auch Kindertransporte in die weniger gefährdeten Gebiete Deutschlands. Wenn Mutter große Wäsche hatte, dann war das schon ein Aufwand und ein Stress für die ganze sechsköpfige Familie. Genau wie die Kohlen, das Feuerholz, die Asche und alle eingekauften Waren, musste auch die Wäsche von Hand über fünf

Etagen über die Treppen transportiert werden. Es gab keine Waschmaschine, sondern nur ein Waschbrett.

Obwohl das unter Strafe stand, hat sie für die bei den Bauern eingesetzten kriegsgefangenen Fremdarbeiter (Russen und Franzosen) im Winter warme Handschuhe und Socken gestrickt und ihnen diese heimlich zugesteckt. Nach dem Kriege, in den Hungerjahren, arbeitete sie bei den Bauern auf dem Felde oder nähte und flickte die Kleidung anderer Leute gegen Naturalien und stellte so unsere Versorgung auch in Krisenzeiten sicher.

Sie starb, für alle zu früh, im Alter von 67 Jahren.

Vater wurde am 23.02.1899 in Rheine geboren. Nach seiner Schulausbildung erlernte er den Beruf eines Buchdruckers. Später machte er die Prüfung als Buchdrucker- und Buchbindermeister. Vater musste den erlernten Beruf wegen einer Krankheit aufgeben und war infolgedessen dann lange arbeitslos. Durch seinen Eintritt in die NSDAP bekam er nach langer Arbeitslosigkeit wieder Arbeit und Brot als Verwaltungsangestellter, jetzt aber in Münster.

Politisch stand er wohl in seinem Inneren zunächst links. Durch den politischen und wirtschaftlichen Druck sah er sich dann gezwungen, das Lager zu wechseln, was er aber nach den Krieg wieder aufgab. Bewusst wurde mir das bei einer Reise mit ihm ins Ruhrgebiet. Wir wollten den Bruder meiner Mutter besuchen. Die Deutsche Reichsbahn verkehrte noch nicht planmäßig auf allen Strecken, deshalb mussten wir in Haltern schon aussteigen. Wir gingen mit Gepäck beladen zu Fuß von

Haltern in Richtung Dülmen. In Haus Dülmen, etwa auf halbem Wege, besuchten wir noch Freunde der Eltern. Sie wohnten dort in einem alten Wehrmachtserdbunker, ganz abseits in der Heide. Mein Vater und sein Freund unterhielten sich intensiv bei einer Flasche Korn. Beide hatten mit Beendigung des Krieges eigentlich schon mit dem Leben abgeschlossen, machten jetzt aber wieder Zukunftspläne. Vaters Freund, ein Wäschereibesitzer, erzählte, dass er beim Wiederaufbau seines Hauses sei und sogar daran denke, das Nachbargrundstück hinzuzukaufen. Aus dem zunächst leisen Gespräch wurde es unter dem Einfluss des Alkohols lauter und emotionaler. Vater sagte mit erhobener Stimme, er verstehe überhaupt nicht, wie jemand ein Grundstück kaufen könne. Der liebe Gott habe diese Welt und damit auch alle Grundstücke doch für alle Menschen auf Erden erschaffen, wieso sich einige Menschen anmaßen könnten, Grund und Boden ihr Eigen zu nennen. Das hat mich schon sehr überrascht, hatte ich doch den Namen Gottes vorher nie von ihm gehört. Nun, sie konnten über dieses Thema keine Einigung erzielen und wir sind etwas steif auseinandergegangen.

Ein weiteres Indiz für seine politische Gesinnung war ein Bericht, den ich über eine Ehrung in seinem Nachlass fand. Bei dieser Ehrung bekam Vater einen Holzsäbel überreicht mit den Worten: »Dieser Sabel dem roten Abel.«

Vater war auch ein leidenschaftlicher Raucher. Waren es zuerst Pfeife, Zigarren und Zigarillos, konnten es später auch Zigaretten sein. Während der Kriegsjahre musste er zwangsläufig seinen Tabakkonsum einschränken. In den Jahren des Mangels nach dem Kriege baute er seinen eigenen Tabak an. Die geernteten Tabakblätter hängte er in der Scheune zum Trocknen auf, anschließend wurden diese fermentiert und geschnitten. Die getrockneten Tabakstängel musste ich in der Kaffeemaschine schreddern. Das Produkt nannte er ›Eigenheimer‹.

Wenn Vater genug Tabak hatte, ging bei ihm das Feuer nicht aus. Erst im Alter von 70 Jahren verzichtete er auf diesen Hochgenuss, weniger aus gesundheitlichen Gründen, sondern weil seine Lebensgefährtin ›Tante Friedchen‹ und deren Gardinen den Qualm nicht vertragen konnten.

Gern trank er auch ein Gläschen Bier oder noch lieber ein oder auch gleich mehrere Schnäpschen.

In der Familie war Vater die dominierende Persönlichkeit. Das bezog sich auch auf die Abstrafung bei unseren kleinen ›Vergehen‹. Es gab Ohrfeigen und auch mal etwas mit dem Kochlöffel hinten drauf. Körperliche Erziehungsmaßnahmen waren in dieser Zeit sowohl in der Familie als auch in der Schule nicht unüblich.

Vater wurde wegen seiner Berufskrankheit und wegen seiner aus einem Wirbelsäulenleiden resultierenden starken Schmerzen nicht zur Wehrmacht eingezogen. Ich habe ihn oft darüber klagen hören, dass er leider nicht, wie alle seine Brüder, für Führer, Volk und Vaterland kämpfen konnte. Es ist kaum zu glauben, aber ich denke, das meinte er wirklich ernst. Später war er beim Wehrbezirkskommando und durfte ›Menschen-Nachschub‹ für den Krieg mustern, und noch später – bis zum Kriegsende

– war er Mitarbeiter des Landeswirtschaftsministeriums in Münster. Neben seiner Berufstätigkeit war er des Nachts zur Heimatflak abkommandiert. Außerdem hat er nebenbei in der knappen Zeit, die noch übrig blieb, bei der Berufs- und Verwaltungsakademie studiert. Nach dem Kriege verlor er seine Arbeit, diesmal weil er Parteimitglied war. Bei der Entnazifizierung erhielt er aber den Status ›unbelastet‹. Nach mehreren Anstellungen als Gelegenheitsarbeiter erhielt er 1952 eine feste Sachbearbeiterstelle im Finanzamt Oberhausen, wo er dann auch bis zu seiner Pensionierung blieb. In seinem 90. Lebensjahr hat er seine Lebensgeschichte erzählt, die ich dann aufs Papier gebracht habe.

Wie das Leben so spielt: Papa hat zeit seines Lebens ständig über Schmerzen geklagt. Er hat sich in seiner Jugend vom Schulsport befreien lassen und auch später nie Sport getrieben, er hat bis zu seinem 70. Lebensjahr gequalmt wie ein Schlot und auch den Alkohol nicht verachtet und ist entgegen allen Voraussagen, die es über einen derartigen Lebenswandel gibt, 95 Jahre alt geworden.

Wegen der Berufskrankheit meines Vaters zog die Familie 1936 von Dülmen nach Münster. In dieser schönen, stolzen Stadt habe ich in unserer unmittelbar am Aasee und nicht weit vom Prinzipalmarkt entfernt gelegenen Wohnung neun Jahre lang gelebt. Es gab nur einige kurze Unterbrechungszeiten, in denen ich wegen der Kriegsereignisse in krisensichere Gebiete verschickt worden war – Kinderlandverschickung nannte man das damals. In der Körnerstraße bekamen wir für damalige Verhältnisse eine sehr gute Neubauwohnung. Die Wohnung, in der wir wegen der Kriegswirren nur wenige Jahre wirklich gemeinsam gewohnt haben, ist trotzdem bei mir mit vielen Erinnerungen verbunden. Da waren die Kriegsjahre. Voller Angst habe ich dort, zitternd und betend im Luftschutzkeller verborgen, den Bombenkrieg hautnah erlebt und der Zerstörung der Stadt durch feindliche Flieger als hilfloser Beobachter unverständlich zusehen müssen. Das Heulen der Sirenen, das Pfeifen der Bomben, die Ecke, in die ich mich immer vor Angst verkrochen habe. Das Brennen von Häusern und das ungewollte Ansehen von Toten und Verletzten auf der Straße sind nicht spurlos an meiner kindlichen Seele vorbeigegangen und verfolgen mich noch heute im Schlaf.

Die Wohnung lag im vierten Stock, hatte zwei Schlafzimmer, eine Wohnküche, ein Wohnzimmer und ein Bad. Das Wohnzimmer wurde nur wenige Tage im Jahr genutzt. Ich erinnere mich noch gut an die Einrichtung. Unter anderem stand an einer Wand eine Chaiselongue, darüber ein Wandbehang und darüber ein großes, gerahmtes Hitlerbild. Hitler in Kampfpose und in SA-Kleidung mit aufgeschlagenem Mantel und hochgeklapptem Kragen, drunter stand sein Name.

Die Warmwasserversorgung im Bad geschah über eine Gastherme. Für die Heizung stand in der Küche ein Kohleherd und im Wohnzimmer ein Kanonenofen. Rechts neben der Eingangstüre an der Wand hingen die Kaffeemühle mit Kurbel und eine Klopfpeitsche. Letztere war ein Ledergriff mit sieben langen Lederriemen, die als

Mittel zur Züchtigung vorgesehen war, bei uns aber mehr der Abschreckung diente. Na ja, gelegentlich hat die Peitsche auch mal den einen oder anderen Hintern von uns Kindern kennengelernt. Von der Eingangstüre rechts gesehen, hatte die Küche eine Dachschräge mit vorgebautem Dachfenster, darunter stand der Tisch mit fünf Stühlen und an der rechten Kopfseite Papas Ohrensessel. Unten auf dem Boden, in der Ecke zwischen Küchenschrank und Papas Sessel, war meine Angstecke. Hierhin habe ich mich immer wieder verkrochen und die Augen zugemacht, damit mich keiner sehen konnte. In meiner Angstecke war ich in Sicherheit vor allen möglichen Monstern, zum Beispiel hatte man es geschafft, mir eine fürchterliche Angst vor dem ›Bullemann‹ einzuhämmern, später kam noch die Angst vor Bomben dazu.

Für damalige Verhältnisse war unser Zuhause eine sehr moderne Neubauwohnung. Im Keller stand für alle sieben im Hause wohnenden Familien eine Waschküche zur Verfügung, die reihum zu benutzten war.

Wie schon meine Brüder trug ich bis zu einem bestimmten Lebensalter vorne auf dem Kopf einen kurzen Pony. Der überwiegende Teil des Kopfes war – in der Regel aus Kostengründen durch meinen Vater – kurz geschoren. Das hieß dann im Sprachgebrauch ›Glatze mit Vorgarten‹.

Soviel ich auch darüber nachdenke, ich sehe nicht, dass ich irgendwann mal zu Hause eigenes Spielzeug hatte. Also mussten wir uns anderweitig helfen. Wir stellten Stühle zusammen zu einem Zug und begaben uns damit auf Fantasiereisen, oder wir machten mit Töpfen und Pfannen Musik. Berni und ich waren auf unseren großen Bruder neidisch, der schon bei der Marine-HJ war und damit auf dem Aasee paddeln und segeln konnte. Für meine kleine Schwester Hannelore hatte die Oma eine Puppe aus Lumpen gemacht. Hannelore und ich haben sie dann in einer feierlichen Zeremonie auf den Namen Kluntaberta getauft und Hannelore war mit ihr sehr glücklich.

Die Religion hatte in unserer Familie im Alltagsleben keinen besonders hohen Stellenwert. Ich besuchte aber trotzdem vormittags den nahe gelegenen katholischen Kindergarten. Ich ging gerne da hin, ich mochte, ja, ich liebte die Schwestern, besonders Schwester Angela. Die Schwestern, allesamt katholische Nonnen, beteten täglich mit uns, unter anderem auch für die armen Bergleute, die mit ihrem Totenhemd bekleidet in die Grube fahren würden.

Im Kindergarten haben wir viel gewerkelt, viel gebetet und im Außenbereich auch viel gespielt. Besonders gern hörten wir zu, wenn uns die Schwestern etwas vorgelesen haben. Nach der Einschulung bin ich weitere zwei Jahre auch noch nachmittags in den Kindergarten gegangen. Mit acht Jahren wurde meine Generation dann auch für die ›Deutsche Jugend‹ interessant, die sich schon bald um uns kümmerte.

Gebetet wurde bei uns zu Hause eigentlich nur, wenn Vaters Mutter, Wilhelmine Abel, zu Besuch kam. Dann aber mindestens dreimal am Tag. Meine Großmutter, 1871 geboren, war eine sehr fromme Frau und strenge Mutter. Sie kam aus einer durch und durch religiösen Familie.

Oma Wilhelmine hat 11 Kinder geboren. Ein Kind davon ist namenlos bei der Geburt gestorben, zwei weitere später an Tuberkulose. Die anderen acht haben später eigene Familien gegründet und sind alle, nach beachtlicher Lebensleistung, inzwischen hochbetagt verstorben. Ihr erreichtes Lebensalter: 79/95/93/92/78/ 62/94/87 – im Durchschnitt sind sie also 85 Jahre alt geworden.

Der Taufpate ihres jüngsten Kindes war Kaiser Wilhelm II.

Oma Wilhelmine war eine energische, einfühlsame und vor allem gottesfürchtige Frau. Der Rosenkranz war ihr ständiger Begleiter, Morgen-, Tisch- und Abendgebete waren für sie ein MUSS. Nach ihrer Schulzeit kam sie zur Ausbildung für ›höhere Töchter‹ in das Pensionat der Ursulinerinnen in Dorsten, einer altehrwürdigen Ausbildungsstätte mit wechselhafter Geschichte. Großmutters Lebensleistung und echte Frömmigkeit verlangen mir noch heute großen Respekt ab. Vaters Mutter war auch literarisch begabt und hat viele Kurzgeschichten und Gedichte geschrieben, die auch in der Tageszeitung und in Heimatblättern veröffentlicht wurden. Oma Wilhelmine starb 1962 im Alter von 91 Jahren in Beckum.

Vaters Vater, Opa Bernhard Abel, ebenfalls im Jahre 1871 geboren, hat Hoch- und Tiefbau studiert und war später Stadtbaumeister der Stadt Beckum und Architekt.

Er starb früh, wurde nur 68 Jahre alt. Zu seinem Tod veröffentlichte die Stadt Beckum folgende Würdigung:

In den 35 Jahren, in denen Stadtbaumeister Abel in Beckum tätig war, hat er sich als unermüdlicher Beamter gezeigt, dem keine Arbeit zu viel wurde. Das bewies er namentlich in den schweren Kriegsjahren, als der Kommunalverwaltung Aufgaben übertragen wurden, die vornehmlich auf wirtschaftlichem Gebiet lagen. Aus diesem Notstand heraus übernahm Stadtbaumeister Abel auch andere Abteilungen, um helfend einzuspringen. Auch außerdienstlich stand er der Bevölkerung mit Rat und Tat zur Seite. Manchem Mann hat er beim Erwerb seines Eigenheimes uneigennützig, wie er immer war, geholfen. Nach seiner Pensionierung widmete er sich vornehmlich Aufgaben des Luftschutzes. Von der Regierung als Fachmann eingesetzt, hat er bei der Herstellung vieler Luftschutzbunker geholfen, wie er weiter alles getan hat, um die ihm noch am Lebensabend gestellten Aufgaben bis 14 Tage vor seinem Tod zu erfüllen.

Mein Vater lieh sich zur Beerdigung seines Vaters einen schwarzen Zylinder und trug einige Zeit eine schwarze Armbinde, was damals bei Todesfällen allgemein üblich war. Schwarze Armbinden waren, wegen der vielen Kriegstoten, bald immer häufiger in der Stadt zu sehen.

Zwei Personen möchte ich noch erwähnen, die in unserer Familie allgegenwärtig waren, Oma Wilhelmines Bruder Ferdinand und Opa Bernards Bruder Arnold.

Ferdinand war katholischer Priester, er wurde in der ganzen Familie respektvoll Onkel Pastor genannt. Ferdinand wurde am 29.01.1868 in Dülmen geboren. Nach dem Abitur studierte er in Münster Theologie und wurde am 18.03.1893 dort im Alter von nur 25 Jahren zum Priester geweiht und war in einer sehr schweren Zeit im Ruhrgebiet als Pfarrer tätig.

Über den Bruder meiner Oma kursieren viele Legenden. Seine Fronleichnamsprozessionen in Duisburg sollen die prächtigsten in der ganzen Region gewesen sein. Auf einer dieser Prozessionen ergab sich – so wird berichtet – Folgendes:

Die Prozession setzte sich betend und singend in Bewegung. Voran die Fahnenträger, gefolgt von den ständig mit Glöckchen bimmelnden und in weißen Gewändern gekleideten Messdienern. Dahinter zwei Geistliche, die ihre duftenden Weihrauchgefäße schwenkten. Dann der prunkvolle Baldachin als künstlicher Himmel, von vier Trägern hochgehalten, unter dem der Gründungspfarrer von St. Norbert, Pastor Ferdinand, die im Sonnenschein goldig funkelnde Monstranz hochhaltend, würdig einher schritt. Dahinter, singend und betend, der Kirchenvorstand und die Gemeindemitglieder. Mit Wohlwollen und auch etwas Stolz warf Pastor Ferdinand vor dem Umzug einen letzten Blick auf seine Gemeinde. Ja, er hatte gerufen und sie waren alle gekommen. Die Ansässigen und auch die Zugereisten aus fünf Ländern, die inzwischen mit einem Anteil von 80% die Mehrheit in der Gemeinde stellten. Das Ruhrgebiet war zum Kap der Guten Hoffnung und zum Eldorado für die Arbeitssuchenden in ganz Europa geworden. Keine leichte Aufgabe, sie alle zu integrieren. Die Gemeindebriefe zum Beispiel waren in fünf Sprachen zu verfassen. Es waren im Wesentlichen junge Männer, die auch schon mal Trouble machten, sich nicht immer an Normen hielten und im kirchlichen wie auch im politischen Bereich aufgrund ihrer Mehrheit Mitsprache verlangten. Im Namen Gottes des Allmächtigen hatte er es geschafft, sie alle zu integrieren. Dabei bediente er sich auch schon mal ungewöhnlicher Maßnahmen, die nicht immer das Wohlwollen der Politiker und des Bischofs fanden, für die er unbequem war und die hier gerne einen angepassten Pfarrer gehabt hätten. Was soll's, dachte er, blickte zum Himmel, ließ die Augen hoch rollen und sagte leise: »Danke.«

Der Prozessionsweg führte durch eine Straßenunterführung. Die Fahnenträger und Messdiener hatten den Bereich schon passiert. Als der Baldachin die Brücke erreichte, wurde es unruhig. Erst lautes Gemurre, dann wütende Schreie und erhobene und geballte Fäuste. Ferdinand fragte: »Was ist da los?« Die ehrwürdige Prozession kam ins Stocken. Alle Blicke richteten sich jetzt auf die Brücke. Oben auf der Brücke standen drei Jungen und pinkelten hinunter auf den Baldachin. Entsetzen durchfuhr Ferdinand und seine Begleitung: Du lieber Gott, was tun? Hastig drückte er einem der Messdiener die Monstranz in die Hände, raffte seine Rockschöße und rannte die Böschung hoch; andere rannten mit und versuchten vergeblich, die Kinder zu erreichen. Als sie zurückkamen, erhielten sie lauten Beifall, die Lieder, die vorher eher verhalten klangen, hörten sich jetzt frisch, vielleicht sogar etwas fröhlich an. Die Kapelle spielte *Großer Gott, wir loben dich*, die Gemeinde betete inständig für die bösen Buben und bat Gott und alle Heiligen, sie auf den rechten Weg zu führen.

Es wurde berichtet, dass Ferdinands Ansehen durch diesen Vorgang in der Gemeinde sehr gewonnen hatte. Seine Gegner hätten in dem Vorgang aber auch eine Möglichkeit gesehen, ihn loszuwerden. Einige Zeit später wurde er, wie es hieß, aus gesundheitlichen Gründen, als Pfarrer in das kleine und idyllische Dörfchen Barlo in die Nähe der holländischen Grenze versetzt, was er wehmütig und demütig befolgte. Die Gemeinde St. Norbert in Duisburg hatte ihn aber durch eine prachtvolle Verabschiedung gebührend gewürdigt. In Barlo hatte er sich schnell dem Leben auf einem Dorf angepasst. Wie alle seine Schäfchen trug er Tag für Tag Holzschuhe und hieß dort deshalb im Volksmund der ›Klotschenpastor‹. Auch aus seiner Zeit in Barlo gibt es viele Legenden, die hier aber nicht weiter genannt werden sollen. Nach dem Krieg hat er in Münster – unbequem und unkonventionell wie er nun einmal war – einige Juden vor der Gestapo verborgen und dadurch möglicherweise ihr Leben gerettet.

Opas Bruder Arnold Josef, der in unserer Familie nur Onkel Arnold genannt wurde, war eine schillernde Persönlichkeit. Als sogenannter Zwölfender beim Militär hat er die Welt kennengelernt. Es heißt, er sei in China gewesen und habe im Jahre 1900 auch am Boxeraufstand teilgenommen. Auf seinem Oberkörper hatte er zahlreiche Narben, die er bei Folterungen durch die Chinesen erhalten haben will. 1904 war er auch an der Niederschlagung des Hereroaufstandes in Deutsch-Südwestafrika, dem ehemaligen Schutzgebiet des Deutschen Reiches, beteiligt. In seiner Wohnung in Münster hielt er einen lebenden Alligator.

Meine Vorfahren der väterlichen Linie kommen aus einer kleinen Stadt in Westfalen und von einem Hof, der dort seit 1477 nachweisbar ist, eine wechselvolle Geschichte hat und heute noch von Angehörigen unserer Linie bewirtschaftet wird. Die Hofbesitzer waren im 18. Jahrhundert in der Gemeinde über viele Generationen Bauernrichter. Über die Zeit von 1477 bis heute habe ich eine Familienchronik geschrieben.

Mutters Eltern, Aurelia und Franz Gollob, beide 1871 in Leoben geboren, stammen aus Österreich, dem Land, von dem aus 1.000 Jahre lang das ›Heilige Römische Reich Deutscher Nation‹ regiert wurde und aus einem seiner Nachfolgestaaten, der Österreichisch-Ungarischen Monarchie. Lebensmittelpunkte dieser Vorfahren waren Leoben, Bruck an der Mur, Graz und Pilsen. Ihre Vorfahren, so meine Recherchen, waren Bergleute, bürgerliche Hausbesitzer, Amtsdiener, Greislermeister, Stadlermeister und Kaminfeger. Mein Großvater, Franz Gollob, hat auf der Bergschule Leoben sein Steigerdiplom erworben und war in mehreren Regionen des Landes im Bergbau beschäftigt. Etwa 1920 wanderte die Familie nach Deutschland aus. In Oberhausen fanden sie eine neue Heimat. Hier waren sie zuerst staatenlos, erhielten aber später die deutsche Staatsbürgerschaft. Als Österreich noch etwas später dann ›heim ins Reich‹ kam, war das alles sowieso bedeutungslos und wir waren alle zusammen Reichsdeutsche. In Oberhausen waren sie total ausgebombt und besaßen nur noch das, was sie am Leibe trugen. Während des Krieges waren die Großeltern in ihrer früheren Heimat evakuiert. Nach dem Kriege wurden sie – jetzt als Deutsche – aus Österreich ausgewiesen. Sie kamen dann – ebenso wie unsere Familie – als Evakuierte auf ein Dorf im Münsterland. Beim Nachbarbauern bekamen sie ein Zimmer. Auf diesem Hof feierten sie auch ihre goldene Hochzeit.

1950 sind zuerst meine Eltern, dann meine Großeltern nach Oberhausen gezogen. Hier hatte ein Bruder meiner Mutter, Onkel Franzel, inzwischen über die Gewerkschaft und mit viel Selbsthilfe ein Eigenheim gebaut und konnte dort beide Familien aufnehmen.

Der andere Bruder meiner Mutter, Onkel Leo, mein Taufpate, hatte noch in der alten Heimat ein Lehrerstudium absolviert. Nach der Einwanderung nach Deutschland konnte er hier als Staatenloser keine Anstellung als Lehrer bekommen. Er bemühte sich um eine andere Beschäftigung und war dann bis zu seiner Pensionierung in Oberhausen im Katasteramt tätig. Onkel Leo war Hobby-Pianist und Hobby-Maler. Bei meiner Geburt hatte er für mich ein Sparbuch über 20,00 Reichsmark angelegt. Das muss wohl zu dieser Zeit viel Geld gewesen sein. Als mein Erinnerungsvermögen einsetzte und meine Mutter mir davon erzählte, habe ich mir mindestens einmal pro Woche das Sparbuch zeigen lassen und war stolz, ein reicher Junge zu sein.

In Oberhausen war Opa Franz bis zu seiner Pensionierung als Reviersteiger tätig. Ein Beruf, ein fester und sicherer Job, der damals mit vielen Privilegien verbunden war. Meine Mutter hatte es verstanden, mir die Vorteile dieses Berufes so nahe zu bringen, dass er schon bald auch zu meinem Berufswunsch wurde.

Meine Oma mütterlicherseits, Aurelia Gollob, war eine sehr freundliche Frau, drei Kindern schenkte sie das Leben. Sie hatte eine Knollennase und stets ein mildes Lächeln auf den Lippen. Da sie überwiegend helle Kleidung trug, nannte ich sie die ›weiße Oma‹.

Wenn sie zu Besuch kam, habe ich mich gefreut, denn sie brachte immer etwas für uns Kinder mit. Beruflich war sie gelernte Schneidermeisterin. Neben ihren Aufgaben als Hausfrau und Mutter schneiderte sie viel für Bekannte, Freunde und Verwandte. Sie hat auch schöne Gedichte und Verse geschrieben. Noch heute erinnere ich mich an die Lieder, die sie mir damals vorgesungen hat.

Im letzten Jahr waren meine Frau und ich in Österreich und sind dort abends auch gern zum Heurigen gegangen. Es war himmlisch; der leckere Wein und die Atmosphäre nahmen uns ganz gefangen. Ich habe an meine Großeltern gedacht und mit völlig fremden Leuten alle Lieder gesungen, die ich von Oma und Opa Gollob gelernt hatte. Herrlich!

Die Gollobs waren eine Familie mit einem sehr engen Zusammenhalt und mit einer liebevollen gegenseitigen Zuneigung. Der Tod seiner lieben Frau Aurelia hatte Opa Franz so getroffen, dass er nur wenige Monate später auch das Zeitliche segnete. Man sagte, er habe nach dem Tod seiner Frau keine Lust mehr zum Leben gehabt und jegliche Nahrungsaufnahme verweigert. Zudem wurde erzählt, dass er eines Tages die Luft so lange angehalten hat, bis er tot war. Beide Gollobs starben im Alter von 82 Jahren.

Ich war gerade sechs Jahre alt, da brach der Zweite Weltkrieg aus. Dass es ein deutscher Angriffskrieg war, erfuhr ich natürlich nicht – na, immerhin war ich ja auch erst sechs Jahre alt. Ich hörte, dass Deutschland die Übergriffe der Polen endlich leid sei, deshalb würde seit 5:45 Uhr zurückgeschossen. Aus der Reaktion der Erwachsenen schloss ich aber, dass etwas Tolles passiert war, etwas, über das man sich freuen konnte. Keiner hat auch nur einmal versucht, mit mir zu sprechen und mir zu erklären, was Krieg ist und was Krieg bedeutet. Es dauerte aber gar nicht lange, bis ich von allein begriff, dass Krieg wirklich nichts ist, über das man sich freuen konnte. Das ist anderen Jungens auch wohl nicht besser ergangen. Ich kann mich erinnern, dass wir zu fünft auf einer hohen Mauer gesessen und uns über den Krieg unterhalten haben. Alle waren wir uns darüber einig, dass Adolf Hitler, unser Führer, jetzt auch der höchste Soldat sei. »Ist der denn mehr als Feldmarschall?«, wurde gefragt. So richtig fanden wir darauf keine Antwort, einigten uns aber schnell darauf, dass der Führer der Höchste überhaupt sei. Bis dann einer zweifelnd fragte: »Aber der ist doch nur Gefreiter?« Ja, auch das hatten alle schon mal gehört. Wir versuchten, uns ein Bild davon zu machen. Gefreiter und oberster Kriegsherr – und das alles gleichzeitig –, das war aber zu viel für uns, das ging über unsere Hutschnur und so sprachen wir lieber über Themen, bei denen wir uns wirklich auskannten.

Zur Schule hatte ich es nicht weit, sie stand unserer Wohnung gegenüber auf der anderen Straßenseite. Vom Elternschlafzimmer aus konnte man durch die Fenster bis in die Klassenräume sehen. Die Antoniusschule war eine katholische Volksschule, sie wurde später in Pluggendorferschule umbenannt.

Infolge der Kriegswirren musste ich innerhalb von Münster und in der Zeit der Kinderlandverschickung – über die ich später noch berichten werde – sieben verschiedene Volksschulen besuchen. Kriegsbedingt gab es auch viele Ausfallzeiten. Die Antoniusschule war zeitweilig Luftschutzkeller, Kaserne und auch Lazarett. Die Anwohner machten Krankenbesuche und betreuten die verwundeten Soldaten. Oft wurden die Soldaten, wenn sie auf dem Wege der Besserung waren, in die Familien eingeladen. Manchmal gab es auch Einquartierungen. Wir Kinder gingen oft zu den Soldaten.

Als ich einmal zur Toilette ging, fiel mir ein Spruch auf, der in großen Buchstaben an der Wand stand. Ich las, verstand aber weder den Sinn noch die Worte. Zu Haus fragte ich die Mutter, was das denn wohl bedeutet: »Der Gonokokken sitzt und lauscht, wenn der Urin vorüberrauscht.« Sie meinte, dass ich das bestimmt mal wieder falsch gelesen hätte und sagte: »Frag den Papa.« Ich glaube, ich habe den Papa nie danach gefragt, denn jahrelang saß der Spruch noch als nicht identifizierbares Phänomen in meinem Gehirn.

Ein Soldat hatte bei uns eine Zeit lang Familienanschluss. Bei einem nicht angekündigten Besuch in unserer Wohnung musste meine Mutter dringend zu einem anderen Termin. Zu dem Soldaten gewandt sagte sie: »Ich muss mal eben weg, Sie können ja in der Zeit mit Leo lesen üben; mit dem Lesen hat er das nicht so.«

Als Mutter weg war, holte ich mein ›Deutsches Lesebuch‹ und legte es auf den Tisch. Ich stand über den Tisch gebeugt und die Nase tief ins Buch gedrückt. Der Soldat stand dicht hinter mir. Er beugte sich eng über mich, hielt seinen Arm über meine Schulter und zeigte mit einem Finger auf das Wort, das ich lesen sollte. Er atmete schwer und drückte seinen Unterkörper immer fester gegen den meinen. Ich empfand das als sehr unangenehm und wollte mich befreien. Im Befehlston rief er aufgeregt: »Bleib stehen, bleib stehen, lies, lies …«

Es schellte, Mutter kam, der Spuk war vorbei, ich war froh. Als er weg war, fragte sie: »War es schön mit deinem Soldatenfreund?«

»Überhaupt nicht, der hätte mich ja fast erdrückt«, sagte ich und erzählte. Ihre heftige Reaktion war für mich damals unbegreiflich, ich habe sie dann auch erst sehr viel später begriffen und bis heute nicht vergessen. Nachdem sie sich etwas beruhigt hatte, sagte sie: »Der kommt mir nicht mehr ins Haus.«

Tatsächlich habe ich ihn auch nie wiedergesehen. Später hörte ich, dass mein ›Soldatenfreund‹ wieder an die Front geschickt wurde.

Das Haus in der Körnerstraße 33, in dem wir unsere Wohnung hatten, steht heute noch dort wie eh und je. Die Antoniusschule, auf der anderen Straßenseite, wurde im Krieg total zerstört. Dort stehen heute Wohngebäude. Oft habe ich in späteren Jahren auf einer Bank vor diesem Gebäude gesessen und zur 4. Etage im Haus auf der anderen Straßenseite hinaufgeschaut, an meine Jugendjahre gedacht und gesungen:

Die alten Häuser noch,
die alten Straßen noch,
die alten Freunde
aber sind nicht mehr.

Ja, jetzt waren wir im Krieg. Bald fingen die Stadt und die Bevölkerung an, sich auf feindliche Angriffe vorzubereiten. In aller Eile entstanden Tief- und Hochbunker aus Stahlbeton. In den Kellern der Häuser schaffte man für die Bewohner Luftschutzräume. Kellerdecken wurden mit Balken und Stempel zusätzlich abgestützt und zum Schutz vor Bomben- und Granatsplittern die Kellerfenster zugemauert. Zu den Nachbarhäusern stellte man Durchbrüche als Fluchtwege her. Doppelbetten für die Kinder, Bänke für die Erwachsenen, eine Notfallapotheke und Räumwerkzeuge standen für den Notfall bereit.

Irgendwann gab es die ersten Luftangriffe auf Münster, die sich dann in unregelmäßigen Abständen und unterschiedlichen Stärken bis zum Kriegsende ständig wiederholten. Heulende Sirenen warnten bei der Annäherung von feindlichen Flugzeugen mit Voralarm und bei weiterer Annäherung mit Vollalarm. Alle Lichtquellen, auch an Fahrzeugen, waren jetzt zu verdunkeln. Da jederzeit in Verbindung mit dem Alarm das elektrische Licht ausfallen konnte und Batterien Mangelware waren, hatte jeder von uns eine Taschenlampe mit Dynamo. Kleidungsstücke mussten vor dem Zubettgehen so gelegt werden, dass man sich auch im Dunkeln schnell ankleiden konnte.

Wer den Bombenkrieg erlebt hat, wird die Erinnerung daran nie los; ich kann sie zwar zeitweise zurückdrängen, die Erinnerung, im Schlaf holt sie mich aber immer wieder ein. Ein Film läuft vor meinen Augen ab; heulende Sirenen, Vollalarm! Ansage im Radio, feindliche Fliegerverbände im Anflug auf Münster. Wir springen aus den Betten, ziehen uns ganz schnell an, springen die Treppen hinunter und laufen in den Luftschutzkeller. Vorher noch einen Blick nach draußen! Wir hören das Brummen der Flugmotoren, Scheinwerfer am Himmel suchen nach Flugzeugen, sogenannte Christbäume und abgeworfene Leuchtkugeln machen die Nacht taghell, Flakgranaten detonieren. Abgeworfene Bomben heulen und explodieren, Bomben- und Granatsplitter fliegen weit durch die Gegend. Feuer in den Straßen – Brandbomben!

Friedemann und ich vor dem Fenster des Luftschutzkellers.

Wie oft hat mich die Erinnerung daran im Traum ver-
folgt. Beim Schreiben dieser Zeilen drängt sie sich wieder
in mein Bewusstsein und ich sehe uns, die Kinder und
Mütter der Körnerstraße 33, im Luftschutzkeller auf

Holzbänken hocken. Die Männer sind ja im Krieg, bei der Heimatflak oder als Luftschutzhelfer eingesetzt. Voller Angst sitzen wir unten und hören das dumpfe Knallen der Flakgranaten. Bomben fallen! Wir hören ihr Pfeifen – wer das schrille Pfeifen der Bomben einmal gehört und die Sekunden bis zur Detonation gezählt hat, wird es nie mehr in seinem Leben vergessen. Treffen sie mich, uns oder andere? Das ganze Haus bebt, schüttelt sich, Kalkplättchen rieseln von der Decke. Die Frauen ziehen die Schultern ein, werfen sich flach bäuchlings auf den Fußboden – werfen die Hände über ihren Kopf oder werfen sich schützend über ihr Kind, schreien, kreischen, beten. Kinder klammern sich an ihre Mütter, sie schreien, weinen – Mama, Mama, lieber Gott, hilf uns, lieber Gott, hilf uns! Nach langer Zeit endlich Ruhe, sie sind abgedreht. Die erste Welle haben wir überstanden. Wie viele Wellen sind es heute? Wieder Sirenengeheul – Entwarnung, wir leben, wieder einmal überlebt! Aus den Nachbarhäusern lodern Flammen. Die Feuerwehr rückt an, Nachbarn retten, was noch zu retten ist und helfen beim Löschen.

»Wer plündert, wird erschossen«,
ist noch an der Hauswand zu lesen und
»Räder müssen rollen für den Sieg«.

Auf der Straße liegen Tote, Verletzte krümmen sich und schreien vor Schmerzen. Bergungskommandos, die meistens aus Kriegsgefangenen bestanden, rücken an. Wieder Sirenen, Ansage im Radio: Eine zweite Welle im Anflug auf Münster. Die Szene wiederholt sich. Das Ganze nicht nur an einem Tag, einmalig, sondern in unregelmäßigen Abständen – immer wieder, immer wieder! Lieber Gott, wie kannst du das zulassen? Lieber Gott, hab Erbarmen! Es wird geschworen, Gelübde werden abgelegt – wenn wir hier heile rauskommen, dann ... Ja, wenn, dann ...

Nach einem Fliegerangriff am hellen Tage kam mein Vater nicht nach Hause. Er war als Luftschutzwart für einen Bunker in der Innenstadt zuständig, nahe seiner Dienststelle. Auf der Straße wurde erzählt, die Innenstadt sei schwer zerstört worden und in einem Bunker etwa 50 Personen – Frauen, Kinder und Behördenangestellte – zu Tode gekommen. Ich ging los, den Vater suchen. Auf dem Weg und an Ort und Stelle fragte ich alle Leute, die ich traf: »Habt ihr meinen Papa gesehen, wo ist mein Papa?« Alle Leute weinten, nahmen mich in den Arm, versuchten mich zu trösten – ich weinte auch. Die Aufräumarbeiten hatten begonnen. Menschen wühlten in den Trümmern und suchten nach Verschütteten. Ich irrte ziellos durch die Schuttberge, und als ich zu Hause ankam, war mein Vater – Gott sei Dank – gerade angekommen. Später erzählte er, er sei im Bunker gewesen, wollte sich als Luftschutzwart nur einen Moment einen Überblick über die Lage verschaffen, als es passierte. Bomben heulten, ein ohrenbetäubender Lärm, Staubwolken und aus! Alle Leute, die im Bunker Schutz suchten, waren tot; er kam mit einigen leichteren Verletzungen davon.

Für die Bevölkerung gab es während des Krieges Aufrufe zum Sammeln von Silberpapier und Metallen aller

Art. Nach Bombenangriffen suchten wir deshalb nach Bomben- und Granatsplittern und brachten sie zu den Sammelstellen. Was an Metallgegenständen im Haushalt zu entbehren war, wurde ebenfalls abgeliefert, dafür gab es dann eine Urkunde. Ich erinnere mich, dass ich meine Eltern sehr genervt habe mit der Bitte, doch auch ein etwas älteres Essbesteck abliefern zu dürfen – immerhin, nach vielem Hin und Her durfte ich. Silberpapier lieferten wir an der Pforte des Klarissenklosters an der Weseler-straße ab und bekamen dafür von den Schwestern einige Pfennige. Silberpapierstreifen gab es jede Menge. Sie wurden von feindlichen Aufklärungsfliegern vor einem Bombenangriff abgeworfen, um das deutsche Radar zu stören. Der Gang zum Klarissenkloster war für uns aller-dings auch immer etwas gruselig, wurde uns doch er-zählt, dass die Schwestern nachts in ihrem eigenen Sarg schliefen.

Meine heutigen Gedanken zu kriegerischen Ausei-nandersetzungen im Allgemeinen und zum Zwei-ten Weltkrieg im Besonderen:

Unbegreiflich ist das, was damals geschehen ist. Unbegreiflich auch die spätere Verarbeitung des-sen, was bei uns und in der ganzen Welt so unsäg-liches Leid hervorrief. Noch unbegreiflicher ist es, dass trotz allem Ähnliches auch heute noch Tag für Tag in einem anderen Teil der Welt geschieht. Der Schmerz ist dort genauso groß wie damals bei uns. Gott, wo ist deine Barmherzigkeit, wo ist deine

Allmacht, wo deine Liebe? Hat Satan die Weltherrschaft errungen? Auf all das Leid, das Deutschland der Welt und die Welt Deutschland angetan hat, kommt später noch die unverständliche Spitze. Einige Leute bekommen für diesen Massenmord von höchster Stelle Orden verliehen und Leute, die besonders viele Menschen, vor allem Zivilisten – Frauen und Kinder – töteten, bekommen sogar dafür noch ein Denkmal errichtet.

Natürlich darf man einzelne geschichtliche Ereignisse nie separat betrachten sondern immer eingebettet in ihrer Zeit und im Zusammenhang mit der Schuldfrage. Ich kann mir aber überhaupt nicht vorstellen, dass das Motto ›Auge um Auge, Zahn um Zahn‹ irgendetwas mit Menschlichkeit zu tun hat. Ja, so hatte ich das hier geschrieben und Punkt! Dann sah ich im Fernsehen einen Bericht vom Einsatz der deutschen Soldaten in Afghanistan. Es wurde eine Vergeltungsszene geschildert. Am Vortage waren drei deutsche Soldaten von den Taliban getötet worden. Nun zog eine Kompanie zum Rachefeldzug aus. Der Hauptmann rief zu den in Marschordnung stehenden Soldaten: »Soldaten, Auge um Auge.« Wie auswendig gelernt rief, nein, schrie die ganze Kompanie wie aus einem Mund: »Zahn um Zahn.« Ich hätte es nicht für möglich gehalten, dass es so etwas heute noch gibt.

Wer »Ja« sagt zum Krieg in Gedanken, Worten und Taten, unterdrückt in seinem Inneren die Menschlichkeit und gibt Satan Gewalt über sich, egal ob es ein Politiker oder ein Bürger sagt oder befürwortet. Jeder Krieg bringt zwangsläufig Mord, Totschlag, Gräuel, Misshandlungen und Vergewaltigungen mit sich, egal, in welcher Absicht er auch immer geführt wird. Einen Heiligen Krieg oder ein Fair Play im Krieg gibt es nicht. Gewalttaten führen zu Gewalttaten und lassen Menschen zu Unmenschen, zu gehirnlosen Wesen degenerieren – zwangsläufig! Daraus resultieren Gräueltaten, die jegliches Vorstellungsvermögen übertreffen. Gewalt verselbstständigt sich!

Ich bin mir sicher, dass kein einziger Abgeordneter irgendeines Parlamentes einem Krieg zustimmen würde, wenn er an der Spitze des Heeres als einfacher Soldat in den Krieg ziehen müsste.

Werfe ich einen Blick auf die Leistungen, zu denen die Menschen körperlich und geistig imstande sind, fällt es mir auch schwer zu glauben, dass die Menschen zu dumm sein sollen für ein friedliches und humanes Zusammenleben. Was also verhindert den Einsatz von Intelligenz bei diesem Thema? Sind es wirtschaftliche Interessen von Gruppen, Unternehmen, Staaten oder ist es nur einfach das Streben nach mehr Macht über Gebiete, Menschen und Ressourcen? Ist es Gier nach Macht, Geld oder Geltung oder einfach nur Neid?

Das einfache Volk aller Länder, so denke ich, könnte trotz unterschiedlicher Herkunft und Religion friedlich zusammenleben, dafür gibt es ja auch einige wenige Beispiele; unter anderem Kanada. Warum *sollten sich deutsche, französische, polnische oder russische Arbeiter gegenseitig erschlagen? Sind es also die Staatenlenker oder Religionsführer, die Feuer legen oder Öl ins bereits lodernde Feuer gießen? In diesem Zusammenhang fällt mir ein Satz ein, den ich von meinem ehemaligen Hauptlehrer nach Kriegsende gehört habe: »Wir kämpfen nicht fürs Vaterland, wir kämpfen nicht für die Ehre, wir kämpfen aus vollem Unverstand für 1.000 Millionäre.« Wofür seid ihr wirklich gestorben, ihr ›Helden‹ aller Nationen?*

Was den Zweiten Weltkrieg betrifft, hat meiner Meinung nach ALLES und haben ALLE versagt. Gescheitert sind und verloren haben die Diplomatie, die Religionen und die Wissenschaft genauso wie die deutsche Reichsregierung und die Regierungen der Alliierten sowie alle Regierungen weltweit. Besonders schlimm fand ich bei meinen Recherchen, dass Repräsentanten, sogar der Kirchen, die besondere Vorbildfunktion für das Volk hatten – mit ganz wenigen Ausnahmen –, geschwiegen oder das System sogar unterstützt haben.

Dass unsere eigene Wohnung in Münster 1943 total ausgebombt wurde, mussten wir nicht miterleben, nicht mit ansehen. In dieser Zeit waren wir vor den Kriegseinwirkungen in Sicherheit gebracht worden; wir waren in sichere Gegenden Deutschlands evakuiert worden und konnten so überleben.

Zum ersten Mal, ich war sechs Jahre alt und gerade erst eingeschult, kam ich im Rahmen der Kinderlandverschickung nach Eitting, Kreis Erding, in Oberbayern. Meine Mutter brachte mich zur Sammelstelle am Bahnhof. Ich trug ein Schild um den Hals mit Namen, Heimatadresse und Zielort. Ich sehe das Bild noch vor mir.

Im ersten Schuljahr.

Es war auf einem Güterbahnhof; ich sah viele Gleise und dunkle Gebäude. Die Gebäude waren mit Plakaten beklebt, ich konnte sie noch nicht richtig lesen, wusste aber, was draufstand, weil es zum Text auch passende Abbildungen gab. »Räder müssen rollen für den Sieg«, und dann das Bild von einem dunklen Kerlchen mit einem Sack auf dem Rücken: »Kohlenklau!« Und auch »Feind hört mit!«. Ich sehe heute noch das Bild meiner weinenden Mutter vor der Abfahrt des Zuges. Wir umarmten, umklammerten uns noch einmal und weinten beide. Keiner von uns wusste, ob er den anderen je wiedersehen würde. Es gab viele Eltern, die die Verschickung ihrer Kinder verhindert haben, weil sie sich sagten: »Wenn schon sterben, dann lieber mit den Kindern gemeinsam.«

Im Süden Deutschlands war noch nichts vom Krieg zu spüren, aber man war wachsam. Bestimmte Knotenpunkte mussten Tag und Nacht von Zivilpersonen kontrolliert und überwacht werden.

Ich kam auf einen recht kleinen und alten Bauernhof. Die Berghammers waren liebe Leute. Hier war alles sehr unkompliziert, im Haus und auf dem Hof bewegte man sich barfüßig.

Schorsch Berghammer und ich in
Eitting bei Erding.

Berghammers hatten zwei Kinder, Marie und Schorsch.
Schorsch war etwas jünger als ich, Marie schon sehr viel
älter. Auf dem Hofgelände standen Wohngebäude mit
angebautem Stall und eine abseits stehende Scheune mit
einem Hühnerstall davor. Auf dem eingezäunten Hof
liefen Hühner, Gänse, Enten und Rad schlagende Pfauen
in bunter Reihe herum. Im Stall standen fünf Kühe, die
Felder wurden mithilfe eines Ochsengespanns bestellt.
Hauptnahrungsmittel der Familie waren Knödel sowie
Suppe mit Knödeleinlage; solche Nahrung kannte ich

vorher nicht. Die Knödelschüssel stand mitten auf dem Tisch und jeder löffelte aus der Schüssel direkt in den Mund. Später erzählte man, ich hätte vier Wochen lang jegliche Nahrungsaufnahme verweigert und Tag und Nacht geweint. Ich verhungerte aber nicht. Da es meine Aufgabe war, täglich mehrfach für die Hühner gekochte Kartoffeln zu stampfen, aß ich, wenn ich Hunger hatte, einige Kartoffeln aus dem Hühnertopf und konnte so gut überleben.

Auf dem Kohleherd wurde nicht nur gekocht, sondern hier wurden auch Küken ausgebrütet. Die geschlüpften Küken hatten hier auch für die ersten Lebenstage eine warme und sichere Heimstatt. Oft habe ich davor gestanden und mit warmem Herzen zugeschaut, wie die kleinen Küken aus der Schale krochen. Ich streichelte sie und freute mich immer wieder darüber, wenn ich sie so hilflos herumtapsen sah.

Nach vier Wochen wurde ich dort auch so langsam warm, sagte ›Ma‹ zur Bäuerin und ›Pa‹ zum Bauern und fühlte mich ganz heimisch. Ich hütete Kühe und die jungen Gänschen, suchte Enten- und Gänseeier am Dorfweiher und sprach bald perfekt bayrisch. Im Haus, Hof und Dorf fühlte ich mich jetzt rundherum wohl.

Einmal habe ich mir beim Spielen auf dem Dachboden an der Hexelmaschine den rechten Daumen durchgeschnitten, er hing nur noch an einem Hautfetzen und blutete fürchterlich. Keiner wusste so recht, was zu machen war. Man füllte einen Eimer mit Wasser und ich musste den Daumen solange da hineinhalten, bis der Ortsvorsteher mich mit einem Auto nach Erding ins

Krankenhaus brachte. Der Daumen wurde zwar wieder angenäht, ist aber steif geblieben.

In Eitting war vom Krieg nichts zu spüren. Nur im Radio hörten wir die Sondermeldungen der deutschen Wehrmacht, die der nicht kriegsbegeisterte Bauer mit *»Schon wieder ein Scheißhäusel versenkt«* kommentierte.

Die Schule war eine ausgeprägte Dorfschule, acht Klassen und zwei Lehrkräfte in drei Räumen. Ich kann mich erinnern, dass man sich sehr bemühte, uns zu erklären, wie der Hintern abgeputzt werden sollte. Das war damals wichtig, schließlich war ja Krieg und Waschpulver war rar.

Ich war aber alles in allem hier sehr glücklich und zufrieden und vor allem in Sicherheit. Im Rückblick war es die schönste Zeit meiner frühen Jugend. Wie lange ich bei den Berghammers in Eitting war, weiß ich nicht mehr genau.

Noch heute führen mich manchmal meine Gedanken zu dem Rücktransport. Ich sehe mich, den kleinen sechsjährigen Leo, übermüdet, traurig und etwas verwirrt, ein Schild mit der Heimatadresse um den Hals, in einer Ecke in einem Personenzug kauern. Die Fahrt dauerte länger als einen Tag. Wir mussten mehrfach umsteigen. Berghammers hatten mich für die Fahrt gut mit Lebensmitteln versorgt und meinen ganzen Rucksack mit Eiern, Schmalz und Butter für die Lieben daheim vollgestopft.

Als ich in Münster ankam, waren alle Eier kaputt. Die Butter und das Schmalz im Rucksack auf meinem Rücken waren geschmolzen und das durchgesickerte Fett hatte sich großflächig auf Jacke, Pullover und Hemd verteilt. Mama war glücklich, mich zurück zu haben, sagte dann aber voller Entsetzen: »Wie siehst du denn aus, was riecht denn hier so stark?« Trotzdem. Ich war glücklich, wieder zu Hause zu sein, musste jetzt aber wieder um mein Leben bangen und viele Nächte im Luftschutzkeller verbringen.

Neun Jahre später habe ich die Berghammers noch einmal besucht. Ich war mit einer Jugendgruppe in Oberbayern und konnte mich für zwei Tage von der Gruppe entfernen. Es war dort noch immer so idyllisch wie damals im Jahre 1939.

Neun Jahre später.
Schorsch Berghammer, Frau Berghammer und Leo Abel

Nach 61 Jahren, im Jahre 2012, hat es mich abermals dorthin gezogen, wo ich in meiner Jugend so glücklich und zufrieden und sicher vor den Kriegseinwirkungen untergebracht war. 61 Jahre sind eine lange Zeit, entsprechend viel hatte sich auch verändert. Der Sohn Schorsch, der den Hof geerbt hatte, war zwei Jahre zuvor verstorben. Seine hinterbliebene Familie, Frau und sechs Kinder, lebten noch im Ort, Schorschs Frau und einer seiner Söhne sogar noch auf dem alten Anwesen. Meine Frau und ich wurden sehr freundlich empfangen.

Auch das Äußere des Anwesens hatte sich wesentlich verändert. Die ehemaligen alten Hofgebäude waren abgerissen, und etwas abseits stand ein schmucker Neubau, die neue Behausung der Berghammers. Die alte Scheune aber, in der wir als Kinder getobt hatten, war noch an Ort und Stelle und weckte Erinnerungen. Auch Hühner gab es noch auf dem Hofgelände wie eh und je, und der Hof war belebt mit vielen kleinen Kindern, die froh und unbekümmert dort ihre Spielchen trieben. Ihre Fröhlichkeit steckte an – ich war einfach glücklich, wie damals vor 61 Jahren. Das Einzige, das mich gestört hat, wird von den Anwohnern nach eigenen Angaben inzwischen nicht mehr bemerkt; der Fluglärm. Eitting liegt direkt in der Flugschneise München-Erding. Über diesen Ort fliegen die Jumbos schon recht tief, und entsprechend laut ist der Geräuschpegel.

Im Mai 1940 begann auch der Westfeldzug. Die Nordhälfte Frankreichs wurde eingenommen und besetzt, die Niederlande, Belgien und Luxemburg wurden überrannt. Ich weiß, dass das geschichtlich nicht richtig ist. Für uns galt für den Angriff auf diese Länder die Lesart, sie müssten vor Angriffen der Alliierten geschützt werden. Die Niederlande wurden uns sogar als ein verwandtes und befreundetes Land dargestellt. Wir mussten das Burenlied auswendig lernen und häufig auch singen. Was wir dann auch reichlich machten, am Lagerfeuer oder auch in Marschordnung, je nachdem. Wer den Text gelesen hat, erkennt die Absicht. Für Jungens zwischen sechs und zehn Jahren bedeutet er nämlich nichts anderes als: »Die Buren und die Niederländer sind die Guten und die Engländer sind die Bösen. Gutes soll man unterstützen, Böses soll man hassen.« Das Lied wurde hier, trotz des realen geschichtlichen Hintergrundes, als infame Propaganda missbraucht!

Ein Kampf ist entbrannt
Und es blitzt und es kracht
Und es tobt eine blutige Schlacht.
Es kämpfen die Buren Oranje-Transvaal
Gegen Engelands große Übermacht.

Ein alter Bur mit greisem Haar,
Er zog seinen Söhnen voran.
Der jüngste war kaum 14 Jahr,

Er scheute nicht den Tod fürs Vaterland.

Die Schlacht ist vorbei
Und die Nacht bricht herein.
Und auf hartem Felsengestein,
Da lieget der Bur mit zerschossener Brust
Und keiner stehet ihm bei.

Kameraden fanden abends spät
Den sterbenden Burenkapitän.
Sie hörten noch sein leises Flehen
Es lebe Oranje-Transvaal.

Im Juni 1940 trat dann Italien unter Führung von Mussolini an der Seite Deutschlands in den Krieg ein. 1943 wurde Mussolini entmachtet und auf Geheiß des italienischen Königs Viktor Emanuel III., der den Marschall Badoglio mit einer neuen Regierung beauftragte, verhaftet. Noch im selben Jahr befreiten deutsche Fallschirmjäger Mussolini aus seinem Gefängnis in den Abruzzen und brachten ihn nach Deutschland. Dieser politische Vorgang, der die deutsche Position im Krieg schwächte, war damals in aller Munde, auch bei uns zehn- bis elfjährigen Jungen. Wir waren stolz auf den Erfolg unserer Fallschirmjäger und fieberten jeder neuen Nachricht entgegen. Der Name Badoglio stand jetzt für Verrat und Verräter. Die schlimmste Beleidigung damals unter uns Jungen war, jemanden ›du Badoglio‹ zu nennen. Dieser Ausdruck fand sogar noch in der unmittelbaren Nachkriegszeit Verwendung. Das war alles für mich sehr berührend. Noch heute spüre ich einen Hauch von Verrat, wenn von Italien die Rede ist.

Nachdem die deutsche Wehrmacht in Polen und im Westen von Sieg zu Sieg eilte, begann sie am 22.06.1941 den Angriffskrieg auf die Sowjetunion. Auch ein Cousin meines Vaters, ein promovierter Naturwissenschaftler sowie ein enger Freund unseres Hauses, den ich besonders gern mochte und den wir Kinder Onkel Hugo nannten, wurde als Feldwebel an die Ostfront versetzt. Wie schon vorher in Polen und im Westen ging es jetzt auch dort von Sieg zu Sieg. Ich sah, wie begeistert die Bevölkerung über diesen siegreichen Feldzug war. Zusammen mit der Familie und auch Freunden und Bekannten jubelten wir über jede Sondermeldung der deutschen Wehrmacht im Radio. In jedem Feldpostbrief von Onkel Hugo lag zu meiner übergroßen Freude ein Geldschein für mich.

In einer Bombennacht:
Oma Aurelia, Hugo Deppe mit Hannelore und Leo,
Maria Gabriele Abel, meine Mutter.

Nach einem Zwischenaufenthalt in Münster kam ich 1942, als ich im dritten Schuljahr war, wiederum im Rahmen der Kinderlandverschickung nach Parchwitz, Kreis Liegnitz, in Oberschlesien. Heute heißt die Stadt Prochowice und gehört zu Polen. Nach einer langen Zugfahrt mit vielen Mitschülern, lagen wir nachts in einer Bahnhofsecke in Parchwitz mit einem Schild um den Hals, auf dem unsere Namen und die Heimatadressen standen, auf dem Boden und schliefen. Mich nahm die Familie Rückwerk mit. Später erzählten sie mir, sie hätten mich ausgewählt, weil ich einen so schönen Lederkoffer bei mir hatte. Die Familie wohnte in einem Haus – am Hindenburgplatz neben einer Lederfabrik. Im Flur, unter der Treppe, stand eine große Holztruhe, die mit Mehl gefüllt war und oft von Mäusen besucht wurde. Vor dem Backen wurde das Mehl durch- und die Mäuseköttel herausgesiebt. Gegenüber der Wohnung gab es eine Bäckerei. Wenn Backen angesagt war, bereitete man den Teig für Kuchen oder Brot in der Wohnung vor und brachte ihn zum Bäcker in den Backofen. Gern erinnere ich mich noch an den leckeren schlesischen Mohnkuchen mit dicken Streuseln, an denen ich immer genascht habe, wenn ich die Bleche vom Bäcker holen musste – na ja, durfte. Das ist aber auch das Beste, was ich von diesem Ort berichten kann. In Parchwitz – ich weiß nicht mehr, wie lange ich dort war – fühlte ich mich keinen Tag glücklich. Ich hatte das Gefühl, in der Familie weder geliebt noch erwünscht zu sein. Von dem etwa gleichaltrigen Sohn wurde ich ständig gemobbt. Auch in der Schule fand ich keinen Anschluss, es wurden Themen behandelt, für die ich keine Grundlagen hatte. Doch um meine Schulausbildung kümmerte sich keiner, weder in der Schule noch in der Familie. So blieb ich hier Schlusslicht mit all den persönlichen negativen Auswirkungen.

Obwohl ich mich immer wieder dagegen sträubte, wurde ich angelernt, Hühner zu schlachten und musste das auch ständig tun. Erst das Huhn fangen, dann an den Füßen halten, mit dem Kopf gegen einen Holzklotz schleudern und mit dem Beil den Kopf abschlagen. Je mehr Abscheu ich dagegen entwickelte, desto öfter musste ich es tun.

Im Herbst, wenn die Zuckerrübenernte war, kochte die Frau des Hauses aus den Rüben auf dem Herd Sirup. Das mochte ich. Doch blieb das so ziemlich das einzige, sodass ich froh und glücklich war, als ich diesen ungastlichen Ort und diese Familie wieder verlassen konnte. Aber immerhin habe ich hier das erste Stückchen Schokolade in meinem Leben gegessen. Herr Rückwerk kam als Soldat auf Heimaturlaub und brachte eine Tafel Schokolade mit; jedes der zehn anwesenden Kinder bekam ein Stückchen.

Und dann war ich endlich wieder zu Hause. Es war die Zeit des Afrika-Feldzuges. Über den Feldzug und über das Land hörte, sang und sprach man damals viel; Afrika geriet auch in unser Gesichtsfeld. Der Kommandeur des Afrikachors, Generalfeldmarschall Erwin Rommel, den man allgemein den ›Wüstenfuchs‹ nannte und der in dieser Zeit der populärste deutsche General war, wurde unser Idol. Wir wären gern beim Feldzug dabei gewesen, was ja nicht ging. Dann kam der Tag der deutschen Wehrmacht, für uns eine ganz tolle Sache. Wo etwas zu diesem Anlass geboten wurde und was, sprach sich schnell rum. Wir gingen zur nahegelegenen Schlieffenkaserne. Dort fanden Vorführungen von Panzern und Geländefahrzeugen statt und es gab auch eine Gulaschkanone zur Bewirtung der Besucher. Der Höhepunkt für uns war aber: Wir durften zu unserer größten Freude über Funk mit den deutschen Soldaten in Afrika sprechen. Unsere Begeisterung kannte keine Grenzen und so sangen wir an diesem Tag immer wieder das Lied:

Heiß über Afrikas Boden die Sonne glüht,
Unsere Panzermotoren singen ihr Lied.
Deutsche Panzer im Sonnenbrand
Stehen im Kampf gegen Engeland.
Es rattern die Ketten, es dröhnt der Motor,
Panzer rollen in Afrika vor.

Jetzt wollten wir unbedingt selbst auch nach Afrika. Wir waren uns völlig darüber einig, dass wir sofort nach dem Schulabschluss – so lange wollten wir immerhin noch warten – nach Afrika auswandern würden. Berni wollte, da er ja als Ältester von uns beiden zuerst mit der Schule fertig sein würde, sich vorab auf den Weg machen. Wir fanden ganz tief im Schrank alte Landkarten, fertigten danach Reiserouten nach Afrika an und vereinbarten dort einen Treffpunkt. Wir wollten unser Ziel über die

Straße von Gibraltar erreichen. Irgendwann bemerkten wir beim Kartenstudium aber, dass das keine richtige Straße war, über die wir zu Fuß gehen oder über die wir mit dem Auto fahren konnten.

Das Problem war erkannt. Die Meeresenge war der kürzeste Weg und wir wichen nicht davon ab, diesen auch zu nehmen. Also brauchten wir ein Boot. Aber wie sollten wir an eines kommen? Sollten wir eines kapern oder kaufen? Wie sollten wir uns vor Torpedos schützen? All das haben wir überlegt und es wurde uns klar, dass wir nicht einfach nur ein Boot, sondern ein U-Boot brauchten. Da Kapern oder Kaufen wohl eher nicht infrage kamen, beschlossen wir, ein eigenes U-Boot zu bauen. Dazu organisierten wir uns einige Bretter von der Holzfirma Pennekamp, die nicht weit von unserer Wohnung ein Holzlager hatte, und bauten daraus im Keller ein U-Boot. Für unser Projekt hatten wir natürlich detaillierte Pläne angefertigt.

Die Bretter waren schnell zusammengenagelt, eine lange Holzkiste mit doppeltem Boden. Für die Abdichtung benötigten wir aber noch Teer. Da Teer für uns sonst nicht zu beschaffen war, holten wir ihn uns vom Schulhof. Die Pflastersteine auf dem Schulhof lagen in einem Teerbett. Wir kratzten den Teer mit den Fingern aus den Ritzen. Anschließend erwärmten wir ihn in einer Dose mit einer Kerze, bis er flüssig wurde, und schmierten ihn dann auf die Bretter. Mit einem Ventil sollte Wasser zum Absinken ins Boot rein gelassen und mit einer großen Fahrradluftpumpe wieder raus- und Luft zum Auftauchen reingepumpt werden. Offensichtlich war uns das Prinzip des Auftriebes damals schon bekannt.

Die Aktion lief bei uns unter strengster Geheimhaltung. Die Gefahr, entdeckt zu werden, war gering, da Mutter für einige Tage einen Kindertransport begleitete und Vater tagsüber arbeitete und nachts bei der Heimatflak war. Die Probefahrt sollte in einer Nacht-und-Nebel-Aktion auf dem Aasee erfolgen. Warum, weiß ich nicht mehr, aber der Stapellauf ist – Gott sei Dank – nie erfolgt.

Danach galt es dann, noch in der eigenen Stadt einige Abenteuer zu bestehen. Im Winter, wenn nach starken Kälteperioden die geschlossene Eisdecke auf dem Aasee zerbrach und sich Eisschollen bildeten, gingen wir oft zum Ufer und sprangen dort von Eisscholle zu Eisscholle – Eisschollentanzen nannte man das damals. Einmal verfehlte ich die ausgesuchte Scholle, fiel ins Wasser und geriet kurzzeitig unter das Eis. Ich dachte, das ist das Ende, doch dann sah ich eine rettende Hand.

Berni gelang es mithilfe seiner Kumpel, mich unter der Scholle hervor und aus dem Wasser zu ziehen und brachte mich tropfend und vor Kälte zitternd bis an die Haustüre. Mich bis in die Wohnung zu begleiten, hat er sich gar nicht erst getraut.

Ich hatte einen neuen Anzug an, den Mutter für mich genäht hatte. In den Taschen des Anzuges waren meine Kopierstifte deponiert; dort zeigten sich jetzt große blaue Verfärbungen; der Anzug war hin. Für mich war das schlimmer als der Unfall selber.

Ja, und dann ging's in die Wohnung; frei nach dem Gedicht: »Das Büblein hat getropfet, der Vater hat's geklopfet – zu Haus.«

Es gilt als verbürgt, dass sich nach dem ersten Schreck zu Hause folgender Dialog abgespielt hat. Die Mama entsetzt: »Ich habe dir doch schon tausendmal gesagt, dass das Eisschollentanzen ganz gefährlich ist. Kind, du hättest ja tot sein können.«

Darauf soll ich geantwortet haben: »Mama, wenn ich jetzt tot wäre, hättest du dann dein Mutterkreuz wieder abgeben müssen?«

Mütter bekamen nämlich zu der Zeit ab dem vierten geborenen Kind das Ehrenkreuz der deutschen Mutter. Mit der Verleihung des am Band zu tragenden Ordens waren einige Vorteile verbunden. Ich wusste, dass Mama auf diese Ehrung besonders stolz war und ich glaube, es hätte mich noch im Tod belastet, für den Verlust des Mutterkreuzes und der damit verbundenen Kränkung der Mama verantwortlich zu sein. Die nach diesen Worten aufkommende Heiterkeit hat mich dann vor weiterer Strafe bewahrt. Als ich später in meinem wohlig warmen Bett lag, war ich wirklich froh, noch zu leben und glücklich darüber, dass Mama ihr Mutterkreuz behalten durfte.

Solange noch alle Kinder zu Hause waren, schliefen wir in einem Zimmer. Karlheinz, der Älteste, hatte ein eigenes Bett, eins mit Stahlgestell. Berni und ich schliefen in einem Bett. Unsere kleine Schwester Hannelore hatte ein Kinderbett im Elternschlafzimmer. Abends mussten wir früh schlafen gehen, auch im Sommer schon um 19 Uhr, denn wenn Vater nach Hause kam, wollte er seine

Ruhe haben. Lesen und untereinander Vorlesen waren aber erlaubt. So zogen wir uns nach und nach viele Heldengeschichten von deutschen Soldaten rein und träumten davon, auch mal so große Helden zu werden und das Vaterland vor Feinden zu schützen.

Nachdem es zunächst im Osten von Sieg zu Sieg ging, änderte sich 1942 die Lage an der Ostfront entscheidend. Stalingrad! Die deutsche 6. Armee war völlig von sowjetischen Truppen eingekesselt. Kein Ausbruchversuch war erfolgreich. Obwohl die deutsche Luftwaffe eine Luftbrücke eingerichtet hatte, fehlte es an Nahrung und Munition. Viele Soldaten starben an Unterernährung, Unterkühlung und Krankheiten. So war auch die Situation zu Weihnachten 1942. Von Onkel Hugo, der ebenfalls im Kessel war, erhielt ich noch zu Weihnachten eine Postkarte per Luftpost. Er schrieb u.a.:

»Wir sitzen hier im goldenen Käfig vor Stalingrad, halten die Stellung, warten auf unsere Befreiung und kämpfen bis zum Endsieg ...«

Es war sein letztes Lebenszeichen! Wir gierten jeder neuen Nachricht vom Kessel entgegen. Es hieß, der Führer habe für die Eingekesselten den »Kampf bis zum letzten Mann« angeordnet.

Vom Cousin meines Vaters gibt es ein handgeschriebenes Kriegstagebuch. Dazu gibt es einige Gedichte, die er im Schützengraben zwischen Mitte und Ende 1942, also kurz vor Stalingrad, schrieb.

Gedichte aus dem Schützengraben

vom Cousin meines Vaters;
geschrieben als Soldat während des Russlandfeldzuges:

Reiter in Russland

Nun sinkt der Stern, der Morgen graut,
die schnellen Reiter reiten.
Im Wiesengrund der Nebel braut,
am Wegrand blüht das Totenkraut,
der Tod will uns begleiten.

Die Steppe flammt, der Tag ist da,
die Heidelerchen singen.
Fern fällt ein Schuss am Waldesrand,
wir reiten durch das weite Land,
die Waffen leise klingen.

Oh Russlands wildes, weites Land,
oh Heimat, die versunken!
Hoch im Gehölz ein Bussard blockt,
die Weite ruft, die Steppe lockt,
den Reiter fernetrunken.

Der deutsche Befehlshaber, General Paulus, wurde von Hitler, um seinem Befehl Nachdruck zu verleihen, noch zum Generalfeldmarschall befördert. Jetzt waren alle wieder voller Hoffnung und der Generalfeldmarschall stand in hohem Ansehen. Als die Situation eskalierte und hoffnungslos wurde, kapitulierte Paulus und ging im Februar 1943 mit seinem Stab, den Generälen und dem Rest seiner Soldaten in die Gefangenschaft.

Ich war entsetzt und verzweifelt, hatte man doch immer erzählt, dass die Russen den Gefangenen den Bauch aufschlitzten und Salz darauf streuen würden, um sie zu demütigen und zu quälen. Ich war auch traurig darüber, dass Deutschland eine entscheidende Schlacht verloren hatte. Ich sah die besorgten Gesichter der Erwachsenen und weinte.

Von nun an sah ich den Krieg mit anderen Augen. Einem Bericht zufolge gingen von den ehemals ca. 200.000 Soldaten 110.000 in die Gefangenschaft, von denen nach 1945 nur noch 5.000 zurückgekommen sein sollen. Paulus selbst wechselte die Seiten, sein Ansehen in der Bevölkerung ging auf null und er wurde als Überläufer und Verräter bezeichnet.

Die Niederlage der 6. Armee war auch der strategische Wendepunkt für den Krieg. Eine Unterhaltung aus jenen Tagen ist noch gut in meiner Erinnerung, aber ich weiß nicht mehr, mit wem ich gesprochen habe. Ich war ganz traurig und fragte meinen Gesprächspartner: »Haben wir jetzt den Krieg verloren?«

»Wir haben nicht den Krieg, sondern nur eine Schlacht verloren«, sagte mein Gegenüber. »Wir sind in Russland einmarschiert, vielleicht marschieren die Russen auch mal in Deutschland ein.«

Das war für mich völlig unvorstellbar. Und außerdem hatten wir nie darüber gesprochen, dass ein Krieg auch verloren gehen kann.

Im Jahre 1943 beendete mein Bruder Berni seine Schulausbildung und begann mit einer Berglehre auf dem Bergwerk *Rosenblumendelle* in Mülheim Heißen.

Im Februar 1945 – also noch kurz vor Kriegsende – wurde Bernis Jahrgang (1929) zum Volkssturm eingezogen. Als er und seine Kameraden kurz vor der Kapitulation merkten, dass die ganze militärische Führung abgängig war, hat sich der allein gelassene Haufen ebenfalls in alle Himmelsrichtungen zerstreut. Berni nahm nach dem Krieg seine unterbrochene Lehre wieder auf und machte erst im Jahre 1947 seinen Berufsabschluss. Nachdem er einige Zeit auch im ausländischen Bergbau gearbeitet hatte, absolvierte er ein Fernstudium zum Tiefbautechniker. Später war er eine Zeit lang als Tiefbauunternehmer selbständig. In seiner Arbeit wurde er von seiner Frau und seiner Tochter kräftig unterstützt, ein richtiges kleines Familienunternehmen. Nach Aufgabe seiner Firma arbeitete er in verschiedenen großen Bauunternehmen als Sprengmeister im In- und Ausland.

Mein Bruder Karlheinz, der seine Ausbildung als Vermessungstechniker abgeschossen hatte, kam 1943 zum Arbeitsdienst. Von hier aus meldete er sich freiwillig zur Kriegsmarine. Aufgrund dieser Meldung ist er noch im Jahre 1943 zur Marine eingezogen und dort als U-Boot-Funker ausgebildet worden. Sein letzter Einsatz war eine Schutzbegleitung deutscher Flüchtlingsschiffe über die Ostsee. In Bremerhaven geriet er in Gefangenschaft und kam in ein Gefangenenlager nahe der Stadt Nienburg a.d. Weser. Gemeinsam mit einem Kameraden gelang es ihm, dort auszubrechen und mit der Bahn die Ostzone zu erreichen. Mit einem offiziellen Flüchtlingstransport von der Ostzone in den Westen kam er nach Warendorf und zu dem Gehöft, wo meine Eltern und ich evakuiert waren. Dort lernte er Gretel kennen, die später seine Frau wurde.

Gretel ist gebürtig aus Schlesien. Das tragische Schicksal ihrer Familie soll hier stellvertretend für Millionen von Familien stehen, die Ähnliches oder sogar noch Schlimmeres erleiden mussten. Als die Ostfront nahe an ihr Heimatdorf kam, wurden die Bewohner von einem auf den anderen Tag aufgefordert, vor den vordringenden russischen Truppen zu flüchten. Nur mit dem Nötigsten ausgerüstet, flüchtete die Familie in das Gebirge. Einige Wochen später konnten sie noch einmal in ihr Heimatdorf zurück, das inzwischen besetzt war. Die Lage war völlig undurchsichtig. Deutsche, Polen und Russen versuchten sich zunächst zu etablieren. Dann wurden die deutschen Dorfbewohner mit Schimpf und Schande und unter Anwendung von Gewalt von den Polen vertrieben. Das Ziel war ein Lager in Neiße. Begleitet von bewaffneten Polen und Russen ging es zu Fuß in diese Richtung. Gretel und ein Teil der Gruppe konnten sich unter Lebensgefahr von dem Konvoi entfernen. Unter unbeschreiblichen Entbehrungen und Nöten erreichte diese Gruppe den Ort Reichenbach, wo die Menschen einige Wochen bleiben konnten. Von dort aus ging es, jetzt aber organisiert, mit der Bahn über Magdeburg nach Warendorf in Westfalen. Von Magdeburg aus konnte Gretel noch eine Überlebensmeldung an die Verwandten in der Uckermark schicken. So hatte es die Familie zu Beginn der Misere für den Fall verabredet, dass sie auf dem Flüchtlingstreck auseinandergerissen würden. Von Warendorf aus wurde dann die Gruppe auf verschiedene Dörfer verteilt. Keiner der Dorfbewohner war über die Neuankömmlinge erfreut. Der Start in ein neues Leben war nicht leicht.

Gretels Eltern und der Rest der Dorfbewohner erreichten abgemagert und erschöpft zu Fuß das Auffanglager in Neiße. Alles Essbare war inzwischen aufgezehrt und die Ersparnisse waren aufgebraucht. In dieser unendlichen Not wurde ihnen noch mitgeteilt, dass in dem Lager jeder für seinen Lebensunterhalt selber zuständig ist. Eine unmögliche Aufforderung. Als sich die Lage noch weiter verschärfte und ein Überleben unter diesen Bedingungen aussichtslos erschien, entfernte sich die Gruppe auf eigene Faust zu Fuß und mit einem Bollerwagen aus dem Lager. Unter unbeschreiblichen und entsetzlichen Qualen erreichten sie dann irgendwann die Uckermark. Unterwegs gab es zahlreiche Tote, die die Gruppe, um nicht selbst auf der Strecke zu bleiben, einfach liegen lassen musste. Auch in der Uckermark wurden die Flüchtlinge nicht gerade freundlich empfangen, sondern nur schweren Herzens geduldet. Gretels Vater hatten die Strapazen gesundheitlich so zugesetzt, dass er schon nach kurzer Zeit dort starb. Da die Familie als neu angekommene Flüchtlinge – trotz erheblicher Bemühungen – keinen Sarg für die Beerdigung auftreiben konnte, musste sie ihren geliebten Mann und Vater in einem Sack beerdigen. Die durchgemachten Anstrengungen,

Entbehrungen und Ängste waren dann auch der Grund dafür, dass die Mutter dem Vater im Tode schnell nachfolgte.

Über ein weiteres schlimmes Schicksal berichtete eine Cousine meiner Frau, die aus Ostpreußen stammt. Sie musste als Kind zusehen, wie ihre Mutter von einrückenden Russen mehrfach vergewaltigt wurde, und erlitt danach das Gleiche. Um zu überleben, musste die Familie ihren Hund schlachten und verzehren.

Gretel und Karlheinz schafften sich in den Nachkriegsjahren in Münster eine sichere Basis für ihre Familie. Karlheinz sorgte in seinem Beruf als Vermessungsingenieur für ein sicheres Einkommen. Neben ihren Hausfrauenaufgaben gründete Gretel unter dem Logo ›Laufmaschen Gretel‹ ein kleines Unternehmen und war, solange wie das Laufmaschenaufnehmen nachgefragt wurde, damit erfolgreich.

Herbst 1943 – ich war jetzt zehn Jahre alt – kam ich, nach Zwischenaufenthalten in Münster, zum dritten Mal in eine Kinderlandverschickung. Jetzt ging es nicht mehr in einen Privathaushalt, sondern in ein Lager. Ich war jetzt endlich Pimpf beim deutschen Jungvolk und durfte – musste – HJ-Uniform tragen. Vom zehnten bis zum 14. Lebensjahr gehörte man zum Jungvolk und vom 14. bis zum 18. Lebensjahr zur Hitlerjugend. Ich war noch in Münster in den Stamm ›Westliches Westfalen‹ eingeordnet worden und dort in das Fähnlein 17/13. Das geschah alles ohne mein persönliches Zutun, ich war aber sehr stolz darauf.

Das Hotel Kipling am Saalachsee in Bad Reichenhall war unser Zielort. Schon die Abreise war anders organisiert, alles in Marschordnung und militärisch knapp. Auch die Verabschiedung von den Eltern war anders: Ein deutscher Junge weint eben nicht! Lauter Ruf des Lagermannschaftsführers: »Wie soll der deutsche Junge sein?«

Alle Kehlen schrien:

»Hart wie Kruppstahl, zäh wie Leder und flink wie ein Windhund!«

Dieser Satz ist meines Wissens ganz nationalsozialistisches Gedankengut. Ich gebe aber zu, dass ich diese Eigenschaften im Leben gut gebrauchen konnte und bin nicht unglücklich darüber, dass man ihn mir beigebracht hat.

KLV-Lager im Hotel Kipling am Saalachsee in Bad Reichenhall.

Wir waren 30 Jugendliche und schiefen in 15 Doppelbetten mit Strohmatratzen in einem Schlafsaal. Für die
Schulausbildung gab es einen Rektor, der auch Lagerlei-

ter war. Der Lagermannschaftsführer (LMF), ein verwundeter ehemaliger Soldat im Alter von circa 20 Jahren, sorgte für die Freizeitgestaltung und für eine angemessene vormilitärische Erziehung. Es gab einen Tagesplan: Wecken mit Trillerpfeife, Anziehen und Waschen, Betten machen, Stubenabnahme durch den LMF, Morgenappell mit Flaggenhissung und Absingen der ersten Strophe des Deutschlandliedes, Frühstück.

Danach begann der Schulunterricht, der aber ständig zu kurz kam. Auf der Agenda ganz oben standen eher die deutschen Helden- und Göttersagen und die Erfolge der neuen deutschen Kriegshelden, wie Kaleu (Kapitänleutnant) Prien, die Stuka-Flieger Mölders oder Galant und von anderen Idolen der deutschen Jugend. Natürlich bekamen wir auch die mit Spannung erwarteten Sondermeldungen des Wehrmachtsberichtes altersgemäß kommentiert.

Dann gab es noch die Putz- und Flickstunde: Strümpfe stopfen, Hemden und Hosen bügeln. Jeder hatte seinen Stopfpilz und seinen Fingerhut und konnte nach Anfangsschwierigkeiten recht gut damit umgehen. Wie auch immer; auch das war eine gute Erziehungsmaßnahme für das ganze Leben, die ich nie bereut habe und manchmal auch gut gebrauchen konnte.

Zwischendurch, ob morgens, nachmittags oder sogar in der Nacht, gab es Ausmärsche in Verbindung mit militärischen Übungen. Dann hieß es: Panzer von links, Panzer von rechts, den Berg hinauf, in den Graben – Marsch, Marsch! – sowie Geländespiele (Kriegsspiele) mit Tarnen und Anrobben.

Selbst in der kargen und meistens organisierten Freizeit stand Krieg und Selbstverteidigung im Vordergrund. Dann gab es in der Kameradschaft auch viele Mutproben. Wenn ich daran denke, sträuben sich mir noch heute die Nackenhaare. Man hatte mir einen neuen Weg vom Lager zur Gaststätte *Zum Schroffen* erklärt, den aber nur ganz Mutige gehen konnten. Einer der Kameraden brüstete sich damit, den Weg durch den Wald und über den Steilhang schon mal gegangen zu sein. Aus irgendeinem Grunde wurde von mir eine Mutprobe erwartet. Ich ging los, warum, weiß ich nicht mehr.

Der Weg, zunächst ein ausgetrampelter Pfad, wurde immer enger und war letztlich nur noch circa zehn Zentimeter breit. Jetzt wurde mir erst klar: Ich war allein in einer senkrecht ansteigenden Felswand. Ich bekam Angst. Immer, wenn ich mich vorwärts bewegte, bröckelte der Stein ab, den ich gerade mit Händen greifen oder mit den Füßen betreten wollte. Es gab nur wenige Vor- und Rücksprünge zum Halten und Stützen, die der Belastung standhielten. Das alles ohne Netz und doppelten Boden, ohne Seil und Haken und ohne Ausbildung und Anweisungen im Klettern – einfach so, über einen Abgrund von wohl 50 Meter Tiefe, das war schon todesmutig! Ich wollte zurück, aber das ging nicht mehr, ich konnte mich auf dem schmalen Grat nicht umdrehen. Irgendwie habe ich es dann doch geschafft, ich hatte ja auch keine Wahl mehr.

Eine weitere Mutprobe und oft angewendete Übung sah vor, sich an einen Gegner anzuschleichen und ihn geräuschlos bewusstlos zu machen.

Aber auch von offizieller Seite war man nicht zimperlich. Ein deutscher Junge musste zum Beispiel einfach schwimmen können; wer es bis dahin nicht konnte, lernte es in wenigen Minuten. Das Lager lag nur einige Schritte vom Staudamm des Saalachsees entfernt. Hier, vor der Staumauer, war ein Gewässer mit zahlreichen Untiefen. Am Ufer war ein Brett, einseitig mit einem Felsbrocken beschwert, das als Sprungbrett diente. Wer nicht schwimmen konnte, wurde vom Sprungbrett ins Wasser geworfen und von Rettungsschwimmern wieder ans Ufer gebracht und das so lange, bis er sich eine Viertelstunde über Wasser halten und danach selbstständig das Ufer erreichen konnte. Dafür gab es dann eine schöne Urkunde.

Zur Stubenabnahme durch den LMF am Morgen stand jeder stramm vor seinem Bett, mit den Händen an der Hosennaht. Der Stubenälteste machte dem Lagermannschaftsführer mit militärischem Gruß Meldung. Die Finger an die Stirn gelegt, rief er laut: »Stube 1 mit 25 Mann zum Morgenappell angetreten, zwei Mann krank, drei Mann abkommandiert zum Decken der Frühstückstische.« Der LMF ging anschließend durch den Raum, schaute nach, ob die Betten akkurat gemacht, die Spinde ordentlich eingeräumt und der Boden sauber war. War das nicht der Fall, zog er das Bettzeug und den Strohsack runter, räumte den Spind vollständig mit einem Handgriff aus und warf alles auf die Erde. Das machte er solange, bis er zufrieden war. Der Betreffende konnte nicht am Frühstück teilnehmen und bekam zusätzlich Strafexerzieren verordnet – Liegestütze und Kniebeugen. Das passierte nicht nur gelegentlich, sondern war die Norm. Hatte sich einer daneben benommen oder sich als unkameradschaftlich erwiesen, gab es Lagerkeile. Dazu stellte sich die Mannschaft auf Kommando in einer Zweierreihe auf. Den Delinquenten schickte man durch die Reihe und alle Kameraden sollten/konnten mit abgelegtem Schulterriemen auf Zuruf des Jungzugführers zuschlagen. Auch andere Strafen konnten verhängt werden. Ich wurde zum Beispiel einmal, weil ich in der Stadt bei einer Schneeballschlacht im Eifer des Gefechtes eine Leuchtreklame beschädigt hatte, vom Rektor zwei Tage lang in einer von Ratten wimmelnden Abstellkammer ohne Fenster eingesperrt. Insgesamt war ich aber zunächst in der Gemeinschaft gut angesehen und wurde in manchen Dingen auch bewundert oder beneidet. Ich hatte eine gute Schreib- und auch Druckschrift und konnte gut zeichnen, was ich auch häufig an der Tafel vorführen musste.

Ja, und dann gab es ein Ereignis, das mich im Leben nicht mehr losgelassen und damals tief beschämt und verletzt hat. Ein Schmierfink hatte auf einer Toilette den Spruch »Ficken ist gesund« säuberlich und gut lesbar in Druckschrift an die Toilettenwand geschmiert. Eine große Aufregung im ganzen Haus. Ein Schuldiger wurde gesucht. Ich kam in Verdacht, weil ich gut in Druckschrift schreiben konnte und meine Handschrift der des Schmiertextes angeblich ähnelte. Ich wusste gar nicht, was das war, was da an der Wand stand. Aus der Reaktion der Erwachsenen war aber zu vermuten, dass es wohl was Schlimmes sein müsse. Ich wurde vom Lehrer und dem Lagermannschaftsführer angeschrien und geschlagen sowie aufgefordert, doch endlich zuzugeben, dass ich der Schmierfink gewesen sei. Das Ganze ging über einige Tage. Ich wurde verachtet, verspottet, verhöhnt und immer wieder aufgefordert, es doch endlich zuzugeben. Von einem auf den anderen Tag war ich zum Außenseiter geworden und war darüber sehr unglücklich und verzweifelt. Der Lagermannschaftsführer, der wahrscheinlich selbst der Übeltäter war, nahm mich zur Seite und machte den Vorschlag, ich solle einfach sagen, dass ich das geschrieben hätte, dann wäre alles wieder gut und ich hätte meine Ruhe zurück. Er würde als Strafe eine Lagerkeile anordnen, aber dafür sorgen, dass nicht zugeschlagen würde. Unter diesem verlockenden Angebot und unter dem Druck, der auf mir lastete, habe ich dann etwas zugegeben, was ich nicht getan hatte. Besonders peinlich und unangenehm war es dann aber doch noch, weil der Lehrer meine Eltern über den Vorgang verständigte. Meine Mutter musste von Berchtesgaden nach Bad Reichenhall kommen, um den ungeratenen Sohn vor Augen aller zurechtzuweisen. Es hat mich sehr unglücklich gemacht, dass meine Mutter mir nicht geglaubt hat, dass meine Aussage nur unter Druck zustande gekommen war.

Kirchenbesuche waren nicht erwünscht. Einmal sind zehn Personen von uns, darunter auch ich, von einem katholischen Pfarrer angesprochen worden, der uns für die Firmung vorbereiten wollte. Ich wusste gar nicht, was das war. Der Pfarrer war aber so nett, lud uns in ein

Privathaus ein, und es gab Kaffee und Kuchen, was im Lager eher eine Seltenheit war. Irgendwie ist die Zusammenkunft bekannt geworden und wir wurden tagelang ausgehorcht. Von dem Pfarrer haben wir nie wieder etwas gehört.

Nach dem Stubenappell und vor dem Frühstück hieß es: Antreten zum Morgenappell. Bei diesem stand die gesamte Mannschaft draußen vor dem Hotel rund um den Fahnenmast in Marschordnung. Der LMF kontrollierte den ordentlichen Sitz der Kleidung und die körperliche Sauberkeit – Fingernägel, Zähne und sauberen Hals vorzeigen! Dann hieß es: »Aaachtung! Hisst Flagge!« und es wurden die Reichskriegsflagge und die Fahne der Hitlerjugend unter Absingen des Deutschlandliedes und bei erhobenem Arm hochgezogen. Nur noch mal zur Erinnerung, wir waren zehn und elf Jahre alt!

Nach dem Frühstück begann für einen Teil der Mannschaft der Unterricht und für die anderen die Gemeinschaftsaufgaben: das Säubern der Gemeinschaftsräume, Wäsche waschen oder der Küchendienst. Für den Stadtgang hatten wir die Order, Geschäfte nur mit erhobenem Arm und deutschem Gruß zu betreten, bekamen aber stets ein »Grüß Gott« zur Antwort. Wir waren ja in Bayern, und obwohl Hitler in Berchtesgaden auf dem Obersalzberg sein Teehaus hatte, grüßte man hier wie eh und je mit »Grüß Gott«. Keiner von uns – und sicher auch nicht von den Erwachsenen – hat sich wohl Gedanken über Sätze gemacht, die wir oft nachsprechen mussten. Und schon gar nicht dachten wir darüber nach, was sie im tiefsten Sinne bedeuteten, unter anderen:

»Deutschland muss leben –
und wenn wir sterben müssen.«

»Ein Volk, ein Reich, ein Führer,
lieb Vaterland Siegheil.«

Auch das gehörte zu meinem Leben und soll nicht verschwiegen und auch nicht verharmlost werden. Der junge Mensch entwickelt sich so, wie er geprägt wird. Kindererziehung ist die wichtigste Aufgabe der Menschheit und letztlich wird sogar ihr Überleben davon abhängen. Nach meiner Lebenserfahrung kann man Kinder durch Erziehung zu Engeln oder auch zu Teufeln machen. Ich glaube, dieser Satz gilt auch für Erwachsene, und das umso leichter, je mehr auch das Umfeld dafür adäquat ausgerichtet ist. Aus heutiger Sicht sind die vorgenannten und folgenden Sätze und Lieder auch für mich absolut unverständlich. Es ist nur eine ganz kleine Auswahl und noch nicht einmal ›vom Schlimmsten‹. Wie hat man es nur geschafft, uns diese Begeisterung für Führer, Volk und Vaterland einzuimpfen?

Gern marschierten wir auch in Marschordnung – manchmal sogar im Stechschritt und in Uniform der deutschen Jugend – durch Bad Reichenhall oder auch Berchtesgaden. Mit leuchtenden Augen und stolz geschwellter Brust und voller Begeisterung sangen wir besonders gerne Kampflieder: Der Jungzugführer als Flügelmann in der ersten Reihe rief dann: »Aaachtung, ein Lied; *Ein junges Volk* – drei – vier …« und schon brüllten wir voller Inbrunst los und besonders gerne:

Ein junges Volk steht auf zum Kampf bereit,
reißt die Hacken doch zusammen, Kameraden!
Wir fühlen nahen unsere Zeit,
die Zeit der jungen Soldaten.
Und vor uns marschieren
mit sturmzerfetzten Fahnen
die toten Helden der jungen Nation.
Und über uns die Helden sagen,
Deutschland, Vaterland wir kommen schon.

Oder:

Es zittern die morschen Knochen
der Welt vor dem roten Sieg.
Wir haben den Schrecken gebrochen,
für uns war's ein großer Sieg.
Wir werden weiter marschieren,
bis alles in Scherben fällt.
Denn heute hört uns Deutschland
und morgen die ganze Welt!

Das war die offizielle Version. Wir aber haben gesungen:

Denn heute gehört uns Deutschland
und morgen die ganze Welt!

Und das ist uns nicht von ganz alleine eingefallen!

Dann die zweite Strophe – man kann nur den Kopf schütteln. Ich würde es heute nicht glauben, wenn ich nicht selbst dabei gewesen wäre.

Und liegt vom Kampf in Trümmern,
die ganze Welt zuhauf,
das soll uns den Teufel kümmern,
wir bauen sie wieder auf.
Wir werden weiter marschieren,
bis alles in Scherben fällt,
denn heute gehört (hört) uns Deutschland
und morgen die ganze Welt.

Noch Fragen?

So etwas der Jugend beizubringen, ist einfach ein Verbrechen. Ja, das sind schon unglaublich schlimme und menschenverachtende Texte, es war für mich eine Überwindung, sie zu Papier zu bringen. Die hier genannten waren aber bei Gott noch nicht die gemeinsten und verdammungswürdigsten. Es ist fast nicht zu glauben, es gab wirklich noch niederträchtigere und abscheulichere Texte. Aber bei denen weigere ich mich einfach, sie hier niederzuschreiben.

Es gab natürlich auch Lieder, in denen die Bösartigkeiten versteckt waren. Kürzlich habe ich mich darüber mit einer Literaturwissenschaftlerin unterhalten. Zu meiner größten Überraschung hielt sie das folgende Lied für das Entsetzlichste und Gemeinste überhaupt.

Blonde und braune Buben, gehören nicht in die
Stuben.
Buben, die müssen sich schlagen,
müssen was Tollkühnes wagen.
Buben gehören ins Leben hinein.

Buben sind stolz, ob sie groß oder klein.
Ja, Buben sind stolz, ob sie groß oder klein.

Mädchen, ob blond oder braune,
stecken voller List und voller Laune.
Mädchen die müssen sich ducken,
blinzeln ganz heimlich und gucken.
Mädchen, die sind ja zum Warten bestimmt,
bis so ein Lausbub ein Mädel sich nimmt.
Ja, bis so ein Lausbub ein Mädel sich nimmt.

Das Lied haben wir Buben natürlich mit besonderer Begeisterung gesungen. Und das besonders gerne und laut, wenn wir an BDM-Mädchen (Bund deutscher Mädchen), die ebenfalls in Uniform und in Marschordnung waren, vorbeimarschiert sind.

Und noch einmal, wir waren zehn und elf Jahre alt, in HJ-Uniform gekleidet und marschierten mit diesen Liedern auf den Lippen durch belebte Straßen von Bad Reichenhall und waren stolz auf uns. Wir waren zu hören, wurden gehört, waren unübersehbar und erhielten sogar Beifall.

Auch die Gefühle wurden gestreichelt; so sangen wir abends in freundlicher, aber sentimentaler Stimmung:

Ein Hitlerjunge hält treu die Lagerwacht.
Das Feuer knistert und dunkel ist die Nacht.
Im Zelte schlafen wohl all die Braven,
und mit dem Wimpel spielt der kühle Wind.

Auch die Weihnachtsfeier im Lager ist mir noch gut in Erinnerung, fern der Heimat und fern der Eltern. Es kam keine richtige Weihnachtsstimmung auf, wir waren traurig und mancher verdrückte sich heimlich eine Träne – ein deutscher Junge weint eben nicht. Der Lagerleiter erzählte von den Soldaten im Felde, die Weihnachten in den Schützengräben und unter feindlichem Beschuss feiern müssten, um uns, unsere Familien und ganz Deutschland vor den Feinden zu schützen. Erzählte von den Gräueltaten der Feinde und den Heldentaten unserer Soldaten. Anschließend saßen wir auf der Freitreppe und sangen voller Wehmut das damals sehr bekannte aber nicht christliche Weihnachtslied:

Hohe Nacht der klaren Sterne,
die wie weite Brücken stehn,
über einer tiefen Ferne.
Drüber unsere Herzen gehen.

Hohe Nacht mit großen Feuern,
die auf allen Bergen sind,
heut muss sich die Erd erneuern
wie ein jung geboren Kind.

Mütter, euch sind alle Feuer,
alle Sterne aufgestellt,
Mütter, tief in eurem Herzen
Schlägt das Herz der weiten Welt.

Ja, auf diese Weise sind wir, ist ein ganzes Volk manipuliert, ja, indoktriniert worden und das bei einem Volk, von dem es heißt, es sei jenes der Dichter und Denker. Ich glaube, ich schriebe besser: »Auf diese Weise hat sich ein ganzes Volk manipulieren lassen« statt »ist manipuliert worden«. Teuflisch!

Es gab ja außer uns zehn- und elfjährigen Knaben und Mädchen, denen man es ja noch verzeihen kann, auch noch Leute mit einem ausgereiften Verstand und sogar mit humanistischer Bildung. Wo waren sie, wo war die Intelligenz? Sie haben auch gesungen und zwar dieselben Lieder! Diese waren nämlich nicht eigens für Kinder, sondern für Erwachsene geschrieben. Den Liedertexten entsprechend waren dann auch die Taten. Wie in den Liedtexten besungen (*Und liegt vom Kampf in Trümmern die ganze Welt zu Hauf ...*), sahen inzwischen ja schon unsere Städte und die Städte unserer Gegner aus.

Die Lieder haben sich so tief auch in mein jugendliches Gedächtnis eingenistet, dass ich heute noch viele Marschlieder auswendig kann. Zum Nationalsozialismus selber habe ich nach dem Kriege mit zunehmendem Verstand und nach intensiver Aufklärung über diese Zeit nie mehr auch nur die geringste Zuneigung verspürt. Immer wieder hat mich aber die Frage beschäftigt: Wie konnte das geschehen, wie konnte sich ein ganzes Volk so irreleiten lassen?

Leider muss ich aber gestehen, dass ich später auch schon mal im beschwipsten Zustand in irgendwelchen Partykellern das eine oder andere Marschlied mitgesungen habe. Dafür schäme ich mich heute!

Oft frage ich mich, was wäre unter diesen Bedingungen mit mir selbst geschehen, wenn das System weitere zehn oder auch 20 Jahre existiert hätte. Wozu wäre ich fähig gewesen und was wäre ich bereit gewesen zu tun für Führer, Volk und Vaterland? Ein teuflisches System!

Währet den Anfängen!

Helmut Kohl, unser Altbundeskanzler, hat das, was ihm und auch mir erspart blieb, mal als *»Gnade der späten Geburt«* bezeichnet.

Was ich lange nicht glauben wollte, heute weiß ich es: Wir sind nicht besiegt, sondern befreit worden.

Die alles entscheidende Frage ist nur, war dafür ein zweiter Weltkrieg erforderlich oder wäre eine Lösung auch mit einer von intelligenten Politikern betriebenen Diplomatie gelungen, statt durch Mord und Totschlag? Ich meine JA! Es hätte sicherlich Alternativen gegeben. Wieso versagten hier die Humanität und die Diplomatie? Auch die Kirchenfürsten haben alles gehört und gesehen. Wie infam war das System, dass selbst diese hochgebildeten Kirchenoberen geblendet waren? Auf der Suche nach Daten und Fakten von Ferdinand, dem Bruder meiner Oma, unserem Onkel Pastor, ist mir zufällig das kirchliche Amtsblatt für die Diözese Münster in die Hände geraten. Dort heißt es unter dem Datum 03.04.1939, nur wenige Monate vor Ausbruch des Krieges, in Artikel 6, Seite 38 unter der Überschrift: **Zum 50. Geburtstag des Führers und Reichskanzlers.**

Aus Anlass des 50. Geburtstages des Führers und Reichskanzlers am 20.04.1939 ordnen wir an:

1. Am Vorabend, Mittwoch dem 19.04., ist mit den Kirchenglocken zwischen 18:00 Uhr und 18:30 Uhr feierlich zu läuten.

2. Am Donnerstag, dem 20.04., sind die Kirchen und kirchlichen Gebäude, sowie die Dienstwoh-

nungen der Geistlichen mit der Reichs- und Natio-
nalflagge zu beflaggen.

3. Am Donnerstag, dem 20.04., soll in allen
Pfarr- und Rektoratskirchen zu gelegener Zeit ein
Votivamt zu Ehren des heiligen Michaels, des
Schutzpatrons des deutschen Volkes gehalten wer-
den, um Gottes Segen für Führer, Volk und Vater-
land zu erflehen. Am Schluss desselben ist das All-
gemeine Gebet in der Fassung vom 09.10.1933
(kirchliches Amtsblatt, 1933, Nr.18, Art 163, Seite
114) laut vorzubeten.

Clemens August, Graf von Galen, Bischof von Münster

Was Clemens August, den man auch den Löwen von
Münster nannte, der heute nicht gerade als Anhänger
des Systems bekannt ist, durch Duldung und Huldigung
unterstützte, konnte das für das einfache Volk verwerf-
lich sein? Dazu muss man wissen, dass zu der Zeit ein
Bischof, auch unabhängig von seinem Namen, in einem
unglaublich hohen Ansehen bei der Bevölkerung im
schwarzen Münsterland stand. War im Jahre des Kriegs-
ausbruches noch nicht abzusehen, was dann geschah?
Clemens August ist kurz nach dem Kriege noch zu Kardi-
nalswürden gekommen und gilt auch heute noch eigentlich mehr als Widerständler denn als Unterstützer. Seine
Stimme wäre aber bestimmt im schwarzen Münster gehört worden. Konnte oder wollte er nicht? Clemens August ist bis zu seinem Tode in seiner Diözese hoch ver-
ehrt worden, daran hat sich bis heute auch nichts geändert. Besonders deutlich wurde sein Ansehen auch bei

seiner Beerdigung, die zahlreich besucht war; auch ich und meine Schulkameraden nahmen an dem eindrucksvollen und würdigen Ereignis in Münster teil.

Möglicherweise hätte ein Aufbegehren ihn in den Kerker gebracht und ihn zum Märtyrer gemacht. Ja, schlimm, das hätte aber sicher eine ganz erhebliche Signalwirkung gehabt. Aber der Religionsphilosoph Martin Buber hat zu diesem Thema einmal Folgendes geschrieben.

»Mein der Schwäche des Menschen kundiges Herz weigert sich, meinen Nächsten deswegen zu verdammen, weil er es nicht über sich vermocht hat, Märtyrer zu werden.«

Inzwischen war meine Mutter mit meiner kleinen Schwester nach Maria Gern bei Berchtesgaden evakuiert worden. Hier im Landhaus Hartlerslehen, am Fuße des Unterberges, mit Blick auf den Watzmann und auf die wunderschöne landschaftliche Umgebung des Berchtesgadener Landes, suchte und fand sie Schutz vor den Kriegseinwirkungen. Gelegentlich fuhr ich, um sie zu besuchen, mit dem Zug von Bad Reichenhall nach Berchtesgaden und ging dann zu Fuß durch die märchenhafte Landschaft und überwiegend durch Waldwege nach Maria Gern. Im Winter, bei einer Schneehöhe von bis zu zwei Metern, kam ich mir vor wie der Waldbauernbub von Peter Rosegger.

Auf einer dieser Fahrten mit dem Zug von Bad Reichenhall nach Berchtesgaden sprach mich ein SS Offizier der Leibstandarte Adolf Hitler, der auf dem Weg zum Obersalzberg war, an und verwickelte mich in ein Gespräch. Ich war hingerissen, waren doch Soldaten der Leibstandarte Adolf Hitler für uns das Größte überhaupt. Er schrieb sich die Adresse meiner Eltern auf und ich bin heute sicher, dass das der Grund dafür war, dass ich als elfjähriger noch kurz vor Kriegsschluss einen Einberufungsbefehl zur Führernachwuchsschule der SS erhielt.

Am 06. Juni 1944 landeten die Alliierten in der Normandie. Unsere ganze Hoffnung konzentrierte sich nun auf den Westwall, aber Deutschland war in der Zange und wurde nun von drei Seiten bestürmt. Ein Sieg rückte auch in den Gesprächen weit weg und doch – noch einmal Hoffnung, denn jetzt sollte die neue Wunderwaffe V3 die Wende bringen. Sie kam aber nicht, das Ende ist bekannt.

Ende 1944 war mein Vater mit seiner Dienststelle von Münster, in das bis dahin von Kriegseinwirkungen verschont gebliebene Städtchen Warendorf verlegt worden und wollte nun seine Familie in seiner Nähe haben. Er ahnte wohl schon das Ende. In Münster waren wir inzwischen total ausgebombt. Mein Vater besorgte sich eine Einquartierungsgenehmigung für einen Bauernhof unweit von Warendorf. Herbst 1944 reisten meine Mutter, meine Schwester und ich von Berchtesgaden mit der Reichsbahn über Münster nach Warendorf. Da wir keine Koffer hatten, war unsere ganze Habe in Bettbezügen eingepackt. Von Warendorf aus fuhren wir mit dem Privatauto eines Kollegen von Vater in unser neues Quartier, einem Bauernhof. Wir bekamen zwei Zimmer. Eines – das Wohn-, Koch- und Esszimmer – lag im Erdgeschoss und war etwa 12 Quadratmeter groß, es lag direkt neben der Tenne und Wand an Wand mit dem Pferdestall. Auf dem Hof gab es drei Pferde, Mira, Minka und Nendra. Nendra, eine schwarze Stute, war unsere unmittelbare Nachbarin. Wir bekamen es stets unangenehm zu spüren, wenn sie wild wurde und gegen die gemeinsame Wand ausschlug. Aber daran gewöhnte man sich schnell, schließlich lebten wir nun auf dem Lande. Von dem Zimmer aus blickte man auf mächtige Eichen, die den Hof begrenzten und davor war ein Hund angekettet, der ständig im Kreise lief und wild bellte.

Weihnachten 1950 auf dem Bauernhof.

Das zweite Zimmer befand sich in der ersten Etage. Ein kleines Zimmer mit schrägen Wänden. Im Ehebett schliefen meine Eltern und meine achtjährige Schwester. Mein Schafplatz war eine Matratze, die jeweils abends quer vor dem Ehebett ausgerollt wurde. Über uns war der Heuboden, und die dort beheimateten Mäuse kamen uns regelmäßig im Schlafzimmer besuchen.

Unsere Toilette lag am äußersten Ende der Tenne: ein Plumpsklosett, gern auch Donnerbalken genannt. An einer Wand war ein gebogener Draht befestigt, an dem zurecht geschnittene Zeitungsblätter aufgespießt waren als Ersatz für das Klopapier, ein Artikel, den es schon lange nicht mehr gab. Wir lebten also doch recht einfach und bescheiden. Was aber nicht bedeutete, dass es auf dem

Land ganz allgemein eher hinterwäldlerisch zuging: Zum Beispiel hatte der Bauer für seinen eigenen Bedarf schon ein richtiges Badezimmer.

Jetzt besuchte ich die Dorfschule. Es war eine dreizügige Volksschule. Die erste und zweite Klasse, die dritte bis fünfte Klasse und die sechste bis achte Klasse wurden jeweils in einem Raum unterrichtet. Ich war jetzt in der 6. Klasse. Was ich bisher in der Schule gelernt hatte, war nicht sehr viel. In Geschichte und Geografie strebten meine Schulkenntnisse gegen null. Was ich wusste, hatte ich aus Karl-May-Romanen, die ich sprichwörtlich verschlungen habe. Meine schulische Ausbildung wurde hier nun ordentlich auf Vordermann gebracht. Der Hauptlehrer unterrichtete die sechste bis achte Klasse, er war auch Organist in der Kirche. Jeweils einer seiner Schüler durfte in der Kirche für die Orgel den Blasebalg treten. Man ging täglich in die Schulmesse. Dort hatte der Hauptlehrer stets ein waches Auge auf seine Schäfchen. Wer nicht in der Kindermesse war, musste später in der Schule dafür einen Grund nennen. Das Gleiche galt für die Christenlehre am Sonntagnachmittag. Sonntagmorgen ging man selbstverständlich ins Hochamt. Die meisten Bauern fuhren mit der Kutsche vor. Nach dem Hochamt verlas dann der Ortsvorsteher von der Kirchentreppe aus wichtige Anordnungen oder Änderungen der Gemeinde oder später der Militärverwaltung. Der Hauptlehrer war mit einer ehemaligen Schülerin verheiratet und stand damals kurz vor seiner Pensionierung. Er hatte sein ganzes Lehrerleben hier verbracht und kannte jedes Kind sowie seine Eltern und Großeltern und selbstverständlich alle Hofgeschichten.

Zu dieser Zeit waren Prügelstrafen in den Schulen noch ein übliches Erziehungsmittel. Für Vergehen, auch wenn sie außerhalb des Schulbetriebes geschehen waren, gab es etwas mit dem Rohrstock auf den gespannten Hosenboden oder in die Handflächen, was noch mehr weh tat.

Der Hauptlehrer stand neben dem Pfarrer und dem Dorfpolizisten in hohem Ansehen und wurde allseits geschätzt. Er war die Autorität im Ort überhaupt und das sogar über seinen Tod hinaus. So ist es trotz der Prügelstrafen verständlich, dass wir bei Klassentreffen das Grab des Lehrers besuchen. Eigentlich müsste auf seinem Grabstein stehen: »Ein gutes Herz und zwei unermüdliche Hände haben aufgehört zu schlagen.« Unsere Wertschätzung für ihn blieb aber ungebrochen. Ich glaube, dass heutige Schüler, trotz der behutsamen Behandlung durch Eltern, Lehrer und Sozialpädagogen nicht mehr zum Grab ihrer Lehrer gehen werden.

Mein älterer Bruder berichtete aus seiner Volksschulzeit in Münster, dass auffällig gewordene Schüler von weiterem Unterricht ausgeschlossen und auf den Flur geschickt wurden. Dort mussten sie sich mit dem Gesicht zur Wand aufstellen und durften dabei nicht schwätzen. Es waren dann in der Regel mehrere Knaben, die zu Beginn einer Pause dort an der Wand standen. Wenn der Lehrer kam, gab er das Kommando: »Finger auf das Leder!« Gemeint war, dass sich alle jetzt bücken, die Fingerspitzen auf die Schuhe senken und den Hintern weit herausstrecken mussten. Der Lehrer ging dann mit dem Rohrstock an den unartigen Kinder vorbei und klopfte im Vorbeigehen, den einen mehr, den anderen weniger kräftig, zur Strafe auf den Hintern. Eine unglaubliche Rationalisierungsmaßnahme.

Aber das Verhältnis der Schüler zu den Erwachsenen und speziell zu ihren Lehrern war ja schon immer ein besonderes – wie auch aus folgendem Schreiben hervorgeht, das hier zitiert wird.

Eine alte Beschwerde über die Jugend

Wenn sich Väter daran gewöhnen, ihre Kinder einfach gewähren und laufen zu lassen, wie sie wollen, und sich vor ihren erwachsenen Kindern geradezu fürchten, ein Wort zu reden; oder wenn Söhne schon sein wollen wie die Väter, also ihre Eltern weder scheuen noch sich um ihre Worte kümmern, sich nichts mehr sagen lassen wollen, um ja recht erwachsen und selbstständig zu erscheinen. Und auch die Lehrer zittern bei solchen Verhältnissen vor ihren Schülern und schmeicheln ihnen lieber, statt sie sicher und mit starker Hand auf einen geraden Weg zu führen, sodass Schüler sich nichts mehr aus solchen Lehrern machen.

Überhaupt sind wir schon so weit. Dass sich die jüngeren den älteren gleichstellen, ja, gegen sie auftreten in Wort und Tat, die Alten aber setzen sich unter die Jungen und suchen sich ihnen gefällig zu machen, indem sie ihre Albernheiten und Ungehörigkeiten übersehen oder gar daran teilnehmen, damit sie ja nicht den Anschein erwecken,

als seien sie Spielverderber oder auf Autorität ver-
sessen. Auf diese Weise wird die Seele und die Wi-
derstandskraft aller jungen allmählich mürbe. Sie
werden aufsässig und können es schließlich nicht
mehr ertragen, wenn man nur ein klein wenig Un-
terordnung von ihnen verlangt. Am Ende verachten
sie dann auch die Gesetze, weil sie niemand und
nichts als Herrn über sich anerkennen wollen. Und
das ist der schöne, jugendfrohe Anfang der Tyran-
nei.

Diese aktuellen Zeilen über das Verhalten der Jugend gegenüber Eltern und Lehrern sollen allerdings schon im Jahre 300 vor Christus geschrieben worden sein!

Das Dorf ist schnell meine zweite Heimat geworden. Ich fühlte mich hier einfach wohl. Hitlerjugend war hier nicht gefragt, was ich eigentlich schade fand. Hier wurden auch keine Kampflieder, sondern Volks- und Kirchenlieder gesungen. Vor Schulbeginn ging man in die Schulmesse, bei Beerdigungen sangen wir das Requiem. Auch als Jugendlicher war man eingebunden in die Landwirtschaft. Bei den Kindern auf Bauernhöfen war es ohnehin selbstverständlich, dass sie im Haus, auf dem Hof und auf den Feldern ihre Beiträge leisteten. Aber auch für die auf einem Hof gelandeten Evakuierten und später auch die heimatvertriebenen Jugendlichen war die Mitarbeit üblich. Das hatte auch seine Vorteile. Wer eine Bescheinigung von einem Bauer vorlegte, dass er auf dem Feld mitgeholfen hatte, brauchte am nächsten Tag keine Schularbeiten abliefern; das war natürlich ein Angebot, von dem man gern Gebrauch machte.

Ich war jetzt zwischen 11 und 13 Jahre alt und habe oft und gerne auf dem Hof mitgearbeitet. Das aber nicht nur der Schulaufgaben wegen, sondern weil es mir einfach Spaß machte und ich über jede Tätigkeit, die ich selbstständig ausführen konnte und durfte, stolz war. Wenn ich allerdings in einem spannenden Karl-May-Roman vertieft war und ich zur Arbeit gerufen wurde, fand ich das Melken nicht so spannend wie den Karl May.

Nach einer gewissen Einarbeitungszeit ging ich täglich mit zum Melken, später habe ich die Arbeit auch allein gemacht – sowohl im Stall als auch auf der Weide. Das waren immerhin 15 Kühe, die dann von mir von Hand zu melken waren. Alle Arbeiten, die jahreszeitlich auf den Feldern anstanden, konnte ich nach einiger Zeit selbstständig erledigen. Ich fuhr alleine mit dem Pferdewagen zum Melkstand oder im Frühjahr mit dem Maschinenrechen ins Heu oder half mit beim Mähdreschen oder beim Einfahren der Feldfrüchte und im Herbst beim Kartoffelaufsuchen und bei der Rübenernte.

Einmal durfte ich, gemeinsam mit meinem Onkel Hubert, mit einem zweispännigen Pferdewagen über Telgte nach Münster fahren, um von dort unsere letzte Habe, die den Krieg im Keller überdauert hatte, zu holen. Wir fuhren in Decken eingepackt in der Nacht los und waren erst am späten Abend wieder auf dem Hof. Das alles machte mir Spaß, und außerdem gab es ja noch immer für die Mitarbeit auf den Feldern eine Belohnung in Naturalien. Für einen Nachmittag Kartoffelaufsuchen durfte man 25 Kilogramm mit nach Hause nehmen. Das war in der schlechten Zeit eine wertvolle Bereicherung für die Küche.

Auf den Feldern herrschte stets lustiges Treiben mit vielen Menschen. Mägde, Knechte, Bauer und Bäuerin und bis zum Kriegsende auch Fremdarbeiter erledigten gemeinsam die Arbeit und es wurde auch oft dabei gesungen. Es gab genügend Pausen, die machte man gemeinsam am Feldrand, wenn die Bäuerin Säfte und Stullen brachte. Es wurde erzählt, gesungen und gelacht. Nach der Arbeit gab es auf der Tenne für alle gemeinsam ein kräftiges Essen. Vom Krieg sah, sprach und hörte man zu dieser Zeit noch nichts.

Einmal hatte ich sogar auf dem Felde einen Unfall. Beim Abziehen der Garben von der Mähmaschine brach ich mir den linken Arm. Die Aufregung war groß, denn man war sich nicht darüber im Klaren, wie das nach außen hin erklärt werden sollte – von wegen Kinderarbeit. Der Arm wurde eingegipst. Weil der rechte Arm noch voll verwendungsfähig war, musste ich weiterhin zur Schule und auch Hausarbeiten anfertigen und abliefern.

Irgendwie fühlte ich mich auf dem Bauernhof und in der landwirtschaftlichen Umgebung ausgesprochen wohl und zufrieden. Da es zu dieser Zeit in der näheren Umgebung keine Buben in meinem Alter gab, mit denen ich spielen konnte, war ich oft allein unterwegs. Ich konnte Bäume, Pflanzen und Tiere identifizieren, kannte die Zeiten, in denen gesät, gejätet, geerntet wurde, kannte mich bei den Tieren aus und war gerne bei ihnen in den Ställen.

Ich nahm die Frühlingsluft bewusst wahr und fühlte ihre aufbauende Kraft. Ich konnte die reifenden Feldfrüchte am Acker schnuppern, empfand Glücksgefühle beim Ernten, ich erlebte die Ausdünstungen der Felder als Wohlgerüche. Ich fühlte mich hier einfach wohl.

Eines Tages kam bei mir der Wunsch auf, ein eigenes Tier zu besitzen. In einem Gehege auf dem Nachbarbauernhof sah und bewunderte ich eine ganz zutrauliche Ziegenfamilie, darunter einige nur wenige Tage alte Zicklein. Ich stand am Zaun und schaute zu, der Bauer sah meine Begeisterung und kam zu mir. »Ach« sagte ich, »darf ich mal eines auf den Arm nehmen und streicheln?« Ich durfte und wollte mich gar nicht davon trennen. Der Bauer freute sich darüber und schenkte es mir. Jetzt bestimmte das Zicklein für viele Wochen meinen Tagesablauf. Fläschchen geben, streicheln, das Fell bürsten und auf der Wiese herumtollen. Zicklein und ich mochten uns, liebten uns.

Eines Morgens war der Stall leer. War Zicklein weggelaufen? Ich suchte, rief und lockte vergebens, ich weinte und war ganz unglücklich. Nein, mein lieber Freund war nicht weggelaufen, er war zur bevorstehenden Kommunion meiner kleinen Schwester geschlachtet worden. Keine gut gemeinten Worte, keine Argumente konnten mich beruhigen, ich war anschließend einige Tage krank.

Was für eine Idylle, was für eine Umgebung, was für eine Stimmung – ich war in einer ganz anderen Welt angekommen. Wenn man bedenkt, dass ich noch einige Wochen vorher in Marschordnung begeistert marschiert bin und mit glänzenden Augen gesungen habe *Ein jun-ges Volk steht auf zum Kampf bereit* ... Aus heutiger Sicht unglaublich!

Anfang 1945 rückte der Krieg auch etwas näher an die ländlichen Gebiete: Tiefflieger fliegen im Sturzflug flüchtende Feldarbeiter an – freies Feld, keine Unterstände, keine Bäume, die Feldarbeiter hören die Fluggeräusche und rennen um ihr Leben, schutzsuchend in alle Richtungen. Die Flugmotoren heulen auf: Iiiiiiiiiiiii ... Stürzen hinunter und tak, tak, tak, tak ... macht die Bordkanone und wieder hinauf in die Lüfte: Iiiiiii ... und wieder runter: Iiiiiii ... und tak, tak, tak ... tönt wieder die Bordkanone – eine Menschenjagd.

Des Nachts sahen wir die Christbäume, Leuchtkugeln und Scheinwerfer über Münster, hörten das Heulen von Bomben, kamen zusammen, weinten und beteten. In einiger Entfernung vom Hof gruben wir einen Schutz–Unterstand ins Erdreich. Alle Leute gingen jetzt in den Garten oder auch bei Nacht in den Wald und begannen nun wertvolle Sachen wie Geld, Schmuck, Bettwäsche gut und wasserdicht verpackt zu vergraben, um sie vor Raub zu sichern. Offizielle Papiere mit Hakenkreuz wanderten nun ins Plumsklosett. Das Radio, der Volksempfänger, blieb jetzt Tag und Nacht an, damit wir uns über die aktuelle Lage informieren konnten. Immer noch gaben Nazigrößen über den Rundfunk Durchhalteparolen aus. Viele Erwachsene glaubten auch jetzt noch an eine positive Wende des Krieges. Alles wartete auf die Vergeltungswaffe (V3), deren Einsatz kurz bevorstehen sollte.

Wegen der näher rückenden Front und der ständigen Tieffliegerangriffe auf dem Lande und der Bombenangriffe auf Münster, die wir von dort aus der Ferne verfolgen konnten, ließen meine Eltern mich nicht mehr zur Führernachwuchsschule. Ich muss allerdings gestehen, zu meinem Bedauern. Die Eltern ahnten wohl schon ein baldiges Ende.

Dann kam der Monat Februar mit der totalen Zerstörung Dresdens. Die in der Literatur genannten Zahlen der Todesopfer weichen erheblich voneinander ab. Später einigten sich die Historiker auf 25.000 Tote für die Zeit vom 13. bis 15. Februar, alles im Wesentlichen unschuldige Opfer, Frauen und Kinder, keine Kollateralschäden, nein, gezieltes Töten! Jetzt verloren auch die letzten Anhänger den Glauben an ein siegreiches Ende. Das war ja wohl auch die Absicht dieser unmenschlichen Aktion. Ich war 12 Jahre alt, hörte das Wehklagen, sah die Betroffenheit. Wenn es sie schon nicht auf Erden gibt, so hoffte ich damals – und tue es auch jetzt noch – auf eine höhere Gerechtigkeit.

Später kamen auch die deutschen Truppen, die auf dem Rückzug waren, durch die Gegend und auch auf den Hof. Sie waren völlig demoralisiert, hatten schon aufgegeben, feierten noch einige Nächte, wohl mit dem Rest des Alkohols, ließen beladene Fahrzeuge zurück und vor allem auch Waffen. Ihr Motto war einfach nur das Überleben. Überall in den Wäldern fand man Gewehre, Munition und auch Panzerfäuste. Die Soldaten besorgten sich Zivilkleidung und waren dann spurlos verschwunden. Und dann trat eine unheimliche Ruhe ein.

Von den Uniformen, die sie zurückließen, nähte meine Mutter später, nachdem sie das Zeug gewaschen und gewendet hatte, für unsere Familie Kleidung. Als es hieß, die Front verliefe jetzt nur noch einige Kilometer vor dem Hof, hängten wir – und alle anderen Höfe handelten ebenso – weiße Bettlaken aus allen Fenstern: weiße Kapitulationsfahnen!

Dann war es so weit. Am Ostersonntag, wir waren gerade beim Eiersuchen, kamen amerikanische Panzer auf den Hof zu. Eine endlose Kolonne von Fahrzeugen und Panzern zog aber dann im Schritttempo am Hof vorbei in Richtung des Dorfes. Das waren also unsere gehassten und alles vernichtenden Feinde. Wir hatten Angst, beobachteten die Kolonne und erwarteten das Schlimmste. Erleichtert stellten wir nach einiger Zeit fest, dass die Soldaten die Höfe verschonten, wohl wegen der weißen Kapitulationsfahnen. Nachdem wir unsere Angst überwunden hatten, gingen wir Kinder näher an die Straße. Die schwerbewaffneten amerikanischen Soldaten, schwarze und weiße, winkten von den Fahrzeugen und Panzern aus. Sie warfen uns Schokolade und Kaugummis zu, um die wir uns zur Freude der Soldaten bald balgten. Ich sah zum ersten Mal in meinem Leben in natura einen Andersfarbigen.

Bei uns blieb ansonsten alles ruhig. Es gab aber in anderen Gegenden auch schlimme Zwischenfälle. Einzelne Hitlerjungen, die inzwischen zum Volkssturm an der Heimatfront einberufen und dort im Schnelldurchgang im Partisanenkampf ausgebildet worden waren, schossen alleine mit einer Panzerfaust auf die einrückenden Panzer. Wahnsinn! Als Gegenreaktion wurden von den Panzern ganze Gehöfte in Schutt und Asche gelegt.

Für uns aber sah der Einmarsch ungewöhnlich und unerwartet freundlich aus. Hatte ich doch vorher durch zufälliges Mithören von Männergesprächen die schlimmsten Prognosen vernommen, die sich Gott sei Dank nicht erfüllten. Nicht viele Menschen hatten mit milden Siegern gerechnet und viele hatten sich auf das Schlimmste vorbereitet.

Die Einteilung der Bürger und Bürgerinnen in belastete und unbelastete Parteigenossen fand einige Tage oder Wochen später im Rahmen der sogenannten Entnazifizierung statt.

Wir Jungen sammelten in den Wäldern die dort rumliegenden Waffen und Munition. Im Wald bauten wir uns einen Unterstand, wo wir die gefundenen Waffen versteckten, und ballerten bei jeder sich bietenden Gelegenheit wild umher. Die Schüsse wurden natürlich gehört und schon bald durchkämmten amerikanische Soldaten die Gegend. Sie fanden nach einigen Tagen auch unseren Unterstand und zerstörten ihn mit einem Panzer. Dass wir die Schützen waren, ist nie rausgekommen. Es grenzt für mich noch heute an ein Wunder, dass wir diese Zeit überlebt haben. Wir haben nämlich nicht nur geschossen, sondern auch Munition in einen Schraubstock gespannt, die Kugeln von den Hülsen geschraubt und das Pulver gesammelt und damit Feuer gemacht.

Am 08.05.1945 kapitulierte Deutschland bedingungslos und wurde von den Siegern in vier Besatzungszonen aufgeteilt. Alle hatten Angst, nichts war mehr wie vorher, alle fragten sich, was nun passieren würde. Viele Leute weinten, ich auch. Deutschland war besiegt – oder befreit? Wir wohnten ja auf dem Lande, eine kleine Bauernschaft von vier Höfen und weit außerhalb des Dorfes. Wir hatten ein Dach über dem Kopf und konnten uns von Feldfrüchten ernähren. Was wollte man in dieser Zeit mehr?

Informationen erhielten wir über unseren Volksempfänger und durch den Ortsvorsteher, der die Anweisungen der Alliierten nach der Messe von den Stufen der Kirche aus verlas und das durch Bimmeln mit der Kuhglocke ankündigte.

Für die Dorfbewohner ging der Alltag wie gewohnt weiter. Schneller als erwartet normalisierte sich unser Leben. Der Krieg war aus, das Leben ging weiter. Ja, jetzt gab es sogar wieder Hoffnung, die Stimmung im Volk hellte sich auf. Ein angstfreies Leben winkte, nie wieder Angst vor Flieger und Bomben - nie wieder Krieg? Eine wunderbare Aussicht!

Aber schon bald berichteten die Siegermächte und alle Medien über die Gräueltaten des Nationalsozialismus, über sein Wirken und die Folgen.

Zuerst herrschte ungläubiges Staunen, das alles war schlicht undenkbar. Dann kam die Wahrheit zunächst tröpfchenweise und irgendwann stand sie dann fest – die ganze, die brutale Wahrheit. Sie erschütterte mich in

Mark und Bein. Kriegsverbrechen, Konzentrationslager, organisierter Massenmord, Holocaust! Das stand jetzt unwiderruflich fest, begangen von meinem Volke, dem ich doch so sehr verbunden war. Ich war erst irritiert und dann maßlos traurig und wäre vor Scham gern in den Boden versunken und mit mir, so glaube ich, auch noch viele andere Bürger. Die von Deutschen, in deutschem Namen begangenen Verbrechen haben mich auch in der Zeit nicht mehr losgelassen, als ich meine ganze Kraft zum Aufbau meines eigenen Lebens benötigte. Ich möchte mich noch heute vor den Opfern verbeugen und mich für die Taten entschuldigen, die auch in meinem Namen geschehen sind!

In Münster hatte ich viele gleichaltrige Freunde. Darunter auch mindestens drei, die – wie ich erst später erfuhr – Juden waren. Wir haben in den Jahren 1936–1942, also von meinem dritten bis zum neunten Lebensjahr, in Münster, Eitting und auch in Parchwitz stets unbefangen miteinander verkehrt. Eine auch nur irgendwie erkennbare Andersartigkeit wurde von uns gar nicht erst wahrgenommen, wir waren alle gemeinsam ›nur Kinder‹. Wir haben uns in dieser Zeit gegenseitig zu Hause besucht, auf der Straße, den Höfen und auf dem Schulhof zusammen getobt, gespielt, gealbert, uns später aber dann aus den Augen verloren. In meinen Jugenderinnerungen war die Zeit, waren die Wirren des Krieges dafür verantwortlich. War es aber wirklich nur das? Ich war damals noch sehr jung, konnte kaum etwas objektiv in seiner ganzen Tragweite verstehen, sondern nur altersgemäß wahrnehmen. Erst im KLV-Lager wurde die Bezeichnung ›JUDE‹ negativ belegt und die Juden selbst für alle Übel dieser Welt als verantwortlich gebrandmarkt. Das kam dann auch äußerlich dadurch zum Ausdruck, dass wir Juden-Schmählieder auswendig lernen und singen mussten, und das nicht nur im stillen Kämmerlein – nein, auch öffentlich und in Marschordnung.

Wie konnte das alles geschehen, was machte Angehörige eines kultivierten Landes zu Teufel, zu Bestien? Wie konnte so etwas von der großen Öffentlichkeit unbemerkt bleiben? Hat keiner etwas mitbekommen oder haben alle aus Angst vor eigener Verfolgung die Augen verschlossen?

Ich war 12 Jahre alt, wie war das mit mir, habe ich auch nichts gehört, gesehen? Heute bin ich sicher, dass ich in mehreren Fällen mit der Judenverfolgung konfrontiert wurde, ohne sie als solche wahrzunehmen. Hierzu einige Beispiele.

Ich stand in Münster vor unserer Haustüre. Gegenüber auf der anderen Straßenseite unsere Schule, davor der mit einem hohen schmiedeeisernen Zaun abgegrenzte große Schulhof. Auf der anderen Seite kämpften zwei Männer heftig mit einem etwa zwölf-, vielleicht auch dreizehnjährigen Jungen. Er wehrte sich verzweifelt, er schrie fürchterlich, wurde zu Boden geworfen, wollte fliehen, jedoch alles vergebens. Die beiden Männer nahmen ihn in ihre Mitte, packten ihn von beiden Seiten unter die Arme und schleiften ihn hinter sich her. Dieses Schauspiel haben viele Zuschauer aus sicherem Abstand beobachtet, ohne auch nur den Versuch zu machen einzugreifen. Ich war verwundert. Mir sagte man, der Junge sei krank, er habe die Tollwut und müsse in ein Krankenhaus gebracht werden.

Seitdem wir in Münster wohnten, ging ich in der Straße *Am Bleichen* in den ›Katholischen Kindergarten‹. Bis zur Einschulung täglich vormittags und nach der Einschulung – wenn ich mal gerade nicht in Kinderlandverschickung war – auch nachmittags. Jetzt war wieder Kinderlandverschickung angesagt und die Reise sollte schon am nächsten Tag losgehen. Deshalb ging ich zum Kindergarten, um mich von den Schwestern zu verabschieden. Dort hatte Schwester Angela schon alle um sich versammelt. »Alle mal herhören«, rief sie. »Heute ist das Wetter so schön, heute bleiben wir draußen und spielen Verstecken und machen Geländespiele.«

Die Menge jubelte, denn das war das Tollste. Zu mir gewandt sagte sie: »Leo, lauf du mal eben nach Hause, ziehe deine HJ-Klamotten an und komme so schnell wie möglich wieder zurück.« Auf meinen fragenden Blick antwortete sie: »Ja, mach mal hin, das gehört mit zum Spiel.«

Für die HJ-Kleidung war ich eigentlich noch zu jung, dafür gab es Regeln. Wir durften sie aber auf Wunsch schon vor Erreichen des zehnten Lebensjahres tragen, dann allerdings ohne Schulterriemen, Halstuch, Knoten und Fahrtenmesser. Als ich zurückkam, standen zwei Schwestern mit einem ganz mit einer Plane überzogenem Bollerwagen auf der Straße. Unter der Plane saß, von außen unsichtbar, zusammengekauert mein jüdischer Freund Achim, ebenfalls in HJ-Uniform. Ich war erstaunt, denn Achim war kein Kindergartenkind und in HJ-Uniform hatte ich ihn auch noch nie gesehen. Die Schwestern sagten zu mir, Achim solle versteckt werden und zwar so gut, dass die anderen lange, lange nach ihm suchen müssten. Ich solle hinterher gehen und alles gut beobachten, auch den Bollerwagen schieben helfen.

Wir zogen durch die Körnerstraße, die Blumenstraße und die Weselerstraße bis zur Antoniuskirche. In dieser Gegend hatten wir uns schon oft getroffen, um mit Holzgewehren Krieg zu spielen. Einmal waren wir so auffällig, dass die Anwohner die Polizei verständigten und wir deshalb in der Kirche Asyl suchen mussten. Am Kircheneingang erwarteten uns der Pfarrer von St. Antonius und mein Onkel Pastor. Beide verwickelten mich in ein Gespräch und, ehe ich mich versah, war Achim verschwunden. Man sagte mir, Achim sei jetzt versteckt, ich könne ruhig nach Haus gehen, meine Arbeit sei getan, suchen sollen die anderen. Wenn man es genau bedenkt, war das von den Schwestern noch nicht einmal gelogen.

Am nächsten Morgen fuhr ich, wie geplant, in die Kinderlandverschickung. Achim habe ich nie wiedergesehen; man sagte mir, die Familie sei verzogen.

Auch dieser Fall hat mir im Nachhinein zu denken gegeben: Wir wohnten in der vierten Etage. Auf gleicher Höhe und im Winkel von 90 Grad in Richtung unseres Fensters versetzt, befand sich das Fenster des Nachbarhauses. Durch den günstigen Winkel konnte man fast in diese Wohnung hineinschauen. Dort wohnte eine junge jüdische Familie; Mutter, Vater und ein vielleicht drei- oder vierjähriger Sohn. Die Frauen unterhielten sich oft und lange von Fenster zu Fenster und auch ich rief mein Hallo hinüber! Eines Tages war der Mann verschwunden, es hieß, er sei verhaftet worden, weil er Urkunden gefälscht habe. Als ich aus der Kinderlandverschickung zurückkam, war die Wohnung leer. Man sagte mir, die Familie sei verzogen.

Ja, der Krieg war jetzt zu Ende, wo aber waren unsere Idole geblieben, wo waren die, zu denen wir aufgeschaut hatten? Jetzt waren sie Verbrecher, standen vor Gericht! Zu Recht, wie ich später wusste. In dem Alter war es nicht leicht, das zu begreifen und zu verarbeiten. Es dauerte lange, bis unsere Augen auf andere Helden und andere Heldentaten gerichtet wurden. Da gab es nicht viele. Einer der ganz wenigen, die sich da anboten, war Albert Schweitzer, der evangelische Theologe, Organist, Philosoph und Arzt. Vor allem seine Arbeit im Urwaldhospital Lambarene beeindruckte mich. Später, nämlich erst im Jahre 1952, erhielt er für sein Lebenswerk den Friedensnobelpreis.

In der ersten Zeit nach der Kapitulation war es im Lande aber noch sehr unruhig. Befreite Fremdarbeiter zogen mit der Waffe in der Hand durchs Land, vergewaltigten Frauen und nahmen sich mit Gewalt alles, was sie zum Leben und zum Weiterkommen brauchten.

Im August machte sich dann der Krieg noch einmal bemerkbar. Ein Krieg, der im weit entfernten Japan, unserem ehemaligen Verbündeten, noch weiter ging. Am 06. August 1945 warf ein amerikanischer Bomber eine Atombombe auf die japanische Stadt Hiroshima und wenige Tage später auch eine auf die Stadt Nagasaki. Danach lagen beide Städte in Schutt und Asche, waren total zerstört, es gab viele Tote. Die Opfer waren im Wesentlichen, wie auch schon bei dem Angriff auf Dresden, unschuldige Frauen und Kinder. Auch hier schwankte die Zahl der angegebenen Todesopfer erheblich. Später einigten sich die Historiker auf 78.150 Tote in Hiroshima und 40.000 Tote in Nagasaki. In anderen Quellen werden 150.000 für Hiroshima und 80.000 für Nagasaki genannt. Zwei Atombomben, die eigens für zivile Opfer gebaut wurden, hatten ihre unbeschreiblich grausame Wirksamkeit unter Beweis gestellt.

Was eine Atombombe bedeutete, wussten wir überhaupt nicht. Für uns war es zunächst nur eine Bombe mit einer bisher unübertroffen großen Wirkung, so etwas wie unsere V-Waffe. Die Wahrheit kam zu uns zuerst nur scheibchenweise, erst später wurde das wahre Ausmaß bekannt. Und dann erfuhren wir auch, dass es nicht nur direkt betroffene Opfer gab. Die tödliche Strahlung der Atombombe forderte noch Jahre lang zahllose Opfer, eine grausame hinterhältige Wirkung, die bekannt und eingeplant war.

Die größte Menschenvernichtung aller Zeiten, vornehmlich von wehrlosen Frauen und Kindern und das in der kürzesten denkbaren Zeit hatte eine amerikanische Bomberbesetzung auf höchste Anordnung hin erreicht. Ich bringe es nicht über meine Lippen zu sagen: »Gott sei denen, die das angeordnet und ausgeführt haben, gnädig!«, denn ich hoffe auf eine Bestrafung nicht nur durch die irdische, sondern auch durch eine höhere Gerechtigkeit und das für ALLE Verbrechen gegen die Menschlichkeit.

In meinem Umkreis sah ich die bestürzten Mienen der Erwachsenen, die mit Tränen in den Augen für die Verstorbenen beteten und Gott dafür dankten, dass wir davon verschont geblieben waren. Die Welt hatte sich schlagartig verändert, die grausame Tat selbst ging in das globale Gedächtnis der Menschheit ein und beeinträchtigte das Menschenbild. Noch heute erfasst mich Wut und Fassungslosigkeit, wenn Leute versuchen, diese Menschenvernichtung zu relativieren und für die Notwendigkeit dieser brutalen Kriegsführung auch noch eine Begründung anführen wollen. Um nicht falsch verstanden zu werden; selbstverständlich verurteile ich auch die menschenverachtenden Taten der Nationalsozialisten, wie ja schon an anderer Stelle geschehen, in gleicher Schärfe. Und ich will mich hier auch gar nicht in Diskussionen vertiefen, wer sich Schlimmeres hat zu Schulden kommen lassen oder wer angefangen hat. Für mich sind alle diese Taten gleichermaßen Verbrechen gegen die Menschlichkeit.

Kriege gibt es seit Menschengedenken. Fast immer sind sie durch alte Männer angezettelt und ausgerufen worden. Vielleicht auch deshalb, weil diese am wenigsten zu verlieren haben. Bis auf die letzten drei Jahrhunderte waren diese alten Männer aber so anständig, dass sie sogar ihren Söhnen voran mit der Keule, dem Säbel und auch schon mit dem Gewehr in den Krieg zogen. Nun aber werden unsere Söhne von ihnen in den Krieg, in den Tod geschickt, ohne dass diese alten Männer selbst ihren sicheren Stand verlassen, praktisch vom Sofa aus. Sind vielleicht die alten Männer selbst das Problem? Es ist eine Überlegung wert, ob man nach dem Scheitern der alten Herren jetzt mal für die nächsten 1.000 Jahre junge Frauen, besser noch Mütter, an die Spitze lassen sollte. Junge Mütter haben mit Sicherheit eine innigere Bindung an die Kinder, die sie unter Schmerzen geboren haben, und würden sie nicht so leicht der Gefahr, dem Tod aussetzen. Wie auch immer! Ich meine, es ist auch eine Überlegung wert, künftig für alle zukunftsrelevanten Entscheidungen in der Kommune, dem Land oder im Bund nur noch Personen einzusetzen, die leiblichen Nachwuchs haben.

Vom 14.05. bis zum 01.06.1991 habe ich mit der katholischen Gruppe *Leben aus der Mitte* Japan bereist. Meine verstorbene Frau Elisabeth und ich sind selbst keine Gruppenmitglieder. Wir waren aber häufig mit ihnen unterwegs. Planung und Organisation dieser Reise lagen in den Händen von Marianne, einer Freundin von meiner Frau Elisabeth, die uns dann auch die Teilnahme ermöglichte. Mitglieder der Gruppe waren alles sehr honorige, nette und freundliche Damen und Herren, mit denen es Spaß machte zu reisen. Anlass zur Reise war: Die Gruppe wollte in Japan die klassischen Stätten der Zen-Meditation kennenlernen. Die Teilnehmer wollten dort gemeinsam in Versenkung und Meditation, in Stille und im gemeinsamen intensiven Schweigen ihr Leben klären und neu ordnen. Das Ziel war, gestärkt und neu orientiert in den Alltag zurückzukehren und sich den Aufgaben des Lebens neu zu stellen.

Mit uns reisten fach- und ortskundige Führer.

Wir waren auch in Hiroshima, am Ort und an der Stelle des furchtbaren Geschehens vom 06. August 1945, hörten die Worte der Zeitzeugen und sahen im Museum Modelle und Bilder des Grauens. Voller Erschütterung hörten wir den Führern zu und folgten ihnen fassungslos durch das Museumsgelände. Wir hatten eine Gebets-, Sing- und Plauderstunde mit dem katholischen Bischof Misue verabredet und feierten in der Friedenskirche von Hiroshima die heilige Eucharistie. Anschließend formierten wir uns in der Friedenskirche um den Altar, trugen uns in das Besucherbuch der Kirche ein und sangen Kirchenlieder und auch alle Strophen des Liedes:

We shall overcome,
we shall overcome,
we shall overcome some day,
oh, deep in my heart I do believe
that we shall overcome some day.

Es war ein unvergesslicher und bewegender Augenblick!

Von der Japanreise habe ich insgesamt sechs Stunden Videomaterial, die immer noch gut erhalten sind. Trotz des zeitlichen Abstandes muss ich auch heute noch mit meinen Gefühlen kämpfen, wenn ich nur an die Schlachten – oder sage ich besser an das Schlachten? – um Hiroshima und Nagasaki denke. Hätte ich das lieber verschweigen sollen? Nein, auch das geschah in der Zeit, in der ich lebe.

Das Unfassbare geschah in meiner Jugend. Ich sah die Stätten des Grauens in der Mitte meines Lebens, und wenn ich im Alter darüber schreibe, überfällt mich noch immer eine große Traurigkeit und ich kann die Tränen nicht zurück halten.

Menschen, zu was seid ihr fähig, im Guten und im Bösen?

Im August 1945 wohnte ich ja noch in einer kleinen Bauernschaft eines Dorfes auf einem Bauernhof. Dort konnte ich von 1945 bis 1947 noch ein ruhiges und beschauliches Leben in Schule, Familie und auf dem Hof führen.

Inzwischen waren außer den Evakuierten auch noch Heimatvertriebene und Aussiedler ins Dorf gekommen, die Letztgenannten waren überwiegend evangelischer Konfession und das in dem erzkatholischen Dorf. Alle Zugewanderten waren jetzt Habenichtse, sie hatten im Kriege alles verloren und noch nicht einmal genug zu essen. Die Eingeborenen waren gut durch den Krieg gekommen, konnten ihren Besitz behalten und vor allem, da sie Selbstversorger waren, mussten sie keine Not leiden. Das machte sich dann auch in der gegenseitigen Begegnung bemerkbar. Ungefähr zu dieser Zeit wurde mir – zumindest in etwa – klar, was Besitz und Vermögen in gesellschaftlicher Hinsicht bedeuten. Wir hatten doch immer von unserer Wohnung in Münster gesprochen. Jetzt erkannte ich, dass diese uns nur zeitweise für viel Geld überlassen worden war. Was ›viel Vermögen‹, ›wenig Vermögen‹ und ›kein Vermögen‹ auf dieser Welt bedeutet, ist mir aber erst viel später klar geworden.

Auf meinem Nachhauseweg tanzte mir mal ein Dorfjunge vor der Nase her, zeigte mit dem Finger auf mich, lachte und sang immer »Evakuierter, Evakuierter«. Inzwischen war es schon zum Schimpfwort geworden. Nun, ich musste mich mit ihm prügeln, um in Anstand an ihm vorbei zu kommen. Er hatte verstanden und mich seitdem in Ruhe gelassen. Wegen dieses Vorfalls gab es anschließend Nachforschungen – sogar der Schulrat wurde bemüht. Ich bekam vom Hauptlehrer am nächsten Tag wieder mal die Hose stramm gezogen, wie schon einige Wochen zuvor, als ich auf der Fronleichnamsprozession geschwätzt hatte.

Einige Tage später wurde mir dann noch mit der ›Höchststrafe‹ gedroht. Eine der Mitschülerinnen sagte zu mir: »Das darfst du nicht mehr machen. Wenn du es doch tust, wirst du kein Mädchen aus dem Dorf abbekommen.« Das war eine ehrlich gemeinte und nicht mehr zu steigernde Drohung; das machte mich nachdenklich.

Vor einigen Monaten trafen wir uns anlässlich einer Beerdigung. Meine Frau Edeltraud und ich saßen mit einigen ehemaligen Mitschülerinnen an einem Tisch. Edeltraud war etwas neugierig und wollte wissen, wie ich denn früher so gewesen sei. »Ooch«, sagten die Frauen, »als er für uns interessant wurde, ist er ins Ruhrgebiet abgehauen.«

Nichtsdestoweniger, das westfälische Dorf war der Ort, an dem ich mich bis dahin die längste Zeit meines Lebens aufgehalten hatte. Nicht nur deshalb hab ich mich dort wohlgefühlt. Diese Zeit ist in mir immer auch mit Liebe, Ehrlichkeit, Anständigkeit und Geborgenheit verbunden. Ich betrachte das Dorf und seine Umgebung noch heute als meine Heimat und habe immer noch einen guten Kontakt zum Ort und zu seinen Leuten. Auch schaue ich gern mal dort vorbei und singe mit den alten Freunden die Dorfhymne:

Do nu last us nu besingen
use Dürpken pick und fin ...

Als das Ende der Schulzeit nahte, stellte sich die Frage, wie es weiter gehen sollte. Mein Wunsch war es, ein Aufbaugymnasium zu besuchen, wie drei andere Mitschüler. Da das aus den verschiedensten Gründen nicht realisiert werden konnte, entschied ich mich für den Beruf meines Großvaters, der in Oberhausen Reviersteiger war, immer gutes Geld verdient und nie arbeitslos war. Ich wollte Steiger werden! Ich höre heute noch meinen Vater sagen: »Ich werde Gott auf den Knien danken, wenn du in den Bergbau gehst.«

Nun, ich habe es gewagt und bin Bergmann geworden. Ich bin aber sicher, dass mein Vater deshalb nie Gott auf Knien gedankt hat.

So viel konnte ich als gerade mal Vierzehnjähriger schon begreifen; auf dem Lande gab es für mich keine berufliche Perspektive. Heute denke ich oft daran, was gewesen wäre, wenn ich damals nicht die Weichen in Richtung Ruhrgebiet und Bergbau gestellt hätte.

1946/47 wurden die amerikanische und die britische Zone zur Bizone zusammengelegt. Für mich direkt hatte das keine spürbare Bedeutung, denn ich hatte ein völlig anderes Leben vor Augen. Ein Leben, auf das ich ganz neugierig war und das mein ganzes Denken und Fühlen in Anspruch nahm.

Am 15.04.1947 war es so weit. Von Warendorf fuhren mein Vater und ich mit dem Pängelanton nach Münster und von dort mit einem D-Zug zum Hauptbahnhof nach Essen. Pängelanton wurde diese Eisenbahn genannt, weil aufgrund der vielen Bahnübergänge und der Gefahr, die vom umlaufenden Vieh und auch vom Wild ausging, an der Lock ständig zur Warnung eine kleine Glocke, der Pängel, läutete.

Vom Essener Hauptbahnhof ging es mit der Straßenbahnlinie 18 nach Mülheim-Heißen – vorbei an den sich auf beiden Seiten türmenden Schuttbergen der ehemaligen kruppschen Waffenfabriken und an den ebenfalls in Trümmern liegenden Privathäusern an der Kruppstraße. Legt man heutige Maßstäbe zugrunde, gab es damals nur ein ganz geringes Verkehrsaufkommen, für mich aber war es überwältigend viel, was da über die Straße rollte. Ich stand da und staunte. Das war überhaupt nicht verwunderlich, schließlich kam ich ja gerade aus der Provinz. Überall waren lärmende Baumaschinen in Betrieb. Baumaschinen und Baukräne bestimmten das Straßenbild. Überall Baugruben, Baulärm, Staub – Nachkriegs-Deutschland im Wiederaufbau, im Aufbruch zu einer neuen Zeit, in einen neuen Geschichtsabschnitt!

Krieg war gestern! Ich war voller Erwartungen, auch für mich hatte ein neuer Lebensabschnitt begonnen. Meine Gedanken waren jetzt nach vorne gerichtet, ich war mächtig neugierig auf mein neues Leben und freute mich auf meine neuen Aufgaben. An der Haltestelle *Humboldthain* stiegen wir aus, es waren nur wenige Meter bis zum Bergelehrlingsheim, meinem neuen Zuhause.

Ich hatte keinen Palast erwartet, aber ein bisschen anders hatte ich mir meine künftige Bleibe schon vorgestellt. Das Berglehrlingsheim war ein halb in Trümmer liegendes ehemaliges Russenlager; der Volksmund nannte es Bullenkloster. Für die Heimleitung waren zwei grubenuntaugliche Bergleute eingesetzt. Ich war einer der ersten regulären Berglehrlinge in diesem Heim nach dem Kriege. Die meisten Heimbewohner waren zwischen 18 und 30 Jahre alt und oft auch noch älter. Es war also damals eher ein Lager für ledige Männer als ein Wohnheim für Lehrlinge. Das sollte aber bald besser werden, so sagte man. Viele ›Heimbewohner‹ waren ehemalige Soldaten und Offiziere, sie wurden aus der Gefangenschaft entlassen, weil sie sich für den Bergbau gemeldet hatten. Die Nachkriegszeit schrie nach Energie. Um diese zu erzeugen, brauchte man Leute, und die mussten auch irgendwie untergebracht werden.

Das Bullenkloster war berühmt und berüchtigt. Häufig gab es in der Nacht Polizeirazzien und das sogar mit Hunden. Ohne Hunde hat die Polizei sich erst gar nicht getraut, das Heim zu betreten. Neben den normal strukturierten Bewohnern gab es eine kleine Anzahl vom Krieg geprägter wilder Gesellen, jenseits jeder Moral, und ich war als vierzehnjähriges Bürschchen mittendrin. Es waren nicht viele, aber es gab sie: Schieber, Stenze und Schwarzhändler aller Schattierungen. Oft konnte man auch morgens am Eingang zum Heim auf Wäscheleinen die als Trophäen in der Nacht gesammelten Damenhöschen bewundern. Ich musste vor den wilden Gesellen aber keine Angst haben; als Jüngster und

Kleinster genoss ich zunächst einmal so was wie Welpenschutz. Ich lernte schnell, das als Vorteil zu nutzen.

Mein Zimmergenosse und späterer Freund Dieter, der nur ein paar Tage später ins Berglehrlingsheim kam, war erst 13 Jahre alt, als er seine erste Schicht auf dem Bergwerk antrat. Jetzt war ich schon nicht mehr der Jüngste. Dieters Eltern waren im Krieg umgekommen. Da er noch so jung war, musste er nicht acht Sunden am Tag ran wie wir; er hatte nur eine Sechsstundenschicht.

In den Zimmern standen je sechs Holzdoppelbetten. Statt der heute üblichen Lattenroste gab es ungehobelte Bretter als Unterlage. Ich bekam eines der oberen Betten zugeteilt, weil ich noch jung und beweglich war. Die Älteren bevorzugten die unteren Betten, damit sie im Rausch nicht so tief fallen und sich so im Suff nicht so schwer verletzen konnten. Mein Bruder Berni, der ebenfalls noch in diesem Heim war, hatte auch sein Lager in der untersten Etage eines Doppelbettes. Ausgerechnet mein Bruder war der Erste, den ich in stark angetrunkenem Zustand antraf. Er fuchtelte mit Armen und Beinen um sich, dabei löste sich der Bretterboden des Hochbettes und fiel auf ihn; ein Brett traf seine Nase, die sofort stark blutete.

Ich schlief in Zukunft also auf Strohsäcken, die einen seitlichen Schlitz hatten, damit das platt gedrückte Stroh aufgeschüttelt werden konnte. Als Zudecke dienten alte Wolldecken aus Wehrmachtsbeständen. Viele Stühle und Tische hatten nur noch zwei oder auch drei Beine, mit Hilfe derer sie hinter die Heizungsrohre geklemmt wurden und so noch verwendet werden konnten, ansonsten saß man auf der Bettkante. Haus und Inventar waren so übernommen worden, wie sie die ehemaligen Fremdarbeiter hinterlassen hatten. Also Zustände, die man heute keinem Aussiedler anbieten dürfte, die für uns damals aber schnell selbstverständlich wurden. Das war aber für mich nicht abstoßend oder belastend, denn auf dem Bauernhof gab es für mich ja auch nur eine Notliege auf dem Fußboden vor dem Ehebett.

Neben jedem Bett stand ein Spind für jeweils zwei Personen. Da eigentlich alle so arm und mittellos waren wie ich, lieh man sich untereinander Klamotten aus, wenn man gut aussehen und ausgehen wollte. Da hatte jemand eine schöne Jacke, der andere eine ordentliche und zur Jacke passende Hose, ein Dritter sogar eine Krawatte und der Vierte dann noch ein paar ganz passable Schuhe. So wurde einer eingekleidet und chic gemacht und unter Beifall verabschiedet, wenn er zum Minnedienst wollte. Dafür hat er dann auch hinterher ausführlich erzählt, wie es ihm ergangen war. Ach du Schreck, was da alles erzählt wurde! Ich lernte viel Theoretisches über den Minnedienst.

Wenn es auch insgesamt rau zuging, eine tadellose Kleidung war damals für uns alle ein MUSS. Die Hose haben ich und meine Mitbewohner täglich aufgebügelt und fast jeder von uns hatte, wenn er ausging, einen Lappen bei sich, um schnell mal über die Schuhe putzen zu können. Damals haben sich also die armen Malocher bemüht, so auszusehen wie die feine Gesellschaft; heute bemüht sich die feine Gesellschaft so auszusehen, wie die armen Malocher. Wie anders sollte man es interpretieren, wenn gut betuchte Leute ganz stolz mit Löchern im Hosenboden und ausgefransten Hosenbeinen herumlaufen?

Den Kaffee für das Frühstück im Berglehrlingsheim, natürlich Muckefuck, kochte der Heimleiter am frühen Morgen in seinem Büro in einem großen Kessel, dazu gab es zwei Heimdubbels mit Marmelade. Da das Heim zu diesem Zeitpunkt noch keine Küche hatte, mussten die Brote am Abend vorher in Koffern aus der Kantinenküche der Zeche geholt und in das drei Kilometer entfernte Heim getragen werden. Die Brote waren in großen Holzkoffern, und diese waren randvoll gefüllt. Die Behältnisse mit Inhalt hatten dadurch natürlich ihr Gewicht. Das Tragen ging reihum und so musste ich als vierzehnjähriger schon regelmäßig eine solche Last tragen. Manchmal haben mir aber am Anfang auch die Älteren aus Mitleid geholfen.

Um 5:00 Uhr früh ging der Heimleiter mit einer Trillerpfeife durch die Gänge und rief: »Reise, Reise, Kameraden, alles aufstehen, guten Morgen.«

Dieser schrille Pfeifton – und das um die Uhrzeit und im tiefsten Schlaf – klingt noch heute in meinen Ohren. Ich habe ihn gehasst! Nach einer Erfrischung unter der Dusche holte man sich aus dem Zimmer des Heimleiters im Kochgeschirr den Kaffee, nahm die Brote in Empfang und frühstückte auf der Bettkante sitzend. Danach machten wir uns auf den Weg zur Zeche. Wir trugen die verbeulte Kaffeepulle an einem Riemen über der Schulter, das Handtuch als Schal um den Hals, und zogen, manchmal sogar mit einem fröhlichen Lied auf den Lippen in Richtung Zeche. Je näher wir dem Zechentor kamen, umso dichter wurde der Menschenstrom, der sich von allen Seiten auf die Markenkontrolle zu bewegte. Es waren nur Männer, die Beschäftigung von Frauen im Untertagebetrieb war und ist gesetzlich verboten.

Alle würden gleich 600 Meter unter der Erde sein, und nicht alle werden ohne gesundheitlichen Schaden wieder ans Tageslicht kommen. Unter Tage gibt es viele Gefahrenpunkte. Da kann das Gebirge einstürzten, können Förderseile reißen, kommt es zu Wassereinbrüchen, zu Gasexplosionen, zu Kohlenstaubexplosionen ... Und so viel anderes kann passieren. Es gab in der Vergangenheit viele Grubenunglücke, das vermutlich größte, das es überhaupt je gab, passierte 1942 in China: Es waren 1.549 tote Bergleute zu beklagen.

Die Anzahl der Betriebsunfälle und vor allem die Anzahl der tödlichen Unfälle waren zu dieser Zeit sehr hoch. 1958 z.B. wurden im bundesdeutschen Steinkohlebergbau 187.000 Unfälle registriert. In den überfüllten Krankenhäusern des Reviers lagen viele schwarze Leute, zeitweilig sogar auf den Fluren. Grubenunglücke mit vielen Toten waren also absolut keine Seltenheit; so auch 1944 auf der Zeche *Hansa* (95 Tote), auf *Grimberg* (107 Tote) und auf der Zeche *Sachsen* (169 Tote). 1946 gab es auf der Zeche *Monopol Grimberg* 405 Tote, um nur einige große Katastrophen zu nennen, die schon vor meinem Berufseinstieg passierten. Hinzu kommen die tödlich Verunglückten, viele Einzelfälle, über die wenig gesprochen wird, eben, weil sie nicht so spektakulär sind.

Ja, und dann stand noch etwas als ständige Bedrohung vor uns allen: die Staublunge, die Geißel der Bergleute. 1947, in meinem ersten Bergbaujahr, sind alleine an Silikose und Siliko-Tuberkulose 1.364 Bergleute gestorben. Die Anzahl der an Silikose verstorbenen Bergleute stieg seitdem ständig an und erreichte im Jahre 1956 den höchsten Stand von 2.113 Toten. Die Lebenserwartung der Bergleute lag 1947 im Durchschnitt circa 15 Jahre unter der allgemeinen Lebenserwartung. In alter Zeit gab es auf den Bergwerken eigene Gebetshäuser, wo die Bergleute vor der Anfahrt gemeinsam zum Beten zusammen kamen. Viele Leichenhallen gab es natürlich auch.

Glückauf! Damals war das nicht nur ein Gruß, sondern auch ein Wunsch, eine Bitte, ein Gebet!

Ich selber habe im Laufe meines Berufslebens zahlreiche kleinere, einige mittlere und einen schwereren Berufsunfall erlitten. Die Arbeit in einem Bergwerk ist gefährlich, da kommt es häufig zu Verletzungen. Der Kohlenstaub am Arbeitsplatz macht nicht nur den Bergmann schwarz wie einen Neger, er dringt auch in neu entstandene Wunden ein. Kohlenstaub ist absolut steril, deshalb keine zusätzliche Infektionsgefahr. Bei größeren Verletzungen wird sogar schon mal gerne Kohlenstaub auf die Wunde gestreut, um die Blutung zu stoppen. Wenn man es dabei belässt, wächst die Wunde mit dem Staub zu und unter der Haut werden schwarze Bereiche sichtbar; die Bergmannsnarben. So mancher trägt sie stolz vor sich her. Wer sie nicht so gerne herzeigt, der muss leiden. Er muss entweder nach der Schicht unter der Dusche die Wunde so lange scheuern, bis sie sauber ist – und das tut weh – oder er muss später die Narbe von einem Arzt wieder öffnen und säubern lassen.

Als ich 18 Jahre alt war, hat mir einmal ein herabstürzender Stein das ganze Schienbein aufgeschlitzt. Eine große Wunde entstand. Da die Wunde nicht heilen wollte und sogar anfing zu eitern, musste ich mit dieser Verletzung für vier Wochen ins Krankenhaus. Zu der Zeit war es üblich, dass sogar in den Krankenzimmern geraucht wurde. Die erste Zigarette meines Lebens rauchte ich denn auch im Krankenbett in einem verqualmten Krankenzimmer im Krankenhaus – und das aus purer Langeweile. So wurde ich zum Raucher, ein Laster, das ich dann bis zu meinem 49ten Lebensjahr beibehalten habe.

Bei meinem schwersten Unfall wurde ich unter Gesteinsmassen begraben und bewusstlos über ein Kettenfördermittel bis kurz vor einen Gesteinsbrecher transportiert, dessen automatische Stillsetzvorrichtung, dem Himmel sei Dank, dieses Mal funktionierte: Glück im Unglück. Ich musste mit einer Bahre aus der Grube getragen werden. Nach einer Notversorgung durch den Werksarzt und den Heilgehilfen kam ich ins Krankenhaus *Bergmannsheil* in Gelsenkirchen Buer. Ich hatte mehrere Kopfwunden, einen Trümmerbruch im linken Oberarm mit Schädigung des Schultergelenkes, über den Körper verteilt mehrere Schnitt- und Platzwunden. Als Folgewirkung war nach zwei Tagen der ganze Oberkörper schwarz-blau angelaufen.

Hiervon mal abgesehen gab es aber auch sonst viele betriebliche Situationen, in denen ich mein Leben nur dem Beistand eines guten Schutzengels zu verdanken habe. Ich sehe jede einzelne Situation noch heute vor mir.

In diese Welt bin ich nicht hineingeboren worden. Den Beruf hatte ich mir ja selber ausgesucht, allerdings war das schon ein wenig von der Mutter beeinflusst. Ausschlaggebend für die Berufswahl war der Wunsch nach einem krisensicheren Arbeitsplatz in Verbindung mit einer guten Bezahlung. Über Unfallgefahren und Berufskrankheiten, insbesondere über die Geißel der Bergleute, die Silikose, über all diese Dinge, die ja meinen Eltern vor meinem Berufseintritt bekannt gewesen sein mussten, hat vorher nie einer mit mir gesprochen. Das hat meine Eltern auch nicht davon abgehalten, mich in diese Richtung zu lenken. Ich erlebte alles Stück für Stück am eigenen Körper. Über die Historie des Bergbaus habe ich erst im Rahmen des Studiums etwas erfahren.

Bevor wir in die Welt des Bergbaus eintauchen, möchte ich aber darauf hinweisen, dass meine Beschreibungen an manchen Stellen nicht sehr für diesen Beruf sprechen und ihn auch überhaupt nicht attraktiv erscheinen lassen. Ja, das ist so! Aber dabei ist zu berücksichtigen, dass mein Berufseintritt in der unmittelbaren Nachkriegszeit erfolgte, in den Hungerjahren. Meine Ausführungen betreffen auch nicht den gesamten Bergbau, sondern nur die Bereiche, in denen ich beschäftigt und auch Zeitzeuge war. Beschäftigt war ich zuerst als Berglehrling und als Bergknappe, später dann als Schlepper, Lehrhauer, Hauer, Steiger, Reviersteiger, Wettersteiger, Fahrsteiger, Wirtschaftsingenieur, Mechanisierungsingenieur, Obersteiger und stellvertretender Betriebsführer. Nachdem ich meine Untertagetätigkeit wegen einer beginnenden Staublunge aufgeben musste, arbeitete ich als Betriebs- und Ausbildungsleiter einer überbetrieblichen Zentrallehrwerkstatt.

Den Lesern, denen die Welt des Steinkohlenbergbaus überhaupt nicht bekannt ist, insbesondere die der Nachkriegszeit, werde ich auf den nächsten Seiten diesen geheimnisvollen Beruf und die Zeit, in der ich hier eingebunden war, nahe bringen. Im Rahmen dieser Arbeit kann das naturgemäß nur ein kurzer Abriss sein. Meine Darstellungen basieren auf dem in meiner Ausbildung, meiner beruflichen Tätigkeit sowie dem bei der Gewerkschaft, den politischen Parteien und während des Studiums bei der Uni Essen erworbenen Wissen. Fachkundige und Zeitgenossen, die das aus eigener Erfahrung, aus Erzählungen oder aus Büchern kennen, finden den Anschluss an meine persönliche Geschichte wieder auf Seite 153.

WIE FING ALLES AN?

Der Sage nach erwärmten sich die Hirten schon immer an und mit den schwarzen Steinen, die sie auf Feldern, Wiesen und in Wäldern fanden.

Später erkannten zuerst die Grundeigentümer den Nutzen der schwarzen Steine und verwendeten sie für sich zum Heizen. Aber schnell sprach es sich herum, dass man damit auch Geld verdienen konnte, und so verkauften die Grundeigentümer das schwarze Gold auch an Handwerksbetriebe. Auch der Handel mit der Lagerstätte selbst wurde zum lukrativen Geschäft.

Um die Kohle zu gewinnen, grub man sie zunächst mit Hacke und Schaufel aus Löchern in der Lagerstätte; das nannte man Pingenbergbau.

Nachdem diese Stellen ausgebeutet waren, ging man so weit in die Tiefe, wie es das Grundwasser und die Luftzufuhr erlaubten. Diese tieferen Löcher nannte man dann ›Pütts‹.

Parallel dazu ging man im hügeligen Gelände zum Stollenbergbau über, hier war das Problem des Grundwassers und der Luftzufuhr leicht lösbar.

Das war grob gerechnet die Zeit des Grundeigentümerbergbaus. Die Landesherren, die immer und stetig nach neuen Geldquellen Ausschau hielten, wurden gierig und stellten schon im Mittelalter die Bodenschätze unter Staatsvorbehalt. Na ja, so ein bisschen ging es ihnen natürlich auch um planmäßigen Abbau der Bodenschätze. Als zuständig für die Gewinnung erklärten sich Kaiser, Könige und später auch die Territorialherren. Dem Grundeigentümer gehörte seitdem zwar das Grundstück, aber nicht mehr die in der Tiefe schlummernden Schätze. Wer diese gewinnen wollte, musste ›muten‹ und konnte dann – mit Auflagen zwar – das Gewinnungsrecht verliehen bekommen. Das waren dann in der Regel Gemeinschaften, die sich oft auch Berggewerkschaften nannten. Die verschiedenen Gewerken hatten Anteilsscheine, die sogenannten ›Kuxe‹, und waren dadurch Miteigentümer am Bergwerk.

1766 wurde durch eine Bergordnung das Direktionsprinzip eingeführt. Damit wurde der Bergbau unter staatliche Leitung gestellt. Der Bergbau wurde jetzt als reiner Regiebetrieb geführt. Die Bergbehörde schrieb Art und Umfang des Abbaus vor, ordnete die Verkaufspreise an, sorgte für den Absatz der Produkte, stellte Bergleute ein und entließ sie, bestimmte Arbeitszeit und Ort und setzte die Lohnhöhe fest.

Im Zuge dieser Entwicklung bildete sich ein mit sozialer und wirtschaftlicher Sicherheit und mit zahlreichen Sonderrechten ausgestatteter Bergmannsstand. Man zeigte sich auf Bergparaden und Umzügen stolz im Bergkittel und mit Fahnen. Die Bergkittel wiesen auf den gesellschaftlichen Stand der Bergleute hin. Die Kleidung war vom Berghauptmann über Obersteiger, Steiger, Hauer und Knappe verschieden, aber die eine Tracht war schöner anzusehen als die andere.

Bergleute in Festkleidung.

Die Bergleute waren zu dieser Zeit in der Gegend heimisch. Ihre materielle Existenz war nicht unbedingt vom
Bergbau abhängig, denn sie hatten daneben in der Regel
eine kleine Landwirtschaft und Vieh.

Schon früh hatten sich die Bergleute in Bruderschaften
und Knappenvereinen organisiert und sich dadurch eine
ständische, gesellschaftliche und soziale Basis geschaffen. Aus den Kassen dieser Vereine versorgte man Witwen und invalide Bergleute. Daraus entstand die Knappschaft, eine Standesvertretung und Versicherung, auf die
die Bergleute besonders stolz waren und die sogar Bismarck beim Aufbau der Sozialversicherung als Vorbild
diente. Die Knappschaft war jahrzehntelang das wichtigste soziale Standbein der Bergleute. Ab 1851 schränkte der Staat das Direktionsprinzip durch verschiedene
Gesetze ein, um es später ganz aufzuheben.

Das Knappschaftsgesetz von 1854 reduzierte die Stan-
desorganisation auf die Daseinsfürsorge. Die Bergleute

fühlten sich durch das Knappschaftsgesetz in ihrer Standesehre verletzt und auf das Niveau eines ungelernten Arbeiters herabgesetzt. In diesem Gesetz war erstmalig nicht mehr vom Bergmann, sondern vom Bergarbeiter die Rede. Als Ersatz für die durch das Knappschaftsgesetz verloren gegangene ständische und gesellschaftliche Basis gründeten die Bergleute dann katholische Knappenvereine. Die Gemeindepfarrer führten in der Regel in den Vereinen den Vorsitz.

Mit Einführung des ›Allgemeinen Berggesetzes‹ 1865 wurde das Direktionsprinzip endgültig durch das Inspektionsprinzip abgelöst. Das war eine Privatisierung der Steinkohlengewinnung. Aus Staatsbeamte wurden Privatbeamte. Der Staat beschränkt sich seitdem auf die Genehmigung der Betriebspläne und Kontrollen. Trotzdem führt man auch heute noch in den Bergwerken die Bezeichnung Beamte und sogar Oberbeamte. Der Bergmann, einst hoch angesehen, unter dem Schutz des Königs stehend und mit vielen Privilegien ausgestattet, ein quasi Beamter und Aristokrat unter den Arbeitern, wurde mit Einführung des ›Allgemeinen Berggesetzes‹ von 1865 endgültig privatkapitalistischen Bedingungen ausgesetzt und dadurch proletarisiert.

Für den Ausbau der Industrie wurde immer mehr Energie benötigt. Die Steinkohlenförderung wurde ein gutes Geschäft. Im Rahmen der Industrialisierung wurden viele neue Maschinen und Geräte entwickeln, die jetzt auch den Schachttiefbau möglich machten. Das waren insbesondere die Dampfmaschinen und Pumpen. Jetzt konnte man das Deckgebirge durchstoßen und in größere Tiefen vordringen, wo die Kohle unter dem Grundwasserspiegel lag. Immer mehr Bergwerke wurden abgeteuft (Teufe = Tiefe), Arbeitskräfte wurden kapp. 1754 waren im Bereich des Oberbergamtes Dortmund in 110 Bergwerken nur 688 Bergleute beschäftigt, was einer Belegschaft von lediglich acht Leuten je Bergwerk entspricht. 1850 waren es dann schon in 203 Bergwerken 12.741 Bergleute, entsprechend 63 je Bergwerk und 1900 bei 167 Bergwerken 222.902 Bergleute, entsprechend einer Belegschaft von 1.360 je Bergwerk.

1870 konstituierte sich der politische Katholizismus als Partei im Reichstag, die Partei gab sich den Namen ›Zentrum‹. Im gleichen Jahr kam es zum Konflikt zwischen Kirche und Staat. Papst Pius IX. (1846–1878) griff die kulturellen und politischen Grundsätze der liberalen Staatsgründer massiv an. In Preußen gab es zwei Lager.

Auf der einen Seite stand das föderalistische, großdeutsch orientierte Zentrum, das den Papst unterstützte. Auf der anderen Seite stand die Nationalliberale Partei, in dem das protestantische Bildungs- und Besitzbürgertum organisiert war. Die Nationalliberalen betrachteten den Katholizismus mit Misstrauen und fühlten sich durch die antiliberalen Lehren von Papst Pius IX. herausgefordert. Bismarck vermutete, dass die Bindung der Zentrumspartei an Rom höher sei als an den eigenen Staat. Das führte zum Kulturkampf, der 1890 mit einer Stärkung des Zentrums und einer Niederlage Bismarcks und der Liberalen endete.

Am 18.01.1871, noch während des deutsch-französischen Krieges, wurde im Spiegelsaal von Versailles das 2.

Deutsche Reich gegründet und Wilhelm I., König von Preußen, zum deutschen Kaiser gekürt.

Inzwischen hatten sich die Arbeitsverhältnisse im Steinkohlenbergbau entscheidend verschlechtert. Um bessere Arbeitsbedingungen und Löhne zu erreichen, wurde gestreikt.

Nach dem Streik von 1872 wurde den katholischen Knappenvereinen eine sozialistische Färbung und Unterstützung der Streikenden unterstellt. Deshalb stellte man sie 1873 unter Überwachung. Das schränkte ihre Tätigkeit stark ein und reduzierte sie auf Standes- und Frömmigkeitspflege. Tatsächlich gewannen die Sozialdemokraten schnell Einfluss auf die streikenden Bergleute. Die Zeitschrift *Der Sozialdemokrat* berichtete regelmäßig über gewaltige Streikbewegungen.

Im Zuge dieser Entwicklung und trotz der Probleme übte das Ruhrgebiet zu dieser Zeit eine Sogwirkung auf die Menschen benachbarter Länder aus; es wurde trotz der Proletarisierung der Bergarbeiter zum ›Traumland der Sehnsucht‹ und zum ›Kap der Guten Hoffnung‹ für viele Leute, die in ihrer Heimat keine Perspektive mehr hatten. Die schlechten Arbeitsbedingungen schreckten sie keinesfalls ab. Die Neubergleute kamen zunächst aus der Grafschaft Mark, dem Herzogtum Berg, dem Siegerland; aus Waldeck und dem Harz und später auch aus Ost- und Westpreußen, Posen, Schlesien, Polen, Slowenien, Böhmen und der Steiermark. Damals ging man dahin, wo die Arbeit war und wartete nicht darauf, dass die Arbeit zu einem kam. Die Zuwanderer waren im Wesentlichen junge, ledige, zudem ungelernte Arbeiter aus der agrarischen

Überbevölkerung. Wie es heißt, beeinträchtigten sie die Grubensicherheit, schafften Unzufriedenheit und hatten auch sonst einen schlimmen Einfluss auf den Bergmannsstand. Unter diesen Bedingungen kam es auch zu einer erheblichen Zunahme der tödlichen Verletzungen; sie stiegen von 20 im Jahre 1848 auf 558 im Jahre 1900.

Nicht nur die Sicherheit stellte ein Problem dar; auch finanziell kam es immer wieder zu Problemen. Schon seit Beginn der Industrialisierung mussten sich die Bergleute ihren Anteil erstreiten. In der Zeit von 1872 bis 1889 gab es jedes Jahr örtliche Streiks – allgemeine Aufstände werden in den Jahren 1889, 1905 und 1912 verzeichnet –, vornehmlich zur Abwehr von Lohnkürzungen und einseitigen Schichtzeitverlängerungen.

1873 setzte die Wirtschaftskrise ein, die große Depression. Löhne und Gehälter sowie die Kohlenpreise und die Gewinne der Unternehmen fielen. Das Einkommen der Bergarbeiter reichte nicht mehr zum Leben aus. Es kam zu Entlassungen. In den Jahren 1877 und 1878 erreichte die Krise ihren Höhepunkt. In dieser Zeit gingen 10.000 Arbeitsplätze verloren. Einfache Revierbeamte, die mit der Beobachtung der Situation beauftragt waren, schilderten, dass es vielen Bergarbeitern kaum möglich war – einige von ihnen schafften es gar nicht –, ihre Familien zu ernähren. Es war keine Seltenheit mehr, dass sich die Bergarbeiter mit trockenem Brot als Nahrungsmittel begnügen mussten, während für ihre Familien noch nicht einmal dieses vorhanden war.

Am 25.04.1889 verweigerten 45 jugendliche Schlepper der Zeche *Präsident* in Bochum die Anfahrt. Eine

Woche später, am 01.05.1889, legten die Schlepper und Pferdejungen der Zeche *Friedrich Ernestine* in Essen die Arbeit nieder und lösten damit den größten Streik aus, den die Welt bis dato gesehen hatte. Nachdem am 03. und 04. Mai weitere 5.000 Bergleute die Arbeit niederlegten, wuchs die Zahl der Aufständischen von Tag zu Tag und erreichte am 13. Mai ihren Höhepunkt von mehr als 90.000 Beteiligten. Zur Aufrechterhaltung der Sicherheit und Ordnung forderten die Unternehmer Militär an. Am 05. Mai rückte dieses ins Streikgebiet ein. Blutige Bilanz des Einsatzes über den gesamten Zeitraum: 15 Tote und 20 Verwundete. Deputierte der Knappenvereine erhielten am 14.05.1889 eine Audienz beim Kaiser. Am 27.05.1889 war die Streikfront gebrochen. Noch am gleichen Tage wurde das örtliche Streikkomitee, unter ihm die Kaiserdeputierten und 40 Belegschaftsdelegierte, verhaftet.

In dem Buch ›Geschichte der deutschen Arbeiterbewegung‹, Band 1, geschrieben von einem Autorenkollektiv, zu dem auch Walter Ulbricht gehörte, wird über die Situation berichtet. Dabei wird folgender Abschnitt aus dem Buch *Die Bergarbeiter* von Otto Hue, Bd. II, Stuttgart, Seite 365–366 zitiert.

»Die herrschenden Klassen versuchen, den Ruhr-Bergarbeiterstreik mit Demagogie und Gewalt abzuwürgen. Brutal setzten sie in größerem Umfang Militär gegen die Streikenden ein. 7 Tote und mehrere Verwundete waren die Folge dieser Gewaltpolitik. Als am 14. Mai 1889 eine dreiköpfige Delega-

tion der Ruhr-Bergarbeiter – noch befangen in Illu-
sionen über den junkerlich-bürgerlichen Klassen-
staat – dem Kaiser ihre berechtigten Forderungen
vortragen wollten, erklärte dieser kaltschnäuzig und
brutal, er werde, falls sich ein Zusammenhang zwi-
schen der Sozialdemokratie und den Streikenden
herausstellen sollte, ›alles über den Haufen schie-
ßen lassen‹, was sich ihm widersetze. Für ihn sei
jeder Sozialdemokrat gleichbedeutend mit Reichs-
und Vaterlandfeind.«

Die katholische Kirche hatte schon früh die Wichtigkeit
der sozialen Frage erkannt und bemühte sich, sie auf
dem Boden des Christentums zu lösen.

Auch mein schon öfter erwähnter Onkel Pastor gründete zu diesem Zweck später viele Vereine und war als
Gemeindepfarrer auch ihr Vorsitzender. Seine Gemeindebriefe musste er in fünf Sprachen verfassen. Es waren
im Wesentlichen allein stehende junge Männer, die auch
schon mal Unruhe und Ärger machten, sich nicht immer
an Normen hielten und im kirchlichen wie auch im politischen Bereich aufgrund ihrer Mehrheit mit Nachdruck
Mitsprache verlangten. Auf der Basis des Glaubens ist es
ihm gelungen, in seinem Verantwortungsbereich alle in
die Gemeinde zu integrieren.

Bei der Erörterung der Ursachen für die Streiks, wird in
der Literatur auch immer wieder das Verhältnis zwischen
Arbeitern und Beamten angesprochen. Innerbetrieblich
nahmen Steiger zu der Zeit diese nicht sehr angenehme
Puffer- und Vermittlungsfunktion zwischen Unterneh-

mern und Arbeitern ein, die oftmals in eine Kritik mündete. So wurden sie vielfach bezeichnet als:

... die jungen Herrchen, die sich nicht scheuen, ergraute Bergleute anzuschnauzen.

Andererseits zeigt man aber Verständnis für die Beamten. Diese sieht man zwischen drei Fronten:

Der Bergwerksbesitzer verlangt von ihm (dem Steiger) viele Kohlen für wenig Geld, der Arbeiter verlangt viel Geld für wenig Arbeit, die Bergbehörde verlangt von dem Steiger, dass er die oft kostspieligen und zeitraubenden bergpolizeilichen Vorschriften bis auf das Genaueste befolgt und macht ihn für die Innehaltung der Vorschriften selbst dann haftbar, wenn ihm dieses vollständig unmöglich war.

Aus ›Steiger im deutschen Bergbau‹, Herausgeber: Klaus Tenfelde, Sonderausgabe für die Mitglieder der IG Bergbau und Energie.

Verständnis aber hatte man für ihre Lage doch, und vor allem dafür,

... dass einigen Steigern, Obersteigern oder Betriebsführern manchmal die Galle überläuft, wenn sie sehen, wie durch Bosheit, Niedertracht und Faulheit ihre besten Absichten oder notwendige Anordnungen durchkreuzt werden.

Die Verschlechterung des Arbeitsklimas wird in erster Linie den in den Jahren 1865–1890 zugereisten Arbeitern zugeschrieben. So heißt es:

Gewerbefreiheit verbunden mit der Freizügigkeit, haben dem Bergbau sehr geschadet und den einst so stolzen und mit Vorrechten ausgestatteten Knappen zu einem gewöhnlichen Tagelöhner hinabsinken lassen, der vor dem Stirnrunzeln eines Steigers zittern muss.

Während des Zweiten Weltkrieges wurden dann auch Kriegsgefangene und Fremdarbeiter zur Kohleförderung eingesetzt.

»Im Januar 1943 kam etwa jeder Fünfte der im Ruhrbergbau beschäftigten rund 380.000 Belegschaftsmitglieder aus der Sowjetunion. Im August 1944 machten die mehr als 120.000 sowjetischen Kriegsgefangenen, die so genannten ›Ostarbeiter‹ und italienischen Militärinternierten sogar ein Drittel der Gesamtbelegschaft aus, ihr Anteil blieb bis Kriegsende nahezu unverändert.«

http://gelsenblog.de/archives/date/2010/05

In der Nachkriegszeit stieg mit der Nachfrage nach Kohle zum Aufbau der deutschen Wirtschaft auch wieder das Ansehen der Bergleute. Infolge der Kriegsereignisse und der starken Nachfrage nach Energie fehlten wieder Bergleute. Jetzt kamen sie aus den Gefangenenlagern – wer sich freiwillig für den Bergbau meldete, wurde schnell aus der Gefangenschaft entlassen – und auch aus den Auffanglagern für Heimatvertriebene und Flüchtlinge. Später warb der Bergbau mit großem Aufwand im In- und Ausland um Arbeitskräfte für den Bergbau. Bevorzugte Länder waren jetzt Italien und die Türkei.

Der Entwicklung der Belegschaften und dem Voranschreiten der Technik entsprechend, entstand in zunehmendem Maße auch ein Bedarf an Fach- und Führungskräften. Der Bergbau hat es stets geschafft, seinen Führungsnachwuchs so auszubilden, dass er den zeitgemäßen Anforderungen entsprach.

Von 1816 an bildete der Bergbau seinen Führungsnachwuchs für die Tätigkeit vor Ort in Bergschulen aus. Den jeweiligen Anforderungen entsprechend, wurden die zeitliche Länge der Ausbildung und die Lehrpläne mehrfach geändert. Die Bergschulausbildung gliederte sich in Unterklassen und Oberklassen. Die Unterklassen führten zur Erlangung des Steigerdiploms. Der Oberklassenabschluss, von der Aufgabenstellung her eine Betriebsführerausbildung, war die Voraussetzung für eine Tätigkeit als Oberbeamter (Fahrsteiger, Obersteiger, Betriebsführer). Steiger waren Tarifangestellte. Oberbeamte waren außertariflich angestellte Führungskräfte. Für alle Ebenen gab es regelmäßige Nachschulungen durch Seminare.

1948 wurde das ›Neue Bochumer System‹ eingeführt, eine kombinierte Ausbildung aus Theorie und Praxis. Auf diesem System basiert auch mein eigenes Studium. Voraussetzungen für die Aufnahme in die Bergschule war generell erst einmal ein Mindestalter von 21 Jahren, doch war es jenen vorbehalten, die vorher die zweijährige Bergvorschule besucht sowie eine Berufsausbildung oder ein Praktikum im Bergbau absolviert hatten. Neben diesen Bedingungen sollte man auch das Abitur vorweisen können, die Aufnahmeprüfungen bestehen und ein polizeiliches Führungszeugnis einreichen.

Die Bergvorschule war nebenberuflich zu absolvieren und die Ausbildung dauerte zwei Jahre. Das sich daran anschließende Bergbaustudium nahm dann noch einmal fünf Semester in Anspruch.

Für den praktischen Teil waren drei Tage je Woche vorgesehen. Dieser wurde in den Betrieben nach festgelegten Plänen durchgeführt. Die Einhaltung der vorgeschriebenen Arbeiten für alle Bereiche der bergmännischen Praxis unter Tage wurde von den Ausbildungsabteilungen der jeweiligen Betriebe und von der Bergschule kontrolliert.

Für den theoretischen Teil gab es eine Vorgabe von drei Tagen pro Woche zu je acht Stunden, also 24 Wochenstunden bei 49 Wochen im Jahr; eine vorlesungsfreie Zeit gab es nicht.

Die Aufsichtspersonen (Steiger) in den verschiedenen Funktionen waren fast ausschließlich Absolventen der Bergschule. Die Bergschule in Bochum war anerkannte Vorgängerin der Bergingenieurschule, die 1963 eingerichtet wurde, und diese wiederum war Vorgänger der privaten und staatlich anerkannten Fachhochschule Bergbau, die als *Technische Fachhochschule Georg Ag-*

ricola bezeichnet wurde. Inzwischen ist sie in *Fachhoch-schule für Rohstoffe, Energie und Umwelt* umbenannt worden.

Als zweite Nachfolgeschulform wurde 1964 die *Fach-schule für den Steinkohlebergbau* gegründet. Wie in anderen Branchen auch gab es jetzt eine Dreiteilung der Ausbildung in Fachschule, Fachhochschule und Hoch-schule.

Träger der Bergschul- und Bergingenieurschulausbil-dung war die *Westfälische Berggewerkschaftskasse*, eine Institution des Bergbaus. Träger der heutigen Fachhoch-schule ist die DMT – Gesellschaft für Lehre und Bildung GmbH. Lehre und Forschung der Bergschule, Berginge-nieurschule und der Fachhochschule finden seit 1816 zeitlich nacheinander in denselben Gebäuden in Bochum statt.

Das Studium an der Bergschule wurde vom Bergbau finanziert, daher suchten die Verantwortlichen die Stu-dierenden gezielt aus. Darüber ist schon so mancher Bewerber gestolpert.

Ab Aufnahme in die Bergvorschule bis zum Examen der Bergschule mussten alle Schüler in Bergschüleruni-form (Bergkittel) erscheinen. Zur Kluft gehörten ein blaues Oberhemd, eine schwarze Krawatte und schwar-ze Schuhe. Auf dem Kragen der Bergmannskluft war eine Nummer eingestickt, aus der die Bergschule, der Jahrgang und die Klasse zu erkennen waren. Mit einer solchen Kennzeichnung war jeder leicht in der Öffent-lichkeit zu identifizieren. Natürlich hatte jeder der Aus-zubildenden seine eigene Einstellung zu dieser Kluft: Die

Emotionen reichten von einem gewissen Stolz bis zur Ablehnung. Eine Wahl hatte man aber nicht.

Es ist nicht übertrieben, wenn man in Verbindung mit der Bergschulausbildung von einer geglückten Symbiose zwischen Theorie und Bergbaupraxis spricht. Zur Ausbildung gehörten so auch viele Exkursionen zu Kohle-, Salz- und Erzbergwerken sowie zu Spezialfirmen und Bergbauzulieferern. Jeder Bergschüler hatte auch eine Schießmeisterprüfung abzulegen und eine Sprengpraxis nachzuweisen.

Das 5. Semester war ein Lehrsteigersemester. In dieser Zeit war der angehende Steiger Assistent einer Führungsperson. Alles in allem ein gut organisiertes und straff geführtes System, das auf die Erreichung des Zieles in einer vorgegebenen Zeit abgestimmt war.

Darüber hinaus gab es für Lernende und Lehrende keine Freiheitsgrade. Wiederholungsprüfungen oder das Nachholen von Semestern gab es nicht. Wer die Lernziele nicht erreichte, für den war die Bergbaukarriere zu Ende. Wer die Bergschule mit dem Gesamtergebnis ›gut‹ absolviert hatte, bekam mit dem Abschlusszeugnis die Berechtigung zum Eintritt in die technisch gehobene Laufbahn des Staates. Zugleich bekam er auf dem Zeugnis bestätigt, dass er nunmehr die Voraussetzungen zur Führung der Bezeichnung ›Ingenieur‹ erfüllt hat. 1971 erhielten dann alle Absolventen der Bergschule per Runderlass des Ministers die Berechtigung zur Führung der staatlichen Bezeichnung Ingenieur (grad). Nach dem Gesetz zur Änderung hochschulrechtlicher Bestimmungen vom 21. Juli 1981 steht den Absolventen nunmehr das Recht zu, anstelle der verliehenen Graduierung den Diplomgrad ›Diplom Ingenieur‹ als staatliche Bezeichnung zu führen. Darüber wurden entsprechende Urkunden des Landesoberbergamtes und der Fachhochschule Bergbau ausgestellt.

Die Teilnehmer der Oberklasse mussten am Ende dieser eine ›Oberklassenabschlussarbeit‹ abliefern, die einer Diplomarbeit entspricht. Vorweg war eine Erklärung abzugeben, in der versichert wurde, die Arbeit selbstständig angefertigt zu haben. Das Thema wurde von den Betrieben gestellt. Meine Oberklassenabschlussarbeit bestand aus einem Textband von 92 Seiten und 27 Anlagen. Ich bekam folgendes Thema gestellt:

Für die Zechengruppe *Mathias Stinnes* wird zurzeit von einem Unternehmen für Industrieberatung ein Gutachten erstellt, in dem Vorschläge für die organisatorisch-technische Rationalisierung des gesamten Materialflusses und eine weitere Zusammenfassung der Tagesanlagen der Zechengruppe erarbeitet werden sollen.

1. In Zusammenarbeit und Ergänzung zu diesem Gutachten und ausgehend von dem vorgeschlagenen Informationswesen zur Steuerung des Materialflusses, ist ein System zu entwickeln, durch das eine laufende Kontrolle des Schichtenaufwandes für den Materialfluss unter und über Tage gewährleistet ist. Die ausgewiesenen Schichten für Transportarbeiten sollen sich nicht nur auf die Transportabteilung be-

schränken. Das vorgeschlagene System soll eingeordnet werden in die laufende Schichtenkontrolle
durch eine Datenverarbeitungsanlage. Eine Auf-
schlüsselung der Transportschichten auf die einzelnen Hauptbetriebe ist erwünscht.

2. Für die laufende Erfassung des Schichtenaufwandes im Materialfluss ist eine Erfolgskontrolle an
vorzugebenden Sollwerten einzuführen, durch die
nachgewiesen werden kann, wie sich der Schichtenaufwand im Materialfluss im Vergleich zur ver-
gangenen und zukünftigen Produktivitätssteigerung
des Ruhrbergbaus unter Tage entwickelt.

3. Es sind Überlegungen vorzulegen, durch welche technischen und organisatorischen Systeme die
Kosten für den Materialfluss weiter verringert werden können. Hierbei ist auch zu berücksichtigen, ob
und wie das Transportvolumen für den Grubenbetrieb unter Tage verringert werden kann.

Zu der Aufgabenstellung gab es später noch einen Nach-
trag, der besagt, dass die Oberklassenarbeit unabhängig
von dem vorgenannten Gutachten anzufertigen ist.

Nach Abschluss der Unterklasse des Bergbaustudiums
erfolgte in der Regel die Erstanstellung der Absolventen
als Schichtsteiger. Diese Tätigkeit konnte man aber erst
ausführen, wenn man als verantwortliche Person im Sinne des Berggesetzes von der Bergbehörde verpflichtet
worden war.

Der Steiger war Disziplinar- und Fachvorgesetzter in seinem Bereich und somit auch für die Leistung auf seiner Schicht verantwortlich. Je nach Größe der Abteilung war er verantwortlich für bis zu 100 Bergleute.

Abbaureviere konnten damals eine Belegschaft von bis zu 300 Mann haben.

Steiger waren auch Hilfsbeamte der Staatsanwaltschaft. Sie konnten zu den Ermittlungen hinzugezogen werden und sogar Geldstrafen verhängen. Später nannte man diese Zwangsabgaben nicht mehr Strafen, sondern Geldbußen und noch später kam ein generelles Verbot für derartige Abgaben. Die Gründe für die Bestrafung damals reichten von einer Beleidigung seines Vorgesetzten bis zur Gefährdung der Grubensicherheit und vom Holzdiebstahl bis zur Sabotage. Derartige Vorkommnisse, die dann bestraft wurden, waren noch nicht einmal selten. Aus heutiger Sicht ist das natürlich undenkbar – damals aber musste man vorbeugen und so hingen in der Regel alle Wände im Lichthof des Grubengebäudes voll von Bestrafungszetteln. Die auf diese Weise eingenommenen Gelder gingen an die werksseitige Unterstützungskasse.

Bewährte Schichtsteiger konnten, falls eine Stelle zu vergeben war, zum Reviersteiger befördert werden. Reviersteiger waren Abteilungsleiter. Sie trugen die Verantwortung für alle vier Schichten, führten den Schichtenzettel und waren verantwortlich für die Leistung und die Lohnrechnung in ihrer Abteilung. Das bedeutete eine große Verantwortung, zudem mussten sie die Fähigkeit besitzen, den Überblick zu behalten und brauchten einiges an Organisationstalent. Denn eine Belegung von 200 bis 300 Mann pro Revier waren keine Seltenheit.

In allen Steigerebenen gab es aber auch in gleicher Funktion sogenannte Quereinsteiger. Diese Personen, Fahrhauer oder Hilfssteiger genannt, waren Bergleute, die durch besonderes Können und durch besonderen Fleiß aufgefallen waren. Auch ehemalige Betriebsräte wurden gern von den Werksleitungen als Fahrhauer oder sogar als Steiger eingesetzt. Neben den Steigern im Abbau und in der Vor- und Herrichtung kannte man Funktionssteiger wie Wettersteiger, Sicherheitsbeauftragte, Arbeitsschutzbeauftragte, Stempelsteiger und Schießsteiger. Fachbezogen gab es Grubensteiger, Maschinensteiger, Elektrosteiger, Sicherheitssteiger, Vermessungssteiger und Ausbildungssteiger.

Bergschulabsolventen, die ihr Examen mit dem Gesamtergebnis ›gut‹ machten, hatten damit die Voraussetzung für den Eintritt als Beamter in den Staatsdienst. Hier hatten sie Aufstiegsmöglichkeiten vom Bergrevierinspektor, über Bergamtmann und Bergamtsrat bis zum Oberbergrat. Als Bergrevierbeamte kontrollierten sie im Rahmen des Inspektionsprinzips die Gruben und waren zuständig für die Genehmigung der Betriebspläne.

Im Untertagebetrieb bildeten ein oder auch mehrere Reviere (Abteilungen) eine Fahrabteilung, die von einem Fahrsteiger geleitet wurde. Dieser war außertariflich beschäftigt und bildete die erste Stufe des leitenden Angestellten. Darüber standen fachbezogen die Obersteiger/Betriebsführer, zum Beispiel für die Kohlengewinnung, dem Tages-, dem Maschinen- und dem Elektrobetrieb, die wiederum unmittelbar der Direktion unterstanden. Voraussetzung für eine Tätigkeit in diesen Ebenen war ein qualifizierter Abschluss der Unterklasse der Bergschule, eine mehrjährige erfolgreiche Betriebspraxis und der Besuch eines einjährigen und in Vollzeit im In- und Ausland durchgeführten Lehrgangs für Betriebsführung, die sogenannte Oberklasse. Dafür konnte man sich aber nicht bewerben; man wurde abgeordnet.

Für diese Oberbeamten gab es darüber hinaus zahlreiche Fortbildungsmaßnahmen, z.B. das einjährige Seminar für Betriebsführung, an dem auch ich teilnehmen durfte.

Mit technischen Mitteln aus der Vorkriegszeit und unbeschreiblich schlechten Arbeitsbedingungen kämpften die Kumpel in den Hungerjahren der Nachkriegszeit unter Einsatz aller physischen und psychischen Kräfte ums eigene Überleben und waren doch Motor für den Wiederaufbau Deutschlands. Das Motto war:

Kohle um jeden Preis!

Als ich 1947 im Bergbau anfing, gab es im deutschen Steinkohlebergbau noch 160 Bergwerke mit etwa 650.000 Bergleuten. 1957, 10 Jahre später, als ich mit meiner Ausbildung und dem Bergschulstudium fertig war, und die Kohlenkrise ihren Anfang nahm, brachten 607.000 Bergleute in 173 Bergwerken noch 150 Millionen Tonnen Steinkohle als verwertbare Förderung zutage. Im Rahmen von Rationalisierungsmaßnahmen und

Zusammenlegungen, die dank unserer starken Gewerkschaft alle sozialverträglich durchgeführt werden konnten, verringerte sich sowohl die Anzahl der Bergleute als auch der Schachtanlagen über die Jahre gesehen ganz erheblich. Im Jahre 2009 förderten nur noch 27.317 Mitarbeiter in sechs Bergwerken 13,7 Mio. Tonnen.

Wenn in der Zeit von 1947 bis 1957 das Revier hustete, dann hatte ganz Deutschland eine Lungenentzündung.

Heute (2011) sind im Steinkohlenbergbau an der Ruhr in fünf Bergwerken nur noch ca. 20.000 Personen beschäftigt, die 12 Millionen Tonnen Kohlen gefördert haben. Das totale Auslaufen des deutschen Steinkohlebergbaus ist für 2018 vorgesehen. Obwohl die Steinkohlevorräte bei dem derzeitigen Verbrauch noch für 200 Jahre ausreichen, musste dieser Weg gegangen werden. Die Gründe: Wegen der besonders schwierigen geologischen Bedingungen, aber auch wegen der Kosten für die deutsche Sicherheitstechnik und aus Gründen der Umweltverschmutzung, insbesondere wegen des Austretens von Methangas und Kohlendioxid, war die deutsche Steinkohle inzwischen zu teuer geworden und konnte mit dem Weltmarktpreis nicht mehr konkurrieren.

Der Beruf des Bergmanns erfordert ein umfangreiches Wissen, entsprechend anspruchsvoll war dann ja auch die Ausbildung. Die Ruhrkohle AG war zeitweise mit 12.000 Auszubildenden der größte industrielle Ausbilder in Deutschland. Die im Bergbau ausgebildeten Personen waren auch in anderen Berufssparten gut angesehen und gefragt. Nach der Berufsausbildung zum Bergmechaniker – zu meiner Zeit hieß der gelernte Bergmann noch Bergknappe –, geriet jeder Einzelne in eine Arbeiterhierarchie. Dieser Weg stand auch Jungbergleuten offen, das waren Leute, die keine Ausbildung, sondern nur eine Anlernung bekommen hatten. Nach der Ausbildung oder Anlernung erfolgten, je nach persönlichem Anspruch und Können, Tätigkeiten als Schlepper, Gedingeschlepper und Lehrhauer. Hauer konnte der Bergmann erst werden, nachdem er einen Hauerlehrgang besucht und die Hauerprüfung abgelegt hatte. Erst der Hauer war die vollwertige Arbeitskraft, an der sich auch der Lohn der anderen Ebenen orientierte. Schlepper, Gedingeschlepper und Lehrhauer erhielten nur einen Prozentsatz des Hauerlohnes.

Der Hauer war üblicherweise im Gedinge (Akkord) beschäftigt. Erreicht er aus irgendwelchen Gründen, die er nicht selbst zu vertreten hatte, über seine Leistung den Hauerlohn nicht, erhielt er den sogenannten Hauer-Mindestlohn, ein zwar geringerer Lohn, der aber ausreichte, den Lebensunterhalt zu sichern.

Über einen Mindestlohn für alle wird zurzeit scharf diskutiert. Ein Existenz sicherndes Einkommen für jeden Arbeiter gibt es bisher in unserem ansonsten sehr reichem Land nicht. Es ist eine Schande, dass in einigen Sparten trotz Vollzeitbeschäftigung das Einkommen für die Bestreitung des eigenen Lebensunterhaltes nicht ausreicht. Auch in dieser Beziehung war der Bergbau schon vor über 50 Jahren vorbildlich.

Für die Arbeiter gab es zu Beginn meiner Tätigkeit im Bergbau dreimal im Monat einen Lohntag. Zweimal im

Monat gab es einen Abschlag auf den verdienten Lohn und am Anfang des nächsten Monats gab es den Restlohn. Der Abschlag wurde vom Steiger leistungsbezogen festgesetzt, der dann in bar ausgezahlt wurde. Der Restlohn war dann die Endabrechnung; er wurde unter Berücksichtigung aller gesetzlichen Abgaben errechnet und dann ebenfalls in bar ausgezahlt. Die Zahltage waren natürlich auch Einnahmetage der umliegenden Kneipen, in denen so mancher Abschlag versoffen wurde.

Die technischen Angestellten erhielten ein Monatsgehalt, das aus einem Grundgehalt und einer oder mehreren Zulagen bestand. Bis Ende der 50er Jahre schrieb man die Gehaltszettel noch von Hand. Zulagen gab es für Leistung, wirtschaftliches Arbeiten und erreichte Grubensicherheit. Zulagen konnten zwischen 10 und 120% des Grundgehaltes liegen. Darüber hinaus erhielten die technischen Angestellten noch eine kostenlose Dienstwohnung, kostenlosen Brand und kostenlose Energie. Das war schon ein ganz erheblicher Anreiz.

Der Bergbauberuf wurde in vielen Liedern besungen und in vielen Gedichten beschrieben: Wenn man sich in großem zeitlichen Abstand den Text auf der Zunge zergehen lässt, ist die Absicht zu spüren. Damals war ich aber einfach nur stolz, dazuzugehören.

Lied:

Glückauf ihr Bergleut' jung und alt,
seid frisch und wohlgemut.
Was helfen eure Klagen all,
es wird schon werden gut,
Gott hat uns einst die Gnad gegeb'n,
dass wir vom edlen Bergwerk leben,
drum singt mit uns der ganze Hauf',
Glückauf, Glückauf, Glückauf!

Gedicht:

Ein Bergmann will ich werden,
Das ist ein Stand auf Erden,
Geachtet weit und breit.
So ist mein ganzen Streben
In meinem jungen Leben
Ein echter auch zu sein.
Ich meid den falschen Schein,
Kameradschaft will ich zeigen
Und abhold allem Feigen,
Geb' ich in Ehr als Unterpfand

Mein junges Herz dem Vaterland.

Ja, und ich gehörte nun dazu. Einige Tage vor der beabsichtigten Anlegung als Berglehrling war noch eine Eignungsprüfung zu bestehen, eine Prüfung der Kenntnisse in Deutsch und Rechnen sowie eine körperliche Untersuchung durch den Werksarzt.

Im Jahre 1947, also im Jahre meines Berufseintrittes, nahm die Ernährungslage im Ruhrgebiet katastrophale Ausmaße an und trieb Zehntausende von Menschen zu Hungerdemonstrationen auf die Straße. Um die Familie versorgen zu können, fuhren die hungernden Bürger mit dem Zug in ländliche Gegenden. Sie gingen dort ›hamstern‹, klauten – man nannte es ›organisieren‹ – den Bauern also Essbares vom Felde, tauschten Teppiche gegen Eier oder Brot. An den sogenannten Hamsterzügen hingen die Menschen wie Trauben. Sie standen auf den Puffern oder klammerten sich an den Zugdächern fest, nur um noch mitzukommen.

Damals galt immer noch das Motto: »**Kohle um jeden Preis**«. Die Industrie schrie nach Energie, ohne diese war das Land nicht wieder aufzubauen. Und Hauptenergielieferant war nun einmal die Kohle. Nicht nur für die Industrie, auch in der Bevölkerung wollte jeder sein warmes Stübchen haben. Damals waren Bergleute gefragt und gesucht und bekamen trotz der Krisenzeit, in der ein großer Teil der Bevölkerung Hunger leiden musste, für ihre gefährliche und schwere Arbeit zusätzlich Nahrungsmittel und natürlich auch Deputatkohlen. Die

Zusatzversorgung gab es aber nur für die Bergleute selbst, nicht für ihre Familien. Die Kumpel nahmen natürlich einen Teil ihrer Verpflegung für ihre Familie mit nach Hause und kauften zu Schwarzmarktpreisen noch dazu. Für die meisten Bergleute war also das Hungerproblem nur abgeschwächt vorhanden. Aber man gab an Bedürftige, tauschte oder verkaufte auf dem Schwarzmarkt, was man eben erübrigen konnte: Stullen, Kantinenessen und auch Deputatkohlen.

Ähnlich wie bei den Hamsterzügen, war die Bevölkerung gezwungen, Brennmaterial (zum Heizen und Kochen) zu beschaffen. Längst waren die letzten Bäume und Sträucher abgeholzt. Die Menschen gingen auf die Bergehalde und suchten da unter den Steinen nach vergessenen Kohlebrocken. Die dort wühlenden Menschen stürzten sich auf alles, was schwarz glänzte, und nicht selten gab es um ein paar Kohlen eine Rauferei. Ganz verwegene kletterten auf langsam fahrende Kohlenzüge und warfen Brocken herunter, die ihre neben den Gleisen stehenden Angehörigen aufsammelten und auf einem Bollerwagen nach Hause brachten.

Die ›Deutsche Reichsmark‹ hatte ihren Wert verloren. Die Bevölkerung erhielt Lebensmittel- und Kleidermarken. Die waren jeweils für einen Monat gültig und beim Kauf zusätzlich zur Bezahlung abzugeben. Ohne Lebensmittelmarken konnte man keine Nahrungsmittel erwerben, ohne Kleidermarken gab es nichts zum Anziehen; nur der Schwarzmarkt bot eine Alternative. Die Zuteilungen waren aber so knapp und dürftig bemessen, dass selbst Schwerstarbeiter und ihre Familien, trotz Zulagen, nicht davon leben konnten.

Zu Beginn meiner Tätigkeit war ich gerade 14 Jahre alt und arm wie eine Kirchenmaus. Mein Vater hatte mir für den Start ins Leben 10 Reichsmark dagelassen. Das war die letzte finanzielle Zuwendung, die ich jemals von den Eltern erhalten habe und entsprach einem Gegenwert von zwei Zigaretten. Alles, was ich am Körper trug, von der Unterwäsche bis zum Mantel, hatte meine Mutter selber genäht – und das zumeist aus gewendeter Militärkleidung. Meine sonstige Habe passte in eine Tasche. Nach bestandener Eignungsprüfung verfuhr ich am 16.04.1947 auf der Zeche *Rosenblumendelle* in Mülheim Heißen die erste Schicht als Berglehrling in der Ausbildungswerkstatt über Tage.

Vom Berglehrlingsheim bis zum Zechentor waren es circa drei Kilometer. Ich bekam gemeinsam mit anderen Neulingen eine Einweisungsschicht. Der Ausbildungssteiger nahm uns am Zechentor in Empfang. Ich war sehr nervös, aber auch gespannt auf das, was auf uns zukommen sollte. Etwas ängstlich gingen wir am Pförtner vorbei durch das Zechentor. Von hier aus hatte man eine gute Übersicht über fast das gesamte Zechengelände, dessen Aufteilung uns der Ausbildungssteiger ausführlich erklärte. Von einigen Bereichen des Betriebes wollten wir uns dann an Ort und Stelle ein Bild machen.

Wir gingen zuerst zum Förderturm Schacht 1. Hier stand, ganz oben in dem gemauerten Turm über dem Schacht, die Fördermaschine. Wir fuhren mit dem Aufzug nach oben … Ich staunte. Wände und Böden waren gefliest und überall sah man blank geputztes Messing. Hier strahlte es, alles war hell; der Raum, eigentlich ein großer Saal, war gut ausgeleuchtet und picobello sauber. Der Fördermaschinist saß in einem bequemen Ledersessel vor der Treibscheibe, neben ihm die Bedienungshebel; er hatte große Verantwortung. Bei der Personenfahrt hingen immerhin circa 100 Personen am Seil und die musste er schnell und sicher im Schacht befördern.

Danach gingen wir zum Leseband, an dem die gesamte Tagesförderung über ein Stahlband lief. An beiden Seiten standen Leute, die von Hand Fremdkörper (Holz, Metall und auch dickere Gesteinsbrocken) aus dem Haufwerk nahmen. Das war der unattraktivste Ort im Tagesbetrieb; laut, staubig und dreckig. Leider wurden dort auf der Morgenschicht häufig auch Lehrlinge eingesetzt.

Vom Leseband geht das Haufwerk dann in die Kohlenwäsche. Jawohl, Kohlenwäsche! Hier wird in einem ausgeklügelten technischen Verfahren der Rest der Steine rausgewaschen und die Kohle nach Korngrößen gesiebt. Was dann am Ende des Bandes herauskommt, ist die reine verwertbare Förderung, die entweder sofort in Bundesbahnwaggons geladen oder auf einer Halde zwischengelagert wird. Durch die Mechanisierung bedingt betrug der Bergeanteil (Anteil an Steinen) damals bis zu 50% der Roh-Tagesförderung. Entsprechend schnell wuchsen die Steinhalden.

Hinter den Schächten befanden sich der große Materiallagerplatz und der Holzplatz, auf dem reger Betrieb herrschte, da mehrmals täglich dort Bundeswaggons mit Holzstempel angeliefert wurden. Die Streben wurden dort fast alle in Holz ausgebaut, sodass großer Bedarf bestand. Die Waggons mussten entladen und die Stempel nach Länge und Durchmesser gestapelt werden. Der Bedarf für die Grube wurde hier auch in Förderwagen oder spezielle Holzwagen, die sogenannten Teckel, geladen und für den Abtransport bereitgestellt. So verschwanden ganze Wälder in kurzer Zeit in die Grube, um dort das Gebirge zu stützen.

Dann gingen wir in die Lehrwerkstatt. Im Erdgeschoss befanden sich die Schlosserei und die Schmiede. Hier wurde unter Anleitung von Schlosser- und Schmiedemeistern gemessen, gefeilt, gesägt und gehämmert. An den zwei Schmiedefeuern wurden Eisenstäbe zum Glühen gebracht und anschließend auf einem Amboss bearbeitet. An einer anderen Stelle reparierten Auszubildende defekte Eisenstempel. Und in einer Ecke befand sich das verglaste Büro des Obermeisters.

Nachdem wir die übertägigen bergmännischen Betriebe gesehen hatten, ging es in die Kaue, dem Baderaum der Bergleute. Hier ziehen sich die Bergleute um und waschen sich nach der Schicht. Die Kleidung (Grubenzeug oder die Zivilkleidung) wurde an einem Haken befestigt, der nach dem Umziehen mithilfe einer Kette unter die Decke gezogen wurde. Für Jugendliche gab es, durch eine spanische Wand abgetrennt, einen eigenen Bereich.

Bis hierhin wurden wir von unserem Begleiter geführt. Jetzt verabschiedete er sich und sagte: »Wenn ihr genug gesehen habt, ist ›Schicht‹. Ihr könnt nach Hause gehen und euch noch einen schönen Tag machen. Morgen früh treffen wir uns im Klassenzimmer über der Lehrwerkstatt. Da erhaltet ihr einige Informationen über die Steinkohle und unseren Steinkohlenbergbau und dann geht's in die Grube zur Besichtigung.« Die letzten Worte wurden mit lautem Freudengeschrei begrüßt.

Dreck, Wasserdampf, Schweißgeruch, rasselnde Ketten und Gesprächsfetzen verschlugen mir den Atem. Dann liefen mir die Augen über; in der Kaue und unter der Dusche bewegte man sich nackt – ob jung oder alt. Was ein Treiben, was ein Leben! Nackte und halb nackte Männer, junge und alte, dicke und dünne, die einen noch – oder schon wieder – weiß, die anderen noch schwarz, liefen hier ungeniert herum und ich war nun mitten drin. Und das war das erste Mal in meinem Leben, dass ich einen anderen Menschen nackt sah.

Im Duschraum war Hochbetrieb, die Nachtschicht war gerade angekommen. Einige standen schon unter der Dusche und wuschen sich mit Seife den Dreck vom Körper. Schwarze Bächlein rannen vom Körper in den Abfluss. Andere Bergleute standen in gebeugter Haltung und ließen sich von ihrem Kumpel den Rücken schrubben. Um Zeit zu sparen, stellten sich mehrere Nackte hintereinander auf und bildeten eine Kette. Nun konnte einer den Buckel des Vordermanns schrubben und bekam gleichzeitig seinen eigenen gesäubert. Zum Schluss bearbeiteten sich der Erste und der Letzte der Reihe. Andere standen vor den Spiegeln und rasierten sich. Alle schnieften und spuckten und befreiten so Hals, Nase und Luftröhre vom Kohlenstaub. Besonders schwierig waren die Augen. Hier musste jeder seine eigene Fertigkeit entwickeln, diese zu reinigen. Aber selbst bei Könnern blieb immer noch ein Rest der Knappschaftsbrille, wie man die kohlenstaubumrahmten Augen nennt.

Was am ersten Tage noch beängstigend und bedrückend, ja bedrohlich auf mich wirkte, wurde später gar nicht mehr wahrgenommen. Das alles sollte von nun an für mich Alltag sein.

Am nächsten Morgen um 6 Uhr, alle noch ein bisschen müde, saßen wir im Klassenzimmer. 20 Berglehrlinge, einige 13, die anderen schon 14 Jahre alt. Zu uns gesellten sich der Ausbildungssteiger und zwei Meisterhauer und der Betriebsrat. Sie klopften uns erst mal nach unserem schon vorhandenem Wissen ab. Außer dass Kohle schwarz ist, tief unten in der Erde liegt und dass man damit heizen und kochen kann, war nichts aus uns herauszuholen.

Dann sprach der Ausbildungssteiger: »Ein freundliches Glückauf. Ich heiße Jordorf, Heinrich Jordorf. Ich bin euer Ausbildungssteiger. Bevor wir zur Besichtigung in die Grube fahren, möchte ich euch etwas über den Bergbau erzählen, es ist notwendiges Grundwissen.«

Heinrich Jordorf hatte einen dicken Packen DIN A4 Blätter vor sich liegen. Er zeigte darauf und sagte: »Hieran möchte ich euch das Steinkohlengebirge und das Grubengebäude erklären. Der Erdmantel besteht aus vielen unterschiedlich ausgeprägten Schichten. Stellt euch einfach vor, jede der vor euch liegenden Papierblätter wäre so eine Schicht, die wenigen schwarzen Seiten dazwischen sollen die Steinkohlenflöze sein. Die sind in der Karbonzeit entstanden. Die Karbonzeit begann vor 275 Millionen Jahren und hat 75 Millionen Jahre angedauert. Das Karbongebirge selbst ist 2.500 bis 3.000 Meter mächtig und hat 50 bis 60 abbauwürdige Flöze von 0,6 bis 3 Meter Stärke ...«

Es ist kaum zu glauben und noch schlechter zu vermitteln, doch das Gebirge zeigt dem Bergmann noch heute tatsächlich in 1.000 Meter Tiefe ganze Abschnitte der Erdgeschichte und lässt ihn erahnen, welche ungeheuren Bewegungen im Laufe der Zeit in der Erdkruste stattgefunden haben. In dieser Zeit herrschte bei uns überwiegend tropisches Klima. Auf der Erdoberfläche wuchsen in der Karbonzeit riesige Wälder, deren Bäume in der damaligen stark CO_2-haltigen Atmosphäre schnell wuchsen und ungeahnte Höhen erreichten. Eine Waldgeneration wuchs auf der anderen und wurde durch die Bewegungen in der Erdkruste vom Meer überschwemmt und mit Meeresablagerungen überdeckt und das wieder und immer wieder. Die Erosion tat ihr Übriges. Ein zu jener Zeit am Rande der Ereignisse stehendes riesiges Gebirge, das *Varistische Gebirge*, das bis zu 8.000 Meter in die Höhe ragte, wurde in Millionen von Jahren durch die Erosion fast vollständig abgetragen und bedeckte mit den Sedimenten die abgesunkenen Wälder.

Durch die Bewegungen in der Erdkruste, durch Überschwemmungen und auch durch Ablagerungen von

Erosionsmaterial wurden die Flöze immer stärker und luftdicht überlagert – eine der Voraussetzungen für die Kohlewerdung – und gerieten in die Tiefe, in der wir sie heute finden.

So wurde aus Bäumen in der Reihenfolge Moor, Torf und Braunkohle und mit zunehmendem Gebirgsdruck und Hitze dann Steinkohle. Diese entwickelte sich von der Gaskohle über die Fettkohle bis zum Anthrazit, der ältesten Art der Steinkohle. Das ist ein Vorgang, den die Fachleute Inkohlung nennen. Anthrazit hat einen Anteil von fast 100% Kohlenstoff. Übrigens basieren Grafit und Diamanten ebenfalls auf Kohlenstoff. Damit aber aus Kohlenstoff Diamanten werden, ist eine bestimmte Lagerstätte sowie ein hoher Druck bei Temperaturen von über 3.000°C erforderlich. Durch diese Möglichkeit der Entwicklung wird Steinkohle auch oft als ›Schwarzer Diamant‹ bezeichnet.

Fossile Abdrücke von versteinerten Pflanzen aus dem Karbon.
Aus eigenen Funden.

Der Bergmann kann unter Tage in der direkten Schicht über einem Flöz, eine Schicht, die er das Hangende nennt, Rippelmarken sehen, wie sie sonst nur am Meeresstrand vorkommen. Im Gestein über dem Flöz findet der Bergmann auch versteinerte Gräser, Blätter, Blütenpollen, Baumrinden und auch Muscheln (Ammoniten). Das sind fossile Abdrücke von Pflanzen in 1.000 Metern Tiefe; Zeugen der Vergangenheit.

All diese Dinge und noch vieles mehr erklärte uns der Ausbildungssteiger anhand seines Papierpacks. Unter anderem vermittelte er uns die unterschiedlichen Fachbegriffe, die Arten der Lagerung und den Beginn des deutschen Bergkohlebergbaus. So erfuhren wir: Durch zu hohen Druck kommt es zu Abrissen und man spricht von einer geologischen Störung. An wenigen Stellen sind die Kohlenschichten durch die Bewegungen in der Erdkruste sogar bis an die Tagesoberfläche gedrückt worden oder sie lagerten nun knapp unter der Erdoberfläche. Diese Geburtsorte des deutschen Steinkohlebergbaus liegen im Süden des Ruhrgebietes, bei Witten, Werden, Herbede, Sprockhövel oder Hattingen. Von hier aus entwickelte sich der Steinkohlenbergbau im Ruhrgebiet immer weiter in Richtung Norden.

Das ganze Steinkohlengebirge ist infolge des großen Drucks auch von Rissen und Klüften durchzogen, die durch Abbaubewegungen weiter geöffnet werden. Gefährlich wird es, wenn die Risse so verlaufen, dass sie einen Gesteinsblock bilden, der durch sein Eigengewicht aus dem entstandenen Verband ausbrechen kann. Solche Gesteinsblöcke nennt man ›Sargdeckel‹. So mancher Bergmann ist schon durch einen solchen ums Leben gekommen.

Nach all den Informationen wurde uns der Bau eines Bergwerks geschildert, der mit dem Errichten eines Schachtes beginnt. Mehrere Jahre nimmt das in Anspruch, diese in Ziegelmauerwerk oder Stahlringen ausgebaute Röhre mit etwa 10 Meter Durchmesser bis zu 1.000 Meter tief in den Berg zu treiben. Mit zunehmender Tiefe wird es zudem immer wärmer – alle 33 Meter um circa einen Grad. Der Bergmann spricht von der geothermischen Tiefenstufe.

Nach dem Abteufen des Schachtes müssen viele Streckennetze angelegt werden, die in mehreren Etagen, den Sohlen, übereinander verlaufen. Jede Sohle verfügt selbst über ein umfangreiches Streckennetz aus Querschlägen, Richtstrecken, Gesteinsstrecken und Flözstrecken. Oft erstreckt sich ein untertägiges Streckennetz über 100 Kilometer, manchmal verläuft es auch noch weitaus länger. Es ist ein Kunstwerk an sich.

Jeder einzelne Meter dieses umfangreichen Streckennetzes muss auch mit Atemluft versorgt werden. Das ist nicht leicht, weil die Luft sich immer den kürzesten Weg sucht. Die Luft muss also geführt, gelenkt werden. Sie wird aber nicht nur zum Atmen, sondern auch zum Verdünnen der in der Grube vorkommenden schädlichen Gase benötigt. Damit das in erforderlichem Maße geschieht, dafür sind der Wetteringenieur und seine Mitarbeiter, die Wettersteiger, verantwortlich. Der Bergmann nennt die Luft in den Schächten übrigens ›Wetter‹.

Bergbau ist ein reiner Männerberuf. Frauenarbeit ist unter Tage gesetzlich verboten. Das hängt hauptsächlich mit der körperlichen Belastung, aber wohl auch mit der Gefährlichkeit dieser Tätigkeit zusammen. Zudem benötigen Bergleute ein umfangreiches Wissen und auch Erfahrung. Das hatten wir am Anfang unserer Ausbildung bereits zu spüren bekommen. Auch über die Geflogenheiten wurden wir sogleich unterrichtet: Bergleute grüßen mit »Glückauf«, sind Kumpel, duzen sich und sind vor allem eine Gefahrengemeinschaft, denn jeder muss sich unter Tage auf jeden verlassen können; die Gefahr macht an keiner Grenze halt.

Als die Theoriestunde beendet war, wurden wir in die Kaue geschickt, um unsere Bergmannskluft anzuziehen. Eine halbe Stunde hatten wir Zeit, danach wollte uns der Ausbildungssteiger zur gemeinsamen Grubenfahrt abholen.

Und da standen wir nun auf der Hängebank; in Arbeitskleidung, den Lederhelm auf dem Kopf, das Arschleder vor dem Hintern und eine 12 Kilogramm schwere Lampe in der Hand. Ringsherum war alles in Bewegung. Von Weitem hörten wir schon die Glockensignale und es war laut, entsetzlich laut; es rumpelte und ratterte und krachte aus allen Richtungen. Wir bekamen Angst.

Heinrich Jordorf erklärte: »Wir stehen hier direkt am Schacht, hier geht es 1.000 Meter in die Tiefe. Im Schacht hängen an einem armdicken Stahlseil zwei Förderkörbe, wenn der eine hier oben ist, steht der andere unten. Jeder Förderkorb hat fünf Etagen, auf jeder stehen zwei Förderwagen. Der Mann, den ihr hier seht, das ist der Anschläger, er gibt dem Fördermaschinisten die Ausführungssignale.« Sich zum Anschläger wendend sagte er: »Glückauf, ich wollte mit den jungen Herren zur 6. Sohle.«

Als der nächste Korb oben ankam, schob der Anschläger die beladenen Wagen vom Korb runter, aktivierte die

Schutzgitter für die Personenfahrt und rief uns zu: »Seilfahrt.«

Wir betraten den Förderkorb. Jetzt hingen wir im Schacht – weglaufen ging nicht mehr. Der Förderkorb setzte sich zwar langsam in Bewegung, erreichte aber nach unserem Gefühl eine atemberaubende Geschwindigkeit. Die Schachteinbauten rasten nur so an uns vorbei; mir wurde schwindelig. Hinzu kam ein starker Druck auf den Ohren und ein komisches Gefühl im Bauch, als der Korb stark abgebremst wurde. Wir waren an der 6. Sohle angekommen.

Wir standen nun im Füllort, ein großartiges Bauwerk; bogenförmig aus Bruchsteinen gemauert und mit elektrischen Lampen hell ausgeleuchtet. Auch hier herrschte reges Treiben. Vor dem Schacht und hinter dem Schacht war alles in Bewegung. Es war laut, die Wagen knallten mit ihren Puffern aufeinander – Stahl auf Stahl –, dazwischen die Schachtsignale und laute menschliche Stimmen. Nichts wie weg! Wir gingen mit gemischten Gefühlen ganz nahe neben einem rollenden Leerwagenzug entlang und erreichten schnell einen Großraum. Es ging weiter in Richtung Lehrrevier, ein ebenfalls bogenförmiger Ausbau. Hier wurden uns wiederum unzählige Dinge erklärt; welche Behälter wofür da waren, wann man für ›oben‹ sagte ›in der Firste‹ (nämlich dann, wenn man von einer Strecke spricht) und wann es ›das Hangende‹ heißt (dann, wenn man im Flöz die oberen Schichten meint). Auch die Gefährlichkeit des Kohlenstaubs, der einfach überall zu finden war, wurde uns erklärt. Vor allem bei einer Explosion konnte dieser nämlich verheerende Auswirkungen haben, denn er war sehr leicht entzündbar und würde, einmal Feuer gefangen, in Sekundenschnelle durch das ganze Grubengebäude rasen und alles vernichten.

Wir kamen dann zu einem Streckenabzweig. »Was ist das denn da?«, rief einer erstaunt und zeigte mit dem Finger auf eine holzgeschnitzte Heiligenfigur, die dort in einer kleinen Nische stand. »Ist das hier etwa eine Kirche unter Tage?«

Alles lachte.

»Warum lacht ihr?«, fragte Herr Jordorf in die Runde, »das ist überhaupt gar keine dumme Frage. Was ihr dort seht, ist ein Abbild der heiligen Barbara und die ist die Schutzpatronin der Bergleute. Ihr Gedenktag ist der 04. Dezember, da feiert man vielerorts im Ruhrgebiet das Barbarafest. Gelegentlich findet unter Tage auch schon mal ein Gottesdienst statt. Viele Bergleute sind sehr religiös und auch regelmäßige Kirchenbesucher. Es gibt viele Bergmannslieder mit religiösem Hintergrund. Eins der schönsten hat folgenden Text:

Glückauf ihr Bergleut, jung und alt,
seid frisch und frohgemut.
Was helfen eure Klagen all
es wird schon werden gut.
Gott hat uns einst die Gnad gegeb'n,
dass wir vom edlem Bergwerk leben,
drum singt mit uns der ganze Hauf
Glückauf, Glückauf, Glückauf.

Von einer Zeche erzählt man sich sogar, dass aus ihren Schornsteinen kein Qualm, sondern Weihrauch empor steigt.«

Wieder lachten alle.

Hier nun im Lehrrevier lernten wir auch Meisterhauer Schulte kennen, der unsere Tour weiter begleitete. Er zeigte und erklärte, beschrieb die verschiedenen Abbauprozesse. Dann waren wir im Lehrstreb. Die Flözmächtigkeit betrug hier circa einen Meter und die Lagerung war fast flach. »Was da vorne so glitzert, wenn man es anleuchtet, das ist die Kohle«, erklärte Herr Schulte.

»Der schwarze Diamant«, schrie einer überrascht und begeistert.

»Jungens aus dem dritten Lehrjahr arbeiten hier für einige Zeit im Ausbildungsabschnitt ›Abbau‹. Hier wird noch in Holz ausgebaut«, erklärte Meisterhauer Schulte weiter und zeigte auf die Holzstempel, die das Gebirge stützen sollten.

Und dann wurden wir zu einem Jungkohlenhauer geführt. Im Schein unserer Grubenlampen mussten wir dreimal hinschauen, um überhaupt etwas erkennen zu können. Er war in der Finsternis nämlich kaum zu sehen. Aus seinem kohlenstaubgeschwärzten Gesicht funkelte uns nur das Weiß seiner Augen an. Gespenstisch aber toll, wie das aussah, und bald würden auch wir so aussehen. Wir freuten uns schon darauf.

Der junge Mann rief uns zu: »Wollt ihr es auch mal probieren?« Und ob wir wollten und so drückte er dem Ersten von uns den Abbauhammer in die Hand und zeigte ihm, wo er ansetzen sollte.

Vom Abbauhammer kamen leise Geräusche – tok, tok, tok –, aber nichts tat sich.

»Ja«, sagte der junge Mann, »Kohle abbauen ist nicht leicht, du musst da ganz feste auf den Abbauhammer drücken.«

Tok, tok, tok, machte es wieder, aber wieder tat sich nichts.

»Lass mal einen Stärkeren ran«, hieß es dann.

Der nächste von uns nahm den Abbauhammer und drückte und drückte, doch nichts passierte.

So ging es immer weiter, bis schließlich ich an der Reihe war. Alle waren bereits demotiviert und schämten sich wegen ihrer Schwäche. Auch ich hatte keine große Hoffnung und war sehr nervös. Doch probieren wollte ich es und drückte drauf und, oh Wunder, der Abbauhammer ratterte und brach die Kohle. Ich war selber erstaunt. Doch bevor sich meine Brust vor Stolz schwellen konnte, sagte der Ausbildungssteiger: »Habt ihr gar nicht bemerkt, dass der junge Mann euch gerade verarscht hat?« Ungläubige Gesichter. »Er hat bei allen den Luftschlauch abgeknickt, nur beim Leo die Luft voll durchgelassen.«

Der junge Mann grinste.

Auch das war so üblich unter den Kumpel.

Dann ging es wieder zurück ans Tageslicht. Alle waren hell begeistert, aber auch etwas traurig, weil wir ja noch zwei Jahre würden warten müssen, um unter Tage eingesetzt werden zu können.

Die ersten zwei Jahre meiner Ausbildung zum Bergknappen führten mich, dem Ausbildungsplan entsprechend, zur Ausbildung in die Schlosserei, die Schreinerei, die Schmiede und an verschiedenen Arbeitsplätzen im Tagesbetrieb, wie dem Leseband, der Hängebank, der Kohlenwäsche und in das zecheneigene Kraftwerk. Die in der Schreinerei, der Schlosserei und der Schmiede vermittelten Kenntnisse waren für ein erfolgreiches Arbeiten im Beruf unerlässlich aber auch im privaten Bereich sehr hilfreich. Nach Erreichen des 16. Lebensjahres erfolgte eine Verlegung in den Untertagebetrieb.

Gleich am ersten Arbeitstag wurde ich auch Mitglied der Industriegewerkschaft Bergbau. Nicht ganz freiwillig, denn ich wusste damals überhaupt nichts damit anzufangen. Sinn, Zweck und Notwendigkeit sowie Aufgaben einer Gewerkschaft waren mir völlig unbekannt. Mit meinem Arbeitsvertrag bekam ich einfach auch die Eintrittserklärung zur Unterschrift vorgelegt – und unterschrieb. Wie wichtig eine Gewerkschaft für jeden Einzelnen und für die gesamte Gesellschaft ist, wurde mir aber schnell klar. Im Jahre 2007 bin ich für die 60jährige Mitgliedschaft geehrt worden. Ich bin der Gewerkschaft treu geblieben, obwohl das nicht in allen beruflichen Positionen, die ich innehatte, sinnvoll und manchmal sogar auch von Nachteil war. Die meisten meiner Kollegen haben die Mitgliedschaft aufgegeben, als sie nach entsprechender Qualifizierung zum Oberbeamten befördert wurden.

Nach jeder verfahrenen Schicht gab es in den Krisenjahren von 1945 bis 1948 in einer als Kantine ausgebauten Baracke gegen Vorlage einer Zechen-Essensmarke eine warme Mahlzeit. Brote und Essensmarken hatten auf dem Schwarzmarkt ihren Preis. Da ich einer der jüngsten und kleinsten war, hatten die Essensausgeberinnen Mitleid mit mir und ich bekam immer einen Nachschlag, auch wenn ich meine Essensmarke auf dem Schwarzmarkt verkauft hatte. Im ersten Lehrjahr verdiente ich 2,50 Reichsmark pro Tag. Damals gab es noch die 48-Stunden-Arbeitswoche, also sechs Tage à acht Stunden, wir bekamen 12 Tage Urlaub und fünf Feiertage im ganzen Jahr zugesprochen. Krankengeld gab es erst vom vierten Tage an. Zudem wurden Krankfeiernde noch kontrolliert, ob sie sich im Haus aufhielten. Krankmeldungen über 14 Tage hinaus konnten nicht vom Hausarzt, sondern mussten von einem Vertrauensarzt ausgestellt werden.

Das Arbeitszeug war selbst zu beschaffen und auch regelmäßig selbst zu reinigen. So zogen die Bergleute regelmäßig zum Wochenende mit ihrem Pümmel – so nannte man den mit schmutzigem Arbeitszeug gefüllten Leinensack – auf den Buckel nach Hause. Später bekamen die Kumpel ihr Arbeitszeug kostenlos gestellt und auch kostenlos gewaschen. Welch ein Fortschritt, wenn man bedenkt, das noch einige Jahre zuvor nicht nur das Arbeitszeug zu Hause zu waschen war, sondern auch der Kumpel. Er ging dann in Arbeitszeug und mit kohlenstaubgeschwärztem Gesicht über die öffentlichen Straßen bis zur Bergarbeiterkolonie, den Siedlungsbereichen der Bergleute.

Werkzeug (das ›Gezähe‹) bekam man im Magazin zur Ausleihe, was vom Verwalter auf einer entsprechenden Karte vermerkt wurde. Ging das Gezähe verloren oder wurde es gestohlen, wurden die Kosten vom Lohn abgezogen, es sei denn, der Betriebsführer bescheinigte schriftlich, dass der Verlust unvermeidlich war, z.b. weil das Gezähe unter einen Bruch gekommen war und nicht zurück gewonnen werden konnte.

Eine selbst gedrehte Zigarette kostete damals auf dem Schwarzmarkt 5 Reichsmark, eine ›Aktive‹ (fabrikmäßig hergestellte Zigarette) kostete 8 RM. Auch ich sammelte die von den alliierten Soldaten auf die Straße geworfenen Kippen auf, drehte aus dem gewonnenen Tabak und Zeitungspapier Zigaretten der Marke Eigenheimer und verscheuerte diese dann. Ein Heimdubbel (Doppelschnitte Brot mit Marmelade) kostete 5 RM und ein Zechendubbel, gut mit Wurst belegt, 7–9 RM. Kantinenessen hatte seinen Tagespreis, der zwischen 4 und 8 RM lag. Es gab keine Teller, sondern man aß aus dem mitgebrachten Kochgeschirr; Bergleute mit Familie konnten so auch etwas für die Lieben mitnehmen oder es auf dem Schwarzmarkt verkaufen, denn hier wurde wirklich alles ge- und verkauft, was nicht niet-und nagelfest war und das nicht nur von den Heimbewohnern.

Lehrlinge des Berglehrlingsheimes bekamen von ihrem Einkommen 5 RM Taschengeld pro Monat – also den Gegenwert von einer Zigarette. Für Unterkunft und Verpflegung im Heim wurden 40 RM pro Monat vom Lohn zurückgehalten. Was noch übrig blieb, kam auf ein Sparkonto und sollte nach der Abschlussprüfung ausgezahlt werden. So kam es, dass ich fast anderthalb Jahre, also bis zur Währungsreform, für lediglich 5 RM je Monat gearbeitet habe. Es ist sicher zu verstehen, dass ich, wie auch meine Kollegen, unter diesen Bedingungen alles, was eben entbehrlich war – auch meine Brote und mein Mittagessen – zu Schwarzmarktpreisen verkauft habe.

Da Geld keinen Wert mehr hatte, wurde von den Amerikanern für die im Gedinge (Akkord) beschäftigten Bergleute ein Leistungsanreiz eingeführt, zunächst die Carepakete und später IK-Marken. Carepakete waren mit Nahrungsmitteln der feinsten Art gefüllt, die die Leistungsfähigkeit und den Leistungswillen erhöhen sollten. Mancher Magen rebellierte, weil er so gute Sachen nicht mehr gewohnt war. Weitere Sonderleistungen für die Bergleute waren Zusatzkleidung, aber auch Sonderzuteilungen an Schnaps und Zigaretten. Die Menge, die an die Einzelnen verteilt wurde, war leistungsabhängig. Jugendliche erhielten zudem eine Extraportion an Süßigkeiten.

Politisch bahnte sich eine unruhige Zeit an, der Beginn des kalten Krieges. Aus Protest gegen einen beabsichtigten westdeutschen Staat sperrten am 24.06.1948 sowjetische Truppen die Zufahrtswege nach Berlin. Berlin war dadurch von allen Nachschüben abgeschnitten. Panzer fuhren auf, die Welt hielt den Atem an. Hatte die Menschheit aus dem Krieg nichts gelernt, würde es doch wieder Krieg, Bomben, Angst und Schrecken geben, setzten sich in dieser gefährlichen Situation die ›Falken‹ oder die ›Tauben‹ durch? Nichts wurde ausgeschlossen, man war ja an Grausamkeiten und unmenschliche Entscheidungen gewöhnt.

Die ›Tauben‹ konnten sich letztendlich durchsetzen und in einer beispielhaften Aktion sicherten die drei Westmächte auf dem Luftweg durch etwa 200.000 Flüge der legendären Rosinenbomber die Versorgung der ehemaligen Reichshauptstadt. Und trotzten dadurch der Erpressung der Sowjettruppen.

Im August 1948 vereinigten die drei Westmächte dann ihre Besatzungszonen zur Trizone; es war die Geburt des westdeutschen Staates. Das Volk sprach von Trizonesien und alle sangen erleichtert:

Wir sind die Eingeborenen von Trizonesien ...

Aber auch moderne amerikanische Musik eroberte das Land und vor allem die Jugend. Besonders beliebt war der Song:

Pardon me, boy,
is that the Chattanooga Choo Choo ...

Erst am 12. Mai 1949 wurde die Blockade der Zufahrtswege nach Berlin aufgehoben. Am 23. Mai 1949 trat dann das Grundgesetz der Bundesrepublik Deutschland in Kraft. Aber die Zeit war noch immer gekennzeichnet von Mangel in allen Lebensbereichen. Chattanooga Choo Choo wurde umgereimt und wir sangen:

Verzeihen Sie mein Herr,
fährt dieser Zug nach Kötzschenbroda?

Er fährt vielleicht, wenn die Kohle noch reicht!
Für geübte Leute ist das
Reisen heute kein Problem,
auf dem Puffer, auf dem Trittbrett
fährt's sich ganz bequem,
kriechste noch nen Fußtritt,
fährst du auf dem Dach mit
und hast obendrein noch frische Luft.
So fährt man heut,
von Groß Berlin nach Kötschenbroda und
dann und wann, kommt man auch mal an.

Im Berglehrlingsheim gab es einige Gitarrenspieler. Wenn die sich in lauen Sommerabenden irgendwo auf den Boden hockten, zusammengekauert, die Gitarre unterm Arm, die Augen sehnsüchtig in die Ferne gerichtet, und spielten und sangen, bildete sich rundherum schnell ein Kreis von Leuten, die in den Gesang einstimmten. Der Künstler und seine Musikbegleiter sangen oder summten dann mit schmachtender Stimme und in sentimentaler Stimmung:

Wenn bei Capri die goldene Sonne im Meer versinkt ...

Gern waren es aber auch Countrylieder wie:

Zwei Cowboys aus dem fernen Amazonas,
verliebten sich in Black Marie,
doch Black Marie, sie liebte nur den einen,
den anderen aber hasste sie.

Die Eifersucht, sie kannte keine Grenzen.
Und es geschah, wie es geschehen muss,
zu Tod getroffen sank der Arme nieder
und sterbend war sein letzter Gruß,
Blume der Prärie, grüß mir Black Marie.

Im Jahr 1948 kam dann die Währungsreform. Jetzt erhielt jeder 40,– DM und zwei Wochen später noch einmal 20,– DM. Das Geld auf meinem Sparkonto war im Zuge der Währungsreform verfallen. Umgetauscht wurden später nur Beträge über 600,– RM im Verhältnis 1 zu 10 und da lag ich noch weit drunter. All die Arbeit der letzten anderthalb Jahre war nun lediglich 5 Reichsmark pro Monat wert.

Während des Krieges und in den Nachkriegsjahren bis in die 50er Jahre hinein, gab es einen Mangel an den elementarsten Dingen. Es gab Tauschzentralen, wo man nicht mehr benötigte Sachen oder solche, die man eben entbehren konnte, gegen andere lebenswichtige Dinge tauschen konnte. Es wurde vieles benötigt, denn der Nachholbedarf war wegen der Kriegsschäden sehr groß. Alles wurde gesammelt und aufbewahrt, nichts wurde weggeworfen. Selbst alte verrostete und verbogene Nägel richtete man sorgfältig und lagerte sie für eine spätere Verwendung ein. Alte Kleidung, speziell auch Wehrmachtskleidung, wurde auseinandergetrennt, gewendet und gefärbt und wiederverwendet. Zuckersäcke wurden aufgeribbelt und daraus wurden Pullover gestrickt.

Dann erreichte uns die Nachricht von der Überflussgesellschaft in Amerika. Ich wollte es einfach nicht glauben, was ich da hörte. Strümpfe wurden dort nicht mehr gestopft, sondern einfach weggeworfen, wenn sie Löcher hatten, so hieß es. Abgetragene Schuhe wurden einfach ausrangiert und neue gekauft; für uns unbegreiflich, unverständlich. Viele Leute liefen damals bei uns noch in Holzschuhen oder in Galoschen herum. Irgendwann kamen auch Hilfslieferungen aus anderen Ländern, die wir gerne annahmen. Die Klamotten lagen auf einem großen Haufen und jeder konnte sich ein Stück aussuchen. Ich erwischte ein tolles blaues Sakko und war ganz stolz darauf.

Ja, und ehe wir uns versehen hatten, setzten sich auch hier nach und nach amerikanische Verhältnisse durch. Es entstanden Bauhäuser und Supermärkte. Der erste Supermarkt war eine Sensation. Viele Leute kamen nicht zum Kaufen, sondern zum Gucken.

Wenn man noch vor der Währungsreform nicht mal für viel Geld etwas kaufen konnte, gab es nun plötzlich wieder alles, was man sich nur vorzustellen vermochte. Doch jetzt hatte keiner Geld – und ich schon gar nicht.

Auch sonst hatte sich vieles geändert. Es war eine ganz neue Welt. Es gab Licht und Glanz; wir staunten nur!

Die tollsten Neuerungen gingen im Berglehrlingsheim von Mund zu Mund. »Geh mal da hin und guck dir das mal an«, so sagten meine Kumpel zu mir. Oder auch: »In Essen hat ein großes Kaffeehaus eröffnet. Alles hell, freundlich und eingehüllt in Glanz und Glimmer, einfach umwerfend. Das musst du gesehen haben!« Natürlich hatte so etwas einen großen Reiz, doch konnte man da so, wie wir aussahen, nicht hingehen. Hier verkehrten nur feine Leute. Wo die wohl auf einmal hergekommen waren? Ich war neugierig und ließ mich überreden. Lieh mir von den Kollegen der Mordkabine 7, unsere Bude (Stube) im Lehrlingsheim, eine gut erhaltene Hose, Jackett und Schlips, polierte meine Schuhe und machte mich auf den Weg.

Unsicher und unbehaglich betrat ich das Kaffeehaus und war sprachlos. Der große Raum war gut besetzt mit vornehm gekleideten Menschen. Auch sonst war alles vom Feinsten. Stühle mit buntem Bezug und Polster, bunte Raffgardinen, Tische mit Tischdecken und Kerzen und auf dem Boden Teppiche. Ich habe mich erst gar nicht getraut, sie mit meinen Schuhen zu betreten. Ich suchte mir einen Platz und wurde von der Bedienung freundlich angesprochen, was ich auch nicht gewohnt war, und bestellte eine Tasse Kaffee. »Was für einen Kaffee hätten Sie denn gern«, wurde ich gefragt. Ich war irritiert. In der Verlegenheitslücke zählte sie die verschiedenen Sorten auf. Ich nannte das, was ich kannte: Filterkaffee. Die Bedienung war zufrieden und ging. Nun ließ ich die Umgebung auf mich wirken. Ich konnte mich nicht sattsehen und dachte an mein Bettlager auf dem Bauernhof, an dunkle Grubengebäude und an die Mordkabine 7. Dann wurde der Kaffee gebracht. Ich war wie vom Donner gerührt. Das sollte Kaffee sein? Von Kaffee nichts zu sehen, keine Spur. Vor mir war eine Pyramide aufgebaut, mit der ich absolut nichts anzufangen wusste, und daneben stand eine kleine Kanne. Was tun? Ich sah mich hilfesuchend um, doch die anderen Gäste hatten scheinbar alle etwas anderes bestellt. Ich dachte, in der kleinen Kanne sei der Kaffee und suchte jetzt die Tasse. Aha, die Tasse war das Unterteil der Pyramide und hatte einen Aufsatz und der wiederum einen Deckel. Ich nahm ihn ab und fand darunter noch ein Sieb. Wieso, warum? Jetzt fing ich an, die Pyramide langsam und vorsichtig abzubauen und schaute dabei mit ängstlichem Blick in die Runde, ob mich wohl jemand in meiner Ungeschicklichkeit beobachtete. Wieder Ratlosigkeit. Endlich hatte ich mich bis zur Tasse vorgearbeitet und goss ein. Aber in der kleinen Kanne war kein Kaffee, sondern heißes Wasser. Heiliges Kanonenrohr, was war das denn schon wieder? Durch meinen Umbau klimperte das Geschirr und ein Teil des Wassers lief auf die saubere Tischdecke. Das blieb nicht unbemerkt. Viele Leute schauten jetzt zu mir herüber. Oh Schande, wie peinlich, ich machte mich ganz klein und wäre am liebsten im Boden versunken. Endlich durchschaute ich die Technik, baute alles wieder wie gehabt zusammen, goss den Kaffee mit dem Rest des Wassers auf und trank ihn aus, von Genuss konnte jetzt aber keine Rede mehr sein. Jetzt wusste ich nicht nur mit Filterkaffee umzugehen, sondern es war auch die erste Tasse Bohnenkaffee – meine Mutter sagte immer ›Guter Kaffee‹ dazu – in meinem Leben.

Als ich wieder draußen vor dem Lokal stand, war ich eigentlich froh und verbuchte das als erste Erfahrung in einer neuen für mich unbekannten Welt.

Ich war irritiert, fühlte mich verloren, erkannte die Welt, die für mich eigentlich nicht hätte so unbekannt sein sollen, nicht wieder. Woher waren plötzlich der bisher nie gesehene Glanz und Glimmer und woher die vielen gut gekleideten Leute gekommen? Seit wann saß man in gelockerter Atmosphäre Kaffee trinkend und Torte essend in so hübschen Räumen? Mir wurde auf einmal klar: Das war nicht meine Welt! Ich gehörte nicht hierher, auch nicht die Leute, mit denen ich täglich zu tun hatte. Wir riskierten nur für den Wiederaufbau Deutschlands täglich unser Leben und schlichen nach der Schicht ausgemergelt und abgeschlafft nach Hause. Hätten wir nicht hier sitzen müssen? Ist da ein Zug abgefahren und wir haben es versäumt, rechtzeitig aufzuspringen?

Politisch hatte sich einiges geändert. Die Gründung der Bundesrepublik Deutschland und das Inkrafttreten der parlamentarischen Demokratie – natürlich unter Kontrolle der Siegermächte – hatte auf mich, meine Familie, Freunde und Bekannte keinen spürbaren Einfluss. Die deutsche Wirtschaft wuchs und blühte. Deutschland hatte seinen ›Juliusturm‹, so wurden die von 1952–1957 erwirtschafteten Überschüsse des Bundeshaushaltes bezeichnet. Das alles berührte mich nur peripher. Mein Fokus war jetzt ganz auf meinen Beruf und speziell auf meine eigene berufliche und private Situation gerichtet.

Im Bergbau galt immer noch: Kohle um jeden Preis. Ja, was aus heutiger Sicht unglaublich klingt, war damals Alltag. In den Abbaustrecken, die auf meinem Bergwerk in der Regel so eng waren, dass nur ein Förderwagen hindurch passte, fand eine ständige Bewegung statt. Da mussten leere Wagen hinein und beladene heraustransportiert werden. Was   früher noch von sogenannten

Schleppern einzeln von Hand oder auch durch Grubenpferde geschah, wurde 1949 im Zugverband mit Hilfe
von Stahlseilen und Drucklufthäspeln erledigt. Die Ausführungssignale zum Bewegen der Zugverbände erhielt
der Haspelführer noch in kurzen Strecken durch Zuruf
oder durch Lichtsignale mit der Grubenlampe. In längeren Strecken, in denen das nicht mehr möglich war,
mussten die Kommandos durch Klopfzeichen mit dem
Hammer auf die Druckluftleitung gegeben werden.

Wurden die Entfernungen größer und damit die Signale schwächer, richtete man auf halbem Wege eine
›Klopfzwischenstation‹ ein. Hier hielt ein Kumpel, zeitweilig wurde auch ich dafür eingesetzt, Hand und Ohr
an die Rohrleitung, um die schwachen Klopfzeichen zu
empfangen und durch neue sicher zu stellen, dass der
Haspelführer richtig reagierte. Ein ruhiger Job, aber
nichts für mich. Ich empfand das schon als Auszubilden-
der als sehr rückständig und mittelalterlich.

Meine Arbeit im Lehrstreb war aber auch nicht wesentlich aufregender. Ich schaufelte Steine in einem nur
einen Meter mächtigen Flöz bei einer Neigung von 45
Grad gegen die Horizontale. Oder löste die Kohle mit
dem Presslufthammer, der ständig kräftige Schläge in
meine ja noch jungen Muskeln, Gelenke und in das ganze Skelett übertrug. Das alles bei einer Temperatur von
28–30°C gepaart mit einer hohen Luftfeuchtigkeit. Ich
arbeitete mit freiem Oberkörper, kurzer Unterhose,
Arschleder, Knieschoner, Ellenbogenschoner, Leder-
Grubenhelm und einer 12 Kilogramm schweren Grubenlampe um den Hals und umgeben von absoluter Dun-

kelheit. Ganz zu schweigen von dem Staub, der im Bereich der Anthrazit- und Esskohle einen sehr hohen Gesteinsstaubanteil hat, die Ursache für die gefürchtete Staublunge. Nein, das wollte ich alles nicht, zumindest nicht für mein ganzes zukünftiges Berufsleben. Ich hatte die Blut spuckenden Bergleute vor Augen und kannte Berginvaliden, die nur 35 Jahre alt geworden waren.

Einige meiner Kollegen hatten schon aufgegeben. Als sie gingen, riefen sie mir und den Zurückbleibenden »Selbstmörder« zu. Ein Mädchen, mit dem ich einmal im Kino war, sagte zu mir zum Abschied die tröstenden Worte: »Mit uns kann das nichts werden, du bist Bergmann, mein Vater war auch Bergmann und ist unter schweren Qualen an Staublunge gestorben. Das war so schlimm, dass ich ihn am liebsten umgebracht hätte, um ihn von seinem Leid zu befreien.«

Ich wollte eigentlich länger leben und das möglichst gesund und ohne Qualen. Aber was tun? Hatte nicht mein ehemaliger Hauptlehrer gesagt, dass in jedem Beruf mal eine Zeit käme, in der man am liebsten alles hinschmeißen möchte. Er sagte damals: »Nicht hinschmeißen, sondern durchbeißen und auf bessere Zeiten hoffen. Also Helm auf und durch, auf Regen folgt Sonne!«

Ja, so ist das mit gut gemeinten Ratschlägen oder zweckorientierten Durchhalteparolen. Die Entscheidung für das eigene Leben nimmt einem aber keiner ab, und das ist auch gut so. Konnte ich überhaupt etwas ändern? Nein, wohl kaum! Ich stand ja alleine da, die Eltern waren nach damaligem Ermessen weit weg. Ich wohnte im

Bullenkloster, das ausschließlich für Betriebsangehörige da war, und hätte Unterkunft und Job gleichzeitig verloren, wenn ich gekündigt hätte; zudem hatte ich kriegsbedingt eine schlechte Schulausbildung. Ich begann an meinem Berufsziel Steiger zu zweifeln. War das unter den gegebenen Bedingungen überhaupt noch erstrebenswert? Was wäre, wenn ich den Anforderungen überhaupt nicht gewachsen sein würde?

Doch ich gab nicht auf, riss mich zusammen. Bis ich die Ausbildung für die Steigerlaufbahn beginnen konnte – das Mindestalter war auf 19 festgesetzt –, musste ich noch drei Jahre warten. Das war genug Zeit für eine Bildungsaufrüstung, die ich jetzt für immer wichtiger hielt. Ich besuchte nun zwei Jahre lang einmal die Woche eine Aufbauklasse der *Westfälischen Berggewerkschaftskasse* und mit meinem geringen selbst verdienten Geld eine kaufmännische Privatschule, von der ich mich später aber wieder verabschiedete, weil eine Lehrerin mich behandelte wie einen kleinen dummen Jungen. Sie schien nicht zu verstehen, was ich nach acht Stunden Untertagetätigkeit da vollbrachte, regte sich nur auf, wenn ich keine Schulaufgaben vorzeigen konnte. Wir diskutierten oft, irgendwann eskalierte es dann. Ein Wort ergab das andere; die Frau und die Schule haben mich nicht mehr gesehen.

Ich erfuhr von einem Abendgymnasium in Duisburg und meldete mich dort an. Auch das musste ich natürlich neben meiner Achtstundenschicht unter Tage und auf eigene Kosten bestreiten. Oft schlief ich auf der Fahrt in der Straßenbahn, manchmal sogar in der Schule ein.

Irgendwann erhielten meine Eltern einen Brief vom Abendgymnasium; sie fielen aus allen Wolken, denn sie wussten bis dahin noch nichts. Und dann auch noch gleich einen blauen Brief; ich hatte eine Fünf in Latein. Meine Eltern, in völliger Unkenntnis, schrieben mir, dass sie sich wunderten, dass ich als Bergmann auch Latein lernen müsste.

Die folgenden Bilder zeigen die Belegschaft des Berglehrlingsheimes des Mülheimer Bergwerksvereins in Mülheim Heißen.

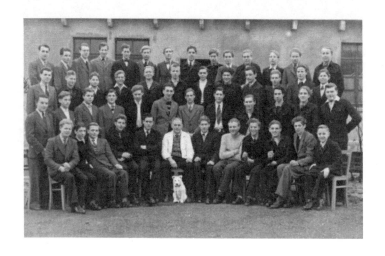

Bis Mitte 1948, etwa zum Zeitpunkt der Währungsreform, geschah bezüglich des Wohnens und des Essens im Berglehrlingsheim Entscheidendes. Der ausgebombte Teil des Gebäudes wurde wieder hergestellt, alle Personen über 18 Jahre mussten das Heim verlassen und es wurde ein Pädagoge als Heimleiter eingestellt. Von nun an war es ein ordentlich geführtes und sauberes Berglehrlingsheim, das bald über die Grenzen hinaus einen guten Ruf erlangte. Freizeiteinrichtungen wurden geschaffen. Ein Fußballplatz, Tennisplätze, ein Billardtisch, Tischtennisplatten und sogar Boxhandschuhe standen schon Ende 1948 zur Verfügung.

Im Heim wurde nun nicht nur ein Höchstalter festgelegt, sondern man achtete auch vermehrt auf den Bildungsgrad: Zumindest einen Abschluss an der Volksschule hatte man vorzuweisen, am besten noch das Abitur. Es wurde fast schon intellektuell. An arbeitsfreien Tagen diskutierten die Heimbewohner auf den Stuben über gesellschaftliche und politische Entwicklung im Lande und in Europa. Unsere Gespräche waren vielleicht vergleichbar mit dem Frühschoppen am Sonntagmorgen im Deutschen Fernsehen; ich sehe es gern als ein Vorläufer dessen, nur etwas kleiner, etwas ungeordneter, aber genauso ernsthaft und leidenschaftlich. Die Wortführer saßen auf dem Tisch, der wie eine Bühne wirkte. Die anderen Disputanten lagen auf den Doppelbetten, zum Teil im Unterzeug, oder saßen auf den Bettkanten mit Blick zum Plenum und ließen die Füße herabbaumeln. Im Nachhinein war das irgendwie sogar idyllisch.

Wie sollte es weitergehen mit uns, mit Deutschland, ohne Vorbilder, ohne erstrebenswerte Ziele? Anfang der 50er Jahre kam der europäische Gedanke auf. Ein Gedanke, der mich und viele meiner Altersgenossen begeisterte. Deutschland, eingebettet in die Vereinigten Staaten von Europa – ja, dafür lohnte es sich zu leben, danach lohnte es sich zu streben. Ein weiter Weg, der, wie wir wissen, bisher noch nicht zu einem vereinigten Bundesstaat, sondern nur zu einem Europa der Vaterländer geführt hat und das noch mit vielen Fragezeichen. Ja, die verdammte Vergangenheit! Die anderen Länder haben Angst vor »Deutschland, Deutschland über alles ...« Vielleicht sollten in der Europapolitik mal die alten Männer gegen junge Frauen ausgetauscht werden, denn ihnen gehört die Zukunft, ihnen und ihren Kindern.

Damals standen sich der Bergbau und Europa ganz nahe. Nach vielen Verhandlungen wurde 1952 die Europäische Gesellschaft für Kohle und Stahl, die Montanunion (EGKS) gegründet; ein erster Schritt zur wirtschaftlichen und politischen Vereinigung.

Europa wurde in meinem Bekanntenkreis viel diskutiert. Wir sahen in einem vereinigten Europa eine Möglichkeit für einen immerwährenden Frieden zwischen den europäischen Staaten. Aber noch lagen die Wunden offen und schmerzten, noch gab es Angst, Neid und Misstrauen und auch Sprachbarrieren, die das menschliche Miteinander erschwerten. Um das zu überwinden, waren wir für eine einheitliche Sprache, die aber keine der Landessprachen, sondern eine neutrale sein sollte. Eifrig lernte ich nun Esperanto, eine künstlich geschaffene Sprache.

Das Zusammenleben im Berglehrlingsheim war nett und auch lehrreich. Aber es gab eben auch die andere Seite. Wie überall im Leben kämpften auch hier einige Mitbewohner um Anerkennung als ›Leitbullen‹. Neuankömmlinge wurden bald zu einem Boxkampf herausgefordert, um sie in die Rangfolge der Stärksten einordnen zu können.

Nach der Schicht fuhr man in der Regel von der Blumendellerstraße mit der Straßenbahnlinie 18 in die Stadt nach Mülheim Ruhr. Wegen meiner Doppelbelastung durch Schule und Betrieb war ich selten dabei. Aber wenn es meine Zeit erlaubte, schloss ich mich den Kumpel an. Die Straßenbahnen waren ständig überfüllt. Fand ich keinen Platz, was eigentlich immer so war, fuhr ich auf einem der Trittbretter oder auf dem Puffer mit. Das war zu dieser Zeit ganz normal. In der Stadt gingen wir dann meist ins Kino. Anschließend schlenderten wir gern die Flaniermeile, Rennbahn genannt, entlang, einfach nur, um zu sehen und gesehen zu werden. Um irgendetwas zu kaufen fehlte uns das Geld.

Das Berglehrlingsheim organisierte nun sogar Urlaubsfahrten. Eine konnte ich noch mitmachen, und es wurde zu einem unvergesslichen Erlebnis. Es wurden fünf Gruppen à drei Mann zusammengestellt, und schon Wochen vorher wurden wir ausgerüstet und trainiert. Jeder Teilnehmer bekam einen Wehrmachtsaffen als Rucksack, eine Zeltplane, eine Wolldecke und ein Kochgeschirr sowie Kartenmaterial für die Gruppenroute. Vor der Fahrt bekam jede Gruppe auch einen bestimmten Geldbetrag für die Verpflegung und einige Dosen mit Lebensmitteln. Mit dem Zug ging es dann mit der gesamten Mannschaft bis nach Bad Tölz und von dort zu Fuß auf den Hausberg, bis zur Blomberghütte. Dort blieben wir drei Nächte. Dann war jede Gruppe auf sich selbst gestellt und musste auf der vorgegeben Route von Bad Tölz zu Fuß bis nach München wandern. Meine Gruppe bekam die Route entlang der Isar. Die drei mitgeführten Planen ergaben zusammengeknöpft ein Zelt.

Einmal mussten wir nachts feststellen, dass wir unser Zelt in einem ausgetrockneten Flussbett aufgestellt hatten, das sich nach dem Regen auffüllte. Ein anderes Mal fraß uns ein Hund, während wir in der Isar badeten, unser vorbereitetes Frühstück weg. Wieder ein anderes Mal kochten wir ein Süppchen – oder was wir dafür hielten. Beim Umrühren sahen wir gerade noch, dass eine dicke Spinne da hineinfiel. Wir haben sie vergeblich gesucht und nicht gefunden. Nun ja, der Hunger hat es hineingetrieben! Wir wollten ja sparsam sein, ernährten uns daher nur von dem, was wir dabei hatten, und wollten das nicht verbrauchte Geld in München auf den Kopf hauen.

Was wir dann im Hofbräuhaus auch taten. Ich weiß nicht mehr, wie viel Maß es waren, aber wir waren stolz auf die Menge, die wir als ungeübte Trinker vertragen konnten. Ich meinte sogar, nicht mal richtig betrunken zu sein, doch das änderte sich schnell, als wir uns auf den Heimweg machten. Ich hatte zum ersten Mal in meinem Leben einen Rausch – und was für einen!

Im Mai 1955 wurden auch die Gründung der Bundeswehr und die Wiederbewaffnung Deutschlands beschlossen. Mein Kumpel und Zimmergenosse aus dem Bremsberg gehörte zu den ersten Freiwilligen.

Mein Vater hatte früher bei jeder sich ergebenen Gelegenheit mit Hochachtung von seinem ehemaligen Chef, einem Oberregierungsrat, gesprochen. Schulräte kannte ich aus meiner Schulzeit und ich wusste um die Angst, die Lehrer vor seinem Erscheinen in der Schule hatten. Beide Bezeichnungen zusammen, Oberregierungsrat und Schulrat, hatten in meinem Unterbewusstsein die Bezeichnung oder den Status ›Rat‹ mit einem Glorienschein belegt. In Unkenntnis der Zusammenhänge fand ich es verwunderlich und war darüber irritiert, dass sich mein Bruder Berni und auch alle anderen Kumpel mit dem Betriebsrat der Zeche auf gleicher Augenhöhe unterhielten und sie auch noch duzten. Ich lernte, dass ›Rat‹ nicht gleich ›Rat‹ ist, und es dauerte gar nicht lange, da duzte auch ich die Betriebsräte. Ich begann mich für ihre Arbeit zu interessieren und auch für die Gewerkschaft, deren Mitglied ich ja schon vom ersten Tag meiner Betriebszugehörigkeit war.

Rechte und Pflichten der Betriebsräte wurden erstmals 1920 in der Weimarer Republik im Betriebsrätegesetz aufgeführt. In der Zeit des Nationalsozialismus waren Betriebsräte verboten. Das Kontrollratsgesetz vom 10.04.1946 gestattete ihre Tätigkeit in Deutschlands Betrieben wieder. Meine Berufsausbildung von 1947–1950 fiel also noch in die Zeit des Kontrollratsgesetzes. Das Betriebsverfassungsgesetz von 1952 regelte dann erneut die Rechte und Pflichten der Betriebsräte. Schon ein Jahr vorher wurde das Gesetz über die Mitbestimmung der Arbeitnehmer in den Aufsichtsräten und Vorständen der Unternehmen des Bergbaus und der Eisen und Stahl erzeugenden Industrie verabschiedet (Montan Mitbestimmungsgesetz vom 21.05.1951).

Irgendwann im Jahre 1950/51 versuchte ein Gewerkschaftssekretär, von dem ich wusste, dass er Kommunist war, so wie viele seiner Amtskollegen auch, mich für die SPD anzuwerben. Erstaunt fragte ich ihn, wieso SPD, wo er doch Kommunist sei? »Das war einmal«, sagte er, »ich habe Familie, und in der Gewerkschaft ist kein Platz mehr für Kommunisten. Wenn ich nicht die Partei gewechselt hätte, wäre ich bei der Gewerkschaft untragbar gewesen und hätte meinen Job verloren.« Später gab es für Kommunisten sogar ein gesetzliches Berufsverbot.

Ich war jetzt 17 Jahre alt. Das Herz dieser Altersgruppe schlägt bekanntlich links. Man sagt ja, wer mit 17 kein Kommunist ist, hat kein Herz, und wer mit 40 noch einer ist, hat keinen Verstand. Wörter wie ›Kommunist‹ und ›Proletarier‹ und ›Demokratie‹ habe ich hier zum ersten Mal gehört. Bald ging auch ich nachdenklich durch die Straßen und staunte darüber, dass es Leute gab, die Haus- und Grundbesitz und darüber hinaus auch noch genügend Bargeld hatten. Ich jedoch lief trotz schwerer Lohnarbeit mit geliehener Hose herum, musste mein Jackett auf Abzahlung kaufen, wartete ständig auf den nächsten Lohntag und hatte auch nicht die geringste Chance, von irgendjemanden irgendwann unterstützt oder gefördert zu werden und fand das überhaupt nicht lustig. Aber mir ging es nicht alleine so.

Wohl weil ich mit den vorgefundenen Zuständen nicht zufrieden war und mich etwas aufmüpfig zeigte, wählten mich 400 Jugendliche der Betriebsgewerkschaftsgruppe zu ihrem Sprecher. Als Gewerkschaftsjugendleiter war ich jetzt Anlaufstelle für die Sorgen und Klagen meiner jungen Kollegen. Ich wurde ein Mal pro Woche von der Arbeit freigestellt, um die Kollegen vor Ort besuchen zu können und mir ihre Arbeitsbedingungen anzusehen. Festgestellte Mängel konnte ich in Betriebsratssitzungen, an denen ich – allerdings nicht stimmberechtigt – teilnehmen durfte, wenigstens direkt an den Mann bringen. Von den Betriebsräten und in einigen Seminaren und Lehrgängen der Gewerkschaft erhielt ich Grundkenntnisse in Arbeits-, Sozial- und Wirtschaftsrecht. So gerüstet erkannte ich, dass es Arbeitnehmerrechte gibt, und dass man sich mit mittelalterlichen und unmenschlichen Verhältnissen nicht einfach abfinden muss. Nicht weglaufen, sondern mitarbeiten und mitgestalten waren angesagt.

Mein Bild vom Bergbau änderte sich jetzt immer mehr. Was mich abschreckte, waren die nicht mehr zeitgemä-

ßen technischen Mittel und die unsozialen, ja sogar unmenschlichen Bedingungen, die ich vorfand. Zustände,
die geändert werden konnten und im Interesse der Menschen auch geändert werden mussten. Ich war mir jetzt
sicher, ich wollte im Bergbau bleiben und mich gemeinsam mit Gleichgesinnten für eine bessere Zukunft des
Bergbaus einsetzen.

Meine gewerkschaftlichen Aktivitäten waren aber
nicht allein auf den Betrieb beschränkt. Mit einer kleinen
Gruppe traf ich mich häufig nach der Schicht, zum Teil
auch in Gaststätten. Wir informierten einander, diskutierten und stellten einen Forderungskatalog auf für unsere Änderungswünsche und reichten die weiter an die
Geschäftsstelle, mit der wir in ständigem Kontakt standen. Gelegentlich bekamen wir von der IGB-
Geschäftsstelle einen Bus gestellt für Tagesausflugsfahr-
ten oder auch für längere Fahrten zu Veranstaltungen,
wie zum Beispiel zu internationalen Zeltlagern. Das
machte Spaß und förderte die Gemeinschaft. Auch auf
der Bezirksebene gab es regelmäßige Treffen; die fanden
meistens auf der Schachtanlage *König Ludwig* statt. Hier
wurde eine breite Palette angeboten – von Nachhilfeun-
terricht über Diskussionsforen bis zu Sportveranstaltun-
gen.

Einmal wurde ich von meinen Kollegen bedrängt,
auch mal über die Zechenleitung Ausflugsfahrten zu
organisieren. Ich bat den Betriebsrat in dieser Angelegenheit um Unterstützung. Die Antwort war: »Das ist
deine Jugendgruppe, kümmere dich mal selber.« Ich
meldete mich dazu im Sekretariat des obersten Chefs an

und bat um einen Termin. Das war schon was, als Lehrling zum obersten Chef; mir wackelten die Knie. Das Gespräch lief gut an, wir unterhielten uns zunächst über verschiedene Themen. Er sagte: »Sie möchten also gerne mit ihrer Jugendgruppe einen Ausflug machen und ich soll den Bus dafür bezahlen. Was ist das denn überhaupt für eine Gruppe?«

Ich sagte: »Die Gewerkschaftsjugendgruppe der Schachtanlage.«

»Och«, erwiderte er, »warum soll gerade ich für eine Gewerkschaftsjugendgruppe einen Bus bestellen und bezahlen?«

Ich zählte ihm eine Menge von Gründen auf – vom zu erwartenden Erholungseffekt, der sich auch auf die Leistung und das Verhalten auswirken würde, bis zur Dankbarkeit von allen Seiten.

»Und, warum kommt nicht der Betriebsrat oder der Ausbildungsleiter zu mir.«

Ich wurde ziemlich kleinlaut, kam in Erklärungsnöte und wurde nachdenklich. Der Chef sah das und half mir. »Sie wollen also mit einigen Jugendlichen aus unserem Betrieb eine Ausflugs-Busfahrt machen und bitten mich, dafür einen Bus zur Verfügung zu stellen?«

Aha, dachte ich, ihn störte das Wort ›Gewerkschaft‹. Ich verstand endgültig, der Groschen war gefallen und ich sagte, jetzt wieder etwas lauter: »Ja, eine Jugendgruppe aus dem Betrieb.« Der Fall war erledigt, der Bus war genehmigt.

Als Gewerkschaftsjugendleiter habe ich viele gewerkschaftlich orientierte Leute kennengelernt und konnte ihren Lebensweg über Jahre verfolgen; einige haben es im Rahmen der Mitbestimmung bis in die Vorstände und Aufsichtsräte der Bergbauunternehmen geschafft. Wenn ich später dann im Betrieb so richtig unter Druck stand, rund um die Uhr dort war und schlaflose Nächte hatte, drängte sich bei mir der Vergleich zu den Gewerkschaftskollegen auf, die inzwischen im Rahmen der Mitbestimmung Direktionspositionen innehatten. Dann fragte ich mich, ob ich nicht doch eine falsche Wahl bezüglich des Berufes getroffen hatte.

Die Gewerkschaft hat sich nicht nur um unsere Arbeitsbedingungen gekümmert, sondern uns auch an kulturelle Veranstaltungen herangeführt. Einmal erhielt ich für meine Gruppe 10 Karten für die Operette *Land des Lächelns*. Keiner von uns kannte so etwas wie eine Operette; ich war gespannt.

Als der Vorhang hochging, wurde ich gleichfalls in eine andere Welt versetzt. So etwas hatte ich noch nie gehört und auch nicht gesehen. Meine bisherige Welt war Krieg, Bullenkloster und finstere dunkle Gewölbe viele Meter unter Tage, und jetzt … Mir fielen fast die Augen aus dem Kopf; eine bunte Welt, Licht, Glanz und Glimmer und berauschende Melodien. Grazile Mädchenkörper, bunt bekleidet, huschten feengleich leicht und beschwingt über die Bühne. Eine andere Welt, eine schönere Welt, eine lustigere, bunte Welt, eine Welt, von der ich bislang noch nicht einmal gehört hatte.

Ich staunte und war begeistert! Doch hielt ich all das für eine Scheinwelt, die mit der Wirklichkeit nichts zu tun hatte, obgleich ich in den neuen Kaffeehäusern einen

Hauch davon bereits erlebt hatte. Es sollte noch viele Jahre dauern, bis ich sagen konnte: »Dies ist keine Scheinwelt, diese Welt gibt es auch in Wirklichkeit.«

Auf dem Bergwerk *Rosenblumendelle* in Mülheim Heißen waren zu der Zeit etwa 400 Jugendliche in der Ausbildung; den meisten ging es nicht viel besser als mir. Mir war klar, dass man als Einzelkämpfer nichts erreichen kann. Ich hörte Sätze wie »Proletarier aller Länder vereinigt euch!« und die »Internationale – Völker hört die Signale ...« Das klang zunächst einmal gut in meinen Ohren und eigentlich auch plausibel; über die Gewerkschaft und durch eigene Erfahrungen im Rahmen meiner Gewerkschaftsarbeit erkannte ich jedoch, dass auch das nicht der Weg sein konnte.

Am 30.03.1950 konnte ich meine Berufsausbildung durch die Knappenprüfung mit dem Gesamtergebnis ›sehr gut‹ abschließen. Ich erhielt dafür eine Prämie von 50,– RM. Auch meine Freunde Dieter und Charly konnten sich über ihre Freisprechung freuen. Wir zogen unsere besten Klamotten an, besorgten uns Zylinderhüte – woher weiß ich heute gar nicht mehr – und gingen in den *Krug zur Heimaterde*, um das Ereignis gebührend zu feiern. Das Wetter war sehr schön. Wir setzten uns zur Freude der Gäste mit unseren Zylindern in den Biergarten, bestellten protzig eine Flasche Sekt und ließen es uns laut palavernd gut gehen. Anschließend wurde die ganze Nacht geschwoft.

Am nächsten Tag gab es dann im Berglehrlingsheim die offizielle Lossprechungsfeier. Die Tische waren festlich geschmückt und der Speisesaal voller gut gekleideter junger Leute. Wir, die frisch gebackenen Bergknappen, waren ganz in Bergmannsuniformen gekleidet, sogar mit Helm und Arschleder, und wurden mit hell leuchtenden Grubenlampen von kräftigem Beifall begleitet und im Gänsemarsch in den abgedunkelten Speisesaal geführt, wo wir am Vorstandstisch neben dem Ausbildungsleiter, dem Ausbildungssteiger und dem Heimleiter Platz nehmen durften. Nach dem offiziellen Akt mit netten Reden und lustigen Geschichten standen alle auf und sangen zu unserer Ehrung das Bergmannslied *Glückauf, Glückauf, der Steiger kommt ...* Wir waren gerührt und richtig stolz. Dann wurde aufgetragen; es gab ein festliches Mahl und reichlich zu trinken. Danach ging für uns ein unvergesslich schöner Tag zu Ende. Noch heute schaue ich mir gerne die Fotos von der festlichen Veranstaltung an.

Lossprechungsfeier im Berglehrlingsheim.

Nach der Knappenprüfung musste ich das Berglehrlings-heim verlassen. Ich bekam einen Platz in einem Ledigen-heim in einer ehemaligen Kaserne in Mülheim. Es war das reinste Chaos. 12 Leute auf einem Zimmer. Alle waren für verschiedene Schichten eingeteilt, es war weder Zeit zum Schlafen noch zum Leben, und Tag und Nacht fanden Partys in allen Räumen statt. Die Zustände waren noch schlimmer als ehemals im Berglehrlingsheim, das sich ja inzwischen gemausert hatte. Als ich bemerkte, dass ich langsam in den Sumpf gezogen wurde, habe ich mich aus diesen Fesseln befreit und mich im Wiescher-Heim ein-quartiert, wo gerade eine Bettstelle freigeworden war. Das Wiescher-Heim war ebenfalls ein Ledigenheim, wo es aber etwas gesitteter zuging.

Es war die Zeit, in der ich das Abendgymnasium be-suchte. Eine, wie auch immer geartete Unterstützung für ein Hochschulstudium war nicht in Sicht und auch gar nicht denkbar. Als ich Schüler im Abendgymnasium des Lehrinstitutes Zimmermann in Duisburg war, sah mein Tagesablauf folgendermaßen aus: 5:00 Uhr aufstehen und frühstücken. Um 6:00 Uhr begann meine Acht-Stunden-Schicht in der Grube. Um 14:00 Uhr wieder über Tage, waschen und etwas essen, 15:00 Uhr mit der Straßenbahn nach Duisburg, von 17:00 bis 21:00 Uhr Unterricht, gegen 22:00 Uhr wieder eine Stunde mit der Straßenbahn zurück nach Mülheim Heißen, Schularbeiten, schlafen. Und das Tag für Tag. Ans Lernen war aber auch im Wiescher-Heim kaum zu denken. Die Ausbildungsleitung gab mir dann für eine Übergangszeit noch einmal ein Zimmer im Berglehrlingsheim.

Ich arbeitete jetzt nacheinander als Schlepper, Gedingeschlepper, Lehrhauer, Hauer und später auch als Strebmeister auf der Morgenschicht oder der 24:00-Uhr-Schicht des Untertagebetriebes. Das war – vor allem wenn Nachtschicht angesagt war – mit dem Abendgymnasium nur schwer unter einen Hut zu bekommen. Einerseits hatten die Kollegen kein Verständnis dafür, dass ich deshalb nicht über alle Schichten gehen konnte. Andererseits wurde jemand auf diesem Bergwerk von den Steigern für die schwersten und gefährlichsten Arbeiten eingesetzt, wenn bekannt war, dass er die Beamtenlaufbahn anstrebte und deshalb auf gute Zeugnisse angewiesen und von daher ruhig gestellt war. Es waren unattraktive, gefährliche Arbeiten, für die es zudem wenig Geld gab. »Sie wollen doch mal Steiger werden und eine gute Beurteilung bekommen, also, strengen sie sich mal an!«, so hieß es dann für jemanden wie mich. Man war dem machtlos ausgeliefert.

Viele betriebliche Führungskräfte wurden in der ersten Zeit nach dem Kriege nicht nach ihrem Können, sondern nach ihrer Vergangenheit und Parteizugehörigkeit von den Amerikanern oder Briten eingesetzt und auch abberufen. Deutschland stand ja unter der Verwaltung der Alliierten. Der Bedarf an gut ausgebildeten und unbelasteten Führungskräften war groß. Und ich wollte unbedingt Steiger werden, zumal ich mitbekam, dass diese angesehene Personen waren, große Verantwortung hatten und über sehr gutes Allgemein- und Fachwissen verfügten. Für den Steiger gab es leistungsabhängige Aufstiegsmöglichkeiten über folgende Hierarchieebenen: Schichtsteiger, Reviersteiger, Fahrsteiger, Obersteiger, Betriebsführer, Grubeninspektor und Betriebsdirektor. Was mich weiter ansornte.

Nach all den Jahren in den verschiedenen Unterkünften, waren mein Freund und Kumpel Willi und ich das Lagerleben endgültig leid. Wir waren jetzt 18 Jahre alt, wollten mehr Selbstständigkeit und suchten eine Kostgängerstelle. Diese fanden wir in der Nähe der Zeche *Rosenblumendelle* in der Straße *Am Bremsberg*, und zwar bei der Witwe Bartkowski. Hier hatte ich dann endlich auch Zeit zum Lernen.

Damals gab es im Ruhrgebiet viele Kostgänger. Junge Leute aus nah und fern gingen dorthin, wo es Arbeit gab. Daneben gab es in dieser Zeit auch viele Witwen, die Zimmer an Kostgänger vermieteten, um ihre karge Witwenrente aufzubessern und nicht mehr alleine im Haus zu sein; sie vermieteten Räumlichkeiten eben auch, um etwas Gesellschaft zu haben. Es waren Kriegswitwen, von denen es damals ja genug gab, aber auch viele junge Bergmannswitwen, denn die Unfallhäufigkeit im Bergbau war sehr hoch und viele Bergleute mussten schon in jungen Jahren ihr Leben unter Tage lassen. Die Bedingungen für das Zusammenleben wurden ausgehandelt und durch Handschlag besiegelt.

Drei Mietvertragsarten für sogenannte Kostgänger waren üblich:

- Übernachtung mit Frühstück
- Übernachtung mit voller Kost; Frühstück, Mittag- und Abendessen
- Übernachtung mit ›voller Kost voll‹; hier war die Kostmutter dann voll inbegriffen.

Das ist jetzt keine Erfindung von mir, nein, das war allgemein bekannt. Alle drei Mietarten wurden denn auch den individuellen Bedürfnissen entsprechend zahlreich genutzt und das hat sogar Beachtung in der Literatur gefunden.

Unser Dachgeschosszimmer war sehr spärlich eingerichtet. Es gab nur zwei Betten und einen Schrank, einen Tisch und zwei Stühle. Im Zimmer war kein Wasseranschluss. Für die kleine Körperpflege standen auf einer Kommode eine Wasserkanne und eine Waschschüssel zur Verfügung. Für uns hatte aber schon das einen Hauch von Komfort und wir sahen es im Vergleich zu dem, was wir vorher hatten, als großen Fortschritt an und waren zufrieden.

Als Kostgänger am Bremsberg.

Wir hatten uns für ›volle Kost‹ eingemietet, was der etwa sechzigjährigen Witwe aber auf die Dauer zu aufwendig war; später gab es nur noch Übernachtung mit Frühstück und noch später dann nur noch Übernachtung.

Damenbesuche waren nicht erwünscht; wer anklopfte oder anschellte, wurde nicht zu uns hoch gelassen. Die Kostmutter wollte uns entweder für sich alleine haben oder uns vor allem Weiblichen beschützen.

Wie auch immer! Mädchen warfen dennoch schon mal Steinchen ans Fenster, um mit uns Kontakt zu bekommen. Sobald die Kostmutter das merkte, rannte sie mit ihrem Krückstock raus und verscheuchte die Mädchen. Das sah von oben recht lustig aus und wurde von uns aber auch von anderen entsprechend belächelt. Natürlich fanden wir trotz der fürsorglichen Bemutterung und Abschottung Mittel und Wege zur Begegnung.

Unsere Straße *Am Bremsberg* war eine schmale, leicht ansteigende Schotterstraße ohne Bürgersteig, nur wenige Meter vom hoch eingezäunten Zechengelände entfernt. Links und rechts der Straße standen anderthalb Stockwerke hohe Zechenhäuser in stark beschädigtem, verwittertem Putz und mit rauchenden Schornsteinen. Davor hatte man kleine Vorgärten angelegt. Als Grenzen zwischen den Häusern dienten niedrige, leicht vermoderte Lattenzäune, die von kleinen Holztörchen unterbrochen wurden. Über die Zäune hinweg gab es ein reges nachbarschaftliches Leben. Hinter den Häusern waren große Gärten, die in dieser schweren Zeit, in den Hungerjahren, für die Familie das Überleben sicherten. Die Gegend war sehr ruhig, man nahm Rücksicht aufeinander, nicht zuletzt wegen der ruhebedürftigen Schichtarbeiter.

Unter vielen Dächern gab es einen Taubenschlag mit Brieftauben, den ›Rennpferden des Bergmanns‹, denen sich der ›Duvenvatter‹, also der Taubenvater, mit Hingabe widmete. Im Anbau war oft noch ein Schwein untergebracht oder eine Ziege, die auch ›Kuh des Bergmanns‹ genannt wurde.

Wendet man vom Bremsberg aus seinen Blick zurück, sieht man in unmittelbarer Nähe auf einer Anhöhe thronend die mächtige Silhouette des Bergwerks *Rosenblumendelle*. Ein toller Anblick und ein wunderschöner Name für diese Industriekulisse, ein Name, der darauf schließen lässt, dass die Natur dort einmal einen größeren Stellenwert hatte. Dieses Bergwerk förderte die damals sehr begehrte Hausbrandkohle, und nebenbei die beste weit und breit. Neben den Schachtgebäuden befand sich lang gestreckt, ansteigend, mit steilen Flanken und unübersehbar, grau in grau und fast drohend wirkend die Bergehalde. An vielen Stellen der Halde stieg Qualm auf, ein sichtbares Zeichen von selbst entzündeten Schwelbränden, die mit ihrem Schwefelgeruch die nähere Umgebung verpesteten und bei entsprechender Wetterlage auch den Bremsberg erreichten. In den Nachkriegsjahren suchte hier die notleidende Bevölkerung von nah und fern für den Hausgebrauch zwischen den Steinen nach Kohlenresten.

Das Bergwerk Rosenblumendelle.
Archiv Nr. 11931; COPYRIGHT: Walter Moog DGPH.
Freigeg. Reg. Präs. Dsdf. 19.

Ja, hier wohnten wir, das war der Lebensraum der Bergleute des Mülheimer Bergwerksvereins. Von hier aus
zogen wir mit der Kaffeepulle und dem Handtuch als
Schal um den Hals, vorbei an den Steigerhäusern und
der Direktionsvilla, zum naheliegenden Zechentor zur
Schicht. Nach der Schicht kamen wir abgearbeitet mit
der ›Knappschaftsbrille‹ und einem ›Mutterklötzchen‹
(einem kleinen Stück Weichholz, das zum Anheizen be-
nutzt werden konnte, wobei ›Mutter‹ hier für die Ehe-
frau steht) unter dem Arm wieder heim.

Über das sogenannte Mutterklötzchen gibt es viele
Geschichten und Legenden insbesondere darüber, auf

welche Weise sich die Hausmutter für das Mitbringsel bedankte. Je besser das Teil, so sagte man, desto größer, intensiver und besser die Dankbarkeit der Mutter. Solcher Versuchung konnte man dann auch schlecht widerstehen. Bestand das Mutterklötzchen zunächst wirklich aus Abfallholz mit vielen Ästen, wurde es später aus dem besten astfreien Stück eines Stempels gesägt und der Stempel dadurch unbrauchbar gemacht. Als nächste Steigerung zerlegte man dann das Klötzchen noch während der Arbeitszeit mit einem Beil in viele kleine Späne und umwickelte diese mit Isolierband, damit sie beim Transport ja nicht auseinanderfallen konnten. Jetzt war das Mutterklötzchen fast ein Kunstwerk, und weil das nicht nur einer, sondern alle Bergleute mit eigenem Haushalt so machten, war es auch zum Kostenfaktor für das Bergwerk geworden. Ermahnungen der Werksleitung auf Unterlassung waren wirkungslos. Deshalb wurde die Mitnahme von Anmachholz aus Kostengründen irgendwann verboten. Der Steiger, der bei der Seilfahrt die Aufsicht hatte, wurde beauftragt, die Bergleute bei der Ausfahrt diesbezüglich zu kontrollieren und den betreffenden gegebenenfalls mit einer Geldbuße zu belegen.

Natürlich ließen sich viele Kumpel nicht abhalten, dennoch etwas herauszuschmuggeln. Einige wurden recht einfallsreich. Eine meiner Lieblingsgeschichten ist Folgende: Am Schacht sieht der Steiger einen Bergmann mit ausgebeulter Arbeitsjacke, unter der er offensichtlich etwas verbarg. »Was verstecken Sie da unter ihrer Jacke?«, fragte der Steiger den ausfahrenden Bergmann.

Zögernd aber laut vernehmlich antwortete der Kumpel: »Hühnerfutter.« Der Steiger fragte wiederholt und bekam immer wieder die gleiche Antwort. Jetzt wurde es interessant und lauter, alle Augen und Ohren richteten sich auf die beiden. Die umstehenden Kumpel mit ihren schwarzen Gesichtern grinsten und zeigten ihre weißen Zähne. »Machen Sie mal Ihre Jacke auf!«, sagte der Steiger. Zögernd tat das der Kumpel und ein gut bearbeitetes Mutterklötzchen wurde sichtbar. »Ei«, sagte der Steiger, »was sehe ich denn da? Jetzt habe ich Sie erwischt! Das soll Hühnerfutter sein?« Der Kumpel sah auf das Mutterklötzchen und antwortete: »Na ja, kein Problem, Steiger, wenn die Hühner das nicht fressen, verbrenne ich es einfach«, sprach's und ging unter großem Gelächter der umstehenden schwarzen Männer an dem verdutzten Steiger vorbei auf den Förderkorb zu.

Die Tradition um das Mutterklötzchen und gerade solche Geschichten zeigen die Bedeutung der Bergmannsfamilien und speziell die der Bergmannsfrauen. Ich habe zu der Zeit nur intakte Familien kennengelernt. Man wohnte in einem Zechenhäuschen, meistens mit großem Garten. Für die Notdurft stand im Garten ein Plumpsklo, das ›Häusken mit Herzken‹. In der Familie herrschte Arbeitsteilung. Der Mann war 10 Stunden am Tag bei der Arbeit, nicht selten waren zusätzlich Überstunden zu leisten. Die Frau versorgte Haus, Hof, Garten und Kinder. Sie war kein Heimchen am Herd, sondern Powerfrau mit Fulltime-Job. Im Rahmen der ihm noch zur Verfügung stehenden Zeit half der Mann auch noch im Haushalt mit. Die Kinder gingen in den Zechenkindergarten. In dieser Zeit (50er Jahre) gab es in diesem Milieu weder Auto noch Telefon noch Fernseher. Auch viele Geräte, die heute das Haushalten erleichtern, wie E-Herde, Spülmaschine, Waschmaschine, Trockner und Kühlschrank gab es damals in Arbeiterhaushalten nicht. Zum Heizen und Kochen gab es Kohleöfen. Eingekauft wurde im Konsum, der auch wichtiges Kommunikationscenter für die Frauen war. Die Bergmannsfrauen waren mit der Arbeitswelt ihrer Männer stark verbunden. Man sprach über die gefährlichen Arbeitsplätze, kannte Durchschnittslöhne, Mindestlöhne und Spitzenlöhne und wusste auch, wer wie viel verdiente. Es heißt, dass mancher Lohn zwischen Bergmannsfrau und Frau des Steigers im Konsum ausgehandelt wurde. Sie wussten auch, wer ›am Brett‹ hing (gemeint sind die von den Steigern auf einem Brett im Lichthof ausgehängten Bestrafungszettel). Am schwersten trugen sie aber alle an dem angstvollen Warten: Kommt er heute wieder heil nach Haus?

Auf mich wirkten diese Familien aber, trotz aller Entbehrung und Not, glücklich und zufrieden. Man war freundlich und nett zueinander, ja, und auch irgendwie stolz, hier zu leben, hier zu arbeiten, ein Bergmann zu sein oder eben die Frau eines solchen. Stolz und wie eine Hymne sang man das Bergmannslied *Glückauf, Glückauf der Steiger kommt*, das man gern auch mal umdichtete. Eine besonders schöne Variante der 7. Strophe wurde und wird immer noch von den Frauen gesungen, wenn sie in fröhlicher Stimmung unter sich waren/sind oder bei gemeinschaftlichen Sitzungen, als Antwort auf das Absingen der offiziellen 7. Strophe der Männer.

Die 7. Strophe des Bergmannsliedes als Originaltext:

Die Bergleut sein
Kreuzbrave Leut,
Denn sie tragen das Leder
Vor dem Arsch bei der Nacht
Und saufen Schnaps.

Und hier die umgedichtete 7. Strophe:

Die Bergmannsfrauen sein auch
Kreuzbrave Leut.
Sie hacken Petersilie und
Vermehren die Familie
Und saufen auch.

Es hat sich im Ruhrgebiet zum Ritual entwickelt, dass beim Absingen der 7. Strophe alle Bergleute aufstehen, das mit Schnaps gefüllte Glas erheben, sich nach Beendigung des Liedes zuprosten, ein Glückauf zurufen und austrinken. Das machen dann die Bergmannsfrauen auch so, wenn ihre Strophe dran ist. Sie singen dann laut aus tiefster Brust und mit etwas Trotz in der Stimme und trinken ebenfalls aus, was stets mit großem Jubel verbunden ist.

Ich und meine Altersgenossen waren inzwischen auch schon etwas gesellschaftsfähig geworden und hatten auch einige private Kontakte. Mein Kumpel Jupp zum Beispiel hatte ein Mädchen kennengelernt. Die Eltern des Mädchens waren Mitglied in einem exklusiven Essener Sportverein, der ein Fest im *Hotel Essener Hof* ausrichtete. Die Eltern konnten nicht und Jupps Freundin durfte nur, wenn ihre Schwester mitging. Jupp brauchte Unterstützung und so war ich mit von der Partie. Wir fuhren mit der Straßenbahn nach Bredeney, dem noblen Vorort von Essen, wo die Mädchen wohnten. Wir gingen kurz in die Wohnung und wurden dort von den Eltern nett begrüßt. Der Vater sagte dann zum Abschied: »Wenn es spät wird, dann nehmt euch einfach eine Droschke.« Eine Droschke? Ach du lieber Gott, da kam ich schon ins Grübeln. In meiner Geldbörse war zwar genügend Geld für die Straßenbahn-Fahrkarte und auch für das eine oder andere Bier, aber eine Droschke war finanziell nicht eingeplant und auch nicht unser Ding.

Für mich war es das erste Mal überhaupt, dass ich ein Hotel betrat. Die eintreffenden Gäste wurden mit Musik empfangen und von uniformierten Pagen in den Saal begleitet. Mir fielen fast die Augen aus dem Kopf. Ein doll geschmückter Saal, aufmunternde Musik, die Männer im Frack und mit Fliege und die Damen überwiegend in den schönsten Abendkleidern. An ihren Armen und dem Dekolleté glitzerte und strahlte es; Diamanten! Die waren echt und nicht – schwarz. Als alle Platz gefunden hatten, kam von der Kapelle ein nicht zu überhörender Tusch. Die Küchentüre ging auf und im Gänsemarsch kam von Fanfarentönen und lautem rhythmischen Klatschen begleitet die Küchenmannschaft hereinspaziert.

Voran die Köche mit ihrer hohen weißen Kopfbedeckung, sie gingen durch die Tischreihen und präsentierten in allen Richtungen die mit Wunderkerzen hell angestrahlten Speisen. Dann wurde aufgetragen. Na ja, das Menü und ein Getränk waren frei, wer mehr konsumierte, musste dafür blechen. Nach dem Essen tranken wir einige Gläschen Bier. Nach jedem einzelnen zählte ich heimlich und unauffällig in der Hosentasche meine Penunzen, Jupp auch. Ein Portemonnaie hatten wir noch gar nicht. Wir waren ordentlich unter Druck. Was tun? Wir meldeten uns bei den Mädels zur Toilette ab, bezahlten unterwegs unauffällig unsere Rechnung und verschwanden still und heimlich.

Meine Berufsausbildung war inzwischen abgeschlossen. Ich war gerade 17 Jahre alt und wurde vom Lehrrevier in den Grubenbetrieb verlegt und bald darauf bei der Kohlengewinnung im Gedinge (Akkord) eingesetzt, was eigentlich verboten war. Jetzt sah die Welt auf einmal ganz anders aus. Es zählte nur noch Leistung, denn dafür wurde man bezahlt; Stücklohn, der nur bei gleichbleibenden Verhältnissen gerecht ist. Das war im Bergbau aber so gut wie nie der Fall. Wo der Bergmann hin kommt, war vorher noch keiner, Bergleute sagen: »Hinter der Hacke ist es duster.« Über die Vergabe von Ausfallzeiten sowie die Nichtanerkennung von Erschwerniszuschlägen, konnte der Lohn leicht manipuliert werden, was auch nicht selten geschah.

Mein erster Arbeitsplatz nach Beendigung der Ausbildung im Jahre 1950 hatte unglaublich schlechte geologische und betriebliche Bedingungen. Es waren Zustände, die Gott sei Dank seit vielen Jahren schon der Vergangenheit angehören. Es war ein Abbaubetrieb im Flöz *Finefrau*, ein Schrägbau mit einer Abweichung von 60 Grad von der Horizontalen, einem Böschungswinkel von 40 Grad, einer Flözmächtigkeit von 1–1,2 Meter und mit sägeblattartigem Verhieb. Die gelöste Kohle rutschte über eine Bergeböschung bis in den Ladekasten, durch den sie dann mit menschlicher Hilfe in die Förderwagen gelangte.

Der Förderkorb brachte uns durch den Schacht bis zum Füllort der tiefsten Sohle in 800 Meter Tiefe. Hier kletterten wir in leeren Förderwagen und setzten uns auf

Holzbrettchen, die wir, um einigermaßen bequem sitzen zu können, in die Mulde der Kohlenwagen legten. Die erhitzten Körper lehnten dann an dem kalten Stahl der Wagen; nicht gut für den Rücken, nicht gut für die Gesundheit. Für den Personentransport eingerichtete spezielle Wagen, die heute überall üblich sind, gab es damals noch nicht. Nach einer zwanzigminütigen Fahrt in den leeren Kohlenwagen erreichten wir die Endstation am Eingang zur Grundstrecke. Diese hatte einen Querschnitt von 10 Quadratmetern und war mit in Trapezform aufgestellten alten Eisenbahnschienen ausgebaut. Vom Eingang zur Grundstrecke hatten wir noch einen Fußmarsch von 20 Minuten bis zum Strebeingang hinter uns zu bringen. Hier standen einige Gezähekisten, die uns als Sitzplätze dienten. Bevor wir zu unseren Arbeitsplätzen im Streb krochen, verschlangen wir noch schnell unser mitgebrachtes Butterbrot und entledigten uns unserer überflüssigen Kleidung. Aber Achtung, auch hier lauerte Gefahr! Man durfte nicht eine längere Zeit mit Mund und Nase am Boden bleiben, denn da konnte sich Kohlendioxid angesammelt haben, ein farb- und geruchloses Gas, das schwerer ist als Luft und sich deshalb unten auf der Sohle ansammelt und den Luftsauerstoff verdrängt. Hier lauerte der Tod.

Die 12 Kilogramm schwere Grubenlampe an einem Lampenriemen um den Hals gehängt, kletterte oder rutschte ich bis zu meinem Einsatzpunkt im Streb. Jetzt war ich vor Ort, nur mit Schuhen, Lederhelm, Schienbein- und Ellenbogenschonern, Unterhose und Arschleder bekleidet. Die Füße in den Arbeitsschuhen waren nicht durch Strümpfe, sondern durch Fußlappen geschützt. Es war heiß, mindestens 30°C und dazu 100% relative Luftfeuchtigkeit; das ist Tropenklima! Die Decke und der Boden, die nur einen Meter senkrecht gemessen auseinander lagen, waren schräge Flächen und hatten eine Neigung von 50–60°. Ich stand auf Holzstempeln, die das Gebirge stützten.

Seitlich von mir, sowohl nach unten als auch nach oben verlaufend, eine schwarze Wand, die im Schein meiner Lampe das Licht brach und reflektierte, als würde sie aus unzählbaren angestrahlten Diamanten bestehen. Die Kohle, der schwarze Diamant! Nicht mit den Sinnen zu erfassen, weil farb-, geruch- und geschmacklos, tritt aus winzigen Poren Methangas aus und vermischt sich mit der Luft, eine ständige Gefahr. Heute melden spezielle Gas-, Spür- und Messgeräte, wenn sich das Luft-Gasgemisch der explosiblen Grenze nähert, und ermöglichen so rechtzeitiges Eingreifen zur Verhinderung einer Schlagwetterexplosion. Das gab es damals noch nicht. Ein laues Lüftchen umwehte mich, es roch nach Mensch, nach Schweiß.

Dann sicherte ich zuerst einmal den Arbeitsplatz. Durch den Gebirgsdruck hatten sich die Holzstempel tief in die Schalhölzer am ›Hangenden‹ und ›Liegenden‹ gedrückt. Einige Stempel waren angebrochen, sie mussten zuerst ausgewechselt werden. Hatte die Nachtschicht genügend Holz für den neuen Arbeitstag bereitgelegt? Dann legte ich das Werkzeug, das Gezähe, bereit. Es hing an einem Eisenring um einen Stempel und war mit einem Sicherheitsschloss gegen Diebstahl gesichert. Von

Mann zu Mann wurde durch Zuruf bestätigt, dass alle bereit waren. Dann der Arbeitsbeginn! 15 Presslufthämmer brüllten gleichzeitig los, trieben ihren Meißel in die schwarze Wand und lösten die Kohle. Das Gebirge bebte und schüttelte sich, als wollte es sich dagegen wehren. Die in die Tiefe stürzende Kohle wirbelte Staub auf, der den ganzen Strebraum erfüllte und ihn so verdunkelte, dass der Schein meiner Lampe kaum noch wahrzunehmen war. Der Staub verband sich mit meinem Schweiß und bildete eine dicke Schlammschicht auf dem Körper. Die Luft blies Fäkaliengerüche zu mir. Von unten rief jemand: »Da kommt einer ohne Lampe.« Nun wusste jeder, was in den nächsten Minuten auf ihn zu kommen würde; den ›Mann ohne Lampe‹ kann man nämlich nicht sehen, sondern nur riechen und man kann ihm nicht ausweichen. Das würde nun die ganze Schicht mehr oder weniger ausgeprägt so bleiben, Arbeitsalltag!

Die gerade freigelegte und noch unausgebaute Hangendfläche führte zu Entspannungsschlägen, die auf den Gang der Kohle wirkten und große Mengen ausbrechen ließen. Drohend und nicht zu überhörend knallte es. Nun musste man schnell mit Holzstempeln und Schalhölzern den freigelegten Strebraum ausbauen, zur eigenen Sicherheit, aber auch zur Sicherheit der Kumpel und des Betriebes. Je nach Einschätzung der Lage musste der Stempel ein bis zwei Finger kürzer gesägt werden als vorher gemessen, um die einsetzende Absenkung des Hangenden auszugleichen. Ich atmete die staubgeschwängerte Luft natürlich auch ein; mein Körper wehrte sich, er ließ mich schniefen, spucken und husten, um mich vor Schaden zu bewahren. Immer fragte ich mich, ob das gelingen konnte oder ob der Staub auch meine Lunge zerfressen würde.

Glückauf, ist nicht nur ein Gruß
sondern auch ein Gebet!

Der Beruf des Bergmanns war nicht nur anstrengend, sondern eben auch sehr gefährlich. Umso mehr lernte ich die Arbeit der Gewerkschaft schätzen, die für bessere und sicherere Umstände sorgte. Auch außerbetrieblich nahm die Gewerkschaft großen Einfluss, so auch auf Wirtschaft und Politik. Ohne die Tätigkeit und den Einfluss der Gewerkschaft wäre der rasche Aufbau nach dem Kriege überhaupt nicht möglich gewesen. Auch heute noch ist die Gewerkschaft für mich ein Garant für bestmögliche Arbeitsplätze und für den sozialen Frieden.

Der Bergbau von damals hat sich so in meinem Verstand eingenistet, dass ich heute, nach 60 Jahren, noch oft daran denken muss. Er hat meinen Leistungswillen, der zu einem beruflichen Aufstieg notwendig ist, Flügel verliehen und in mir den Wunsch wachsen lassen, an einem sicheren und menschlicheren Bergbau mitzuarbeiten. Was mein persönlicher Anteil daran wirklich war, will ich nicht beurteilen. Tatsächlich ist aber über die Zeit gesehen, in der ich im Bergbau tätig war, und das war immerhin mein ganzes Berufsleben von insgesamt 44 Jahren, der Bergbau technisch vom Mittelalter ins Atomzeitalter geführt worden.

Bei einem Urlaubsaufenthalt im Jahre 2008 an der Nordsee in gelöster, entspannter Atmosphäre und innerlich und äußerlich zufrieden, wandern die Gedanken an meine Anfangszeit im Bergbau zurück.

Wir fahren zum Gasthaus *Poggenstool* in Neuharlingersiel. Wir sind mit dem Fahrrad von Dornumersiel über Bensersiel seeseits über den Deich hierher gekommen. Die einfache Entfernung beträgt 18 Kilometer. Es ist eine wunderbare Strecke, vor allem wenn – wie heute – kein starker Gegenwind die Fahrt erschwert und wenn die ›Wanne‹ voll ist. Ich fahre ein Fahrrad mit elektrischer Unterstützung. So kann ich bei meiner, durch die Tätigkeit im Bergbau verursachten, angeschlagenen Gesundheit Überlastungen vermeiden und doch das Fahrgefühl, die Natur und das Meer und vor allem die gute Meeresluft genießen.

Dem Lokal, dem wir zustreben, geht ein guter Ruf voraus, es hat vier Michelin-Sterne und wir wollten einfach mal erkunden, was da geboten wird. Das Haus und sein Ambiente lassen nichts zu wünschen übrig; alles sauber und stimmig und einladend. Besonders gut gefällt uns auch die geschmackvoll gestaltete Speisekarte; sie zeigt uns aber ungeniert, dass die Preise unseren gewohnten Rahmen weit überschreitet. Wir kämpfen mit uns, der Geiz siegt, und wir fahren in ein nahe gelegenes Lokal. Hier gibt es ein reichhaltiges Angebot an preiswerten Speisen. Wir sehen aber, dass hier mit Fett nicht gespart wird und ich befürchte, dass so was mein Restdarm nicht vertragen kann. Etwas kleinlaut fahren wir zurück zum Gasthof *Poggenstool*, suchen uns ein schattiges Plätzchen im schönen Garten und erfreuen uns zunächst an den blühenden Blumen und Sträuchern. Uns gegenüber, ein künstlich angelegter kleiner Teich. In einer Ecke ist ein Frosch aus buntem Keramik platziert, der Wasser speit. Eine sprudelnde Wasserglocke rundet das Kunstwerk ab. In dem von Wasserpflanzen umrandeten und zum Teil auch bewachsenen Teich sieht man einige Goldfische, die ruhig ihre Bahnen ziehen. Auch jede Menge Kaulquappen – wohl mehr als tausend –, und aus jeder wird einmal ein Frosch, der im Plattdeutschen ›Pogge‹ genannt wird; daher auch der Name ›Poggenstool‹, was ›Froschstuhl‹ bedeutet. Mir fiel ein, dass ich einmal ein Gedicht in plattdeutscher Sprache gelernt habe; das *Pöggsken* von Augustin Wibbelt.

Dat Pöggsken sitt im Sunnenschien,
Oh, wat is dat Pöggsken fin.
Met de schööne, gröne Bücks,
Pöggsken denkt an nix.
Kümmt de witte Gausemann
mit de raude Stiewel an,
Mäckt a graut Geschnatter.
Hu, wie fix
Springt dat Pöggstken mit de Bücks,
Mit de schöne gröne Bücks,
mit de Bücks int Water.

Gelernt hatte ich das Gedicht vor circa 65 Jahren, ich konnte es immer noch auswendig, stellte ich überraschend fest und freute mich.

Wir haben Anfang Mai, das Wetter verwöhnt uns, es ist warm und die Sonne scheint aus einem wolkenlosen Himmel. Dann kommt das Essen, gedünsteter Schellfisch im Gemüsebett und Salzkartoffeln, eine Augen- und Gaumenweide, dazu ein Glas Rotwein. Zum Abschluss trinken wir noch einen Cappuccino.

Welch herrlicher Tag, wie schön kann die Welt, wie schön und unbeschwert kann das Leben sein! Dieser Eindruck wird noch nicht einmal von der Rechnung verdorben. Ich lasse mich zurücksinken und denke an vergangene Zeiten, an mein Leben in den Bullenklöstern. Ich denke an meine Ausbildung, an den Berufseinstieg als Kumpel in den Nachkriegswirren und in den Hungerjahren, und das an den verschiedensten Arbeitsplätzen in 1.000 Meter Tiefe.

Ich schließe die Augen, Maschinenlärm dringt in meine Ohren, ich spüre Staub, Hitze, Schweiß – ich höre Gebirgsschläge und Setzschläge – das macht Angst. Ich höre die fast nackt arbeitenden Kumpel husten, schniefen, schreien, hetzen. Ich sehe die Holzstempel unter der Last des Gebirges splittern und einknicken. Denke daran, wie oft sie diese Last nicht mehr tragen konnten und das nachbrechende Gebirge die Kumpel begrub. Ich höre Paul schreien: »Mutter nimm mich von der Zeche, damit es sich nicht ewig räche.«

Ich sehe mich im Geiste an ein Schalholz angelehnt, während einer Arbeitsunterbrechung – eine offizielle Pause gibt es nicht – und mir einen Dubbel in den ausgetrockneten und verstaubten Mund schieben, in der anderen Hand die ausgebeulte Alu-Kaffeepulle mit Muckefuck.

Die Ratten hatten heute keinen Tunnel durch das Brot gebissen, was sonst oft vorkam.

Ich schrecke auf und gehe zur Toilette des Gasthofes. Die Welt ändert sich schlagartig; ich musste nur die Augen öffnen. Im Waschraum ist alles picobello sauber, wohlriechende Seife und weiche Tücher stehen auf dem blitzblanken Waschtisch. Damals gab es für die Notdurft nur einen Kübel, eine einfache Tonne mit Deckel, der in großer Entfernung aufgestellt war, einfach so am Streckensaum ohne Sichtschutz und ohne Seife, Tücher und natürlich auch ohne Wasser. Ich sehe rundherum die Ratten flitzen und erinnere mich an den erbärmlichen Gestank der Scheißkübel, wie sie von den Bergleuten genannt wurden. Für diese Kübel, die meistens randvoll waren, gab es einen Abholdienst, den Kübelmajor. Dieser brachte nicht selten den Inhalt der Kübel als Dünger in die Gärten der Steiger. Ja, so war's damals, für mich auch ein unvergesslicher Lebensabschnitt. Was da aus meiner Seele fließt, ist ein Bild, ein Albtraum aus der Zeit der Nachkriegswirren und Hungerjahre. Der moderne Bergbau sieht schon seit vielen Jahren gesitteter und menschlicher aus. Ich durfte dabei mithelfen! Der Vergleich zwischen gestern und heute: kaum zu fassen – aber wahr!

Als Gewerkschaftsjugendleiter war ich einen Tag in der Woche von der Werkarbeit freigestellt und kümmerte mich um die Arbeitsplätze der Jugendlichen sowie um ihre Sorgen und Nöte. Die Betriebsräte, fast alle kommunistisch geprägt, hatten in dieser Zeit schon eine starke Stellung.

Eine Begebenheit sehe ich noch genau vor mir. Zum Schichtwechsel kam ein Betriebsrat in die Kaue, stieg auf die Bank, hielt sich mit der einen Hand an einer Kleiderkette fest, gestikulierte mit der anderen, die Hand zur Faust geballt und schrie in den Raum: »Kameraden, Genossen, die Werksleitung will, dass wir am Sonntag arbeiten und verlangt von mir eine schnelle Entscheidung.«

Die nackten schwarzen Körper rückten näher zu ihm, von allen Seiten Zurufe: »Gelobt sei Jesus Christus, der Sonntag ist uns heilig, er soll auch in Zukunft arbeitsfrei bleiben.«

Aus einer anderen Ecke schallte es: »Wie viel Prozent Aufschlag erhalten wir dafür? Wir wollen einen Abschlag bar in die Hand direkt nach der Ausfahrt.«

Und weitere Forderungen wurden laut: »Wir kommen nur, wenn uns zugesagt wird, dass die Mehrförderung am Sonntag ausschließlich in den Hausbrand geht.«

Die meisten klatschten natürlich einfach nur oder riefen »Bravo«. Überstunden waren gefragt. Im Krieg war viel vernichtet worden. Auch im privaten Bereich gab es einen hohen Nachholbedarf und für den Neuaufbau benötigte man viel Geld.

Das war innerbetriebliche Demokratie mit starkem Vorteil für die Arbeitnehmerschaft. Ich erinnere mich oft an den im Jahre 1947 lautstark in der Waschkaue vorgetragenen Satz eines Betriebsrates zum Werksdirektor: »Meine Herren, jetzt bestimmen Sie noch nach eigenem Gutdünken und Junkersart, aber schon bald werden wir Ihnen sagen, wo es lang geht.« Aber auch solche Sätze hörte man: »Wenn ihr so weiter macht, dann hängen wir euch demnächst am Fensterkreuz auf.« Aber es kam anders!

DER WESTEN HATTE DIE BESSEREN ARGUMENTE. DAS BESTE ARGUMENT WAR DIE KONSUMGESELLSCHAFT.

Sehr viel später, Anfang der 70er Jahre, wohl ermutigt durch die 68er, standen die Kommunisten wieder vor den Zechentoren und verteilten ihre Zeitung, den *Roten Funken*. Gelegentlich wurde auch ich darin aufs Korn genommen. Einmal stand dort ganz groß als Überschrift: »Der sanfte Abel und die Ratten von *Mathias Stinnes*.«

Sollte bedeuten, Abel ist nur der Vorläufer. Wenn *Mathias Stinnes* endgültig stillgelegt wird, kommen die anderen Ratten nach, gemeint waren in erster Linie die Steiger, Oberbeamten und der Bergwerksdirektor der Zeche. Zu der Zeit waren die Kommunisten aber schon absolute Außenseiter. Sie hatten nur noch wenige Getreue.

Einer meiner Kameraden aus dem Berglehrlingsheim verunglückte damals unter Tage. Er wurde unter einer großen Beteiligung seiner Familie, Kameraden und Kumpel auf dem Heißener Friedhof beigesetzt. In Bergmannsuniform und mit brennender Grubenlampe hielten fünf Heimbewohner und ich für einige Stunden am Sarg in der Friedhofskapelle und später am Grab die Totenwache. Es waren für uns ganz bewegende Augenblicke.

Politisch war es eine unruhige Zeit. Mit einer großen
Abordnung meiner Jugendgruppe fuhr ich mit einem
von der Gewerkschaft georderten Sonderzug von Mülheim nach Bochum zum ersten Gewerkschaftsjugendtag
der Industriegewerkschaft Bergbau. Alle Veranstaltungen
dieser Art wurden zu dieser Zeit systematisch von Kommunisten durchsetzt und gestört. Politische Aktivisten
kamen mit Bussen aus der DDR, um gezielt zu stören.
Als wir aus dem Zug ausstiegen entrollten schon die
Kommunisten aus den eigenen Reihen die ersten Transparente:

»Wir fordern mehr Lohn statt Divisionen, mehr Butter statt Kanonen.«

Gewerkschaftsfunktionäre sprangen in guter Absicht auf
die Bänke und schrien: »Kameraden, wollt ihr, dass wir
diese Transparente tragen?«

Anders als erwartet kam aus tausend Kehlen die Antwort: »Ja, wir wollen.« Es herrschte Kampfstimmung!

Das erinnerte mich etwas an die Frage des ehemaligen
Reichspropagandaführers Josef Göbbels, der ja mal gefragt hatte: »Wollt ihr den totalen Krieg?«, und die
Antwort bekam: »Ja, wir wollen.« Diese Zustimmung ist
aus heutiger Sicht völlig unverständlich.

In Bochum vor dem Bahnhof standen – für die Jugendlichen natürlich sehr provokant – unzählige Polizei-
wagen. Dann formierte sich der Demonstrationszug vor
dem Bahnhof. Die Teilnehmer entrollten Transparente.
Polizisten ritten durch die Menschenmassen und rissen
den Demonstranten die nicht genehmigten Transparente
aus den Händen. Dieses Vorgehen provozierte Gegenwehr, man schlug auf die Polizisten ein und holte auch
einige von ihrem Pferd. Ein Hauch von Revolution lag in
der Luft. Am Demonstrationsplatz angekommen, waren
die Kommunisten aus der DDR schon da. Gut organisiert
bildeten sie zahlreiche Diskussionszirkel und diskutierten
scharf und lautstark und populistisch politische Themen
mit den umstehenden Personen. Die Reden des Bundes-
präsidenten Theodor Heuss und des Vorsitzenden der
IGB gingen in den Tumulten unter, und nicht nur das;
die Redner wurden sogar mit Eiern beworfen. Auf einem

Flachdach standen Leute, die sich mit der Bundesfahne die Schuhe abputzten. Dann die Gegenwehr der Polizei. Überfallkommandos stürmten den Platz und schoben alle, die gerade im Weg standen in die blaue Minna. Aus meiner Jugendgruppe wurden 20 Personen, die überhaupt nicht an den Tumulten beteiligt waren, verhaftet und einen Tag später wieder freigelassen. Zu dieser Zeit hatte das Volk auf der Straße über die endgültige politische Ausrichtung des Landes noch nicht entschieden. Nach meiner Ansicht hätte das Pendel auch zur anderen Seite ausschlagen können.

Aber im Laufe der Zeit und im Gleichschritt mit der Verbesserung der Lebensverhältnisse wurden aus den Kommunisten nach und nach Sozialdemokraten.

Als Gewerkschaftsjugendleiter hatte ich auch Kontakt zu vielen anderen Jugendorganisationen. Es gab Zusammenkünfte, Besprechungen und Seminare, womit meine Freizeit voll verplant war. In dieser Zeit bekam ich auch eine Einladung zu einer Gewerkschaftsschule, ein dreiwöchiges Seminar über Betriebs- und Volkswirtschaft in Amtshausen bei Steinhagen.

Irgendwie war ich wegen der Gruppe, die hinter mir stand, eine gefragte Person. Es gab Situationen, durch die mein ganzes Leben beeinflusst wurde. Situationen, die durchaus auch zu einem anderen Leben hätten führen können, wie es z.B. bei zwei meiner Freunde, Hans und Fritz, geschehen ist, die ursprünglich gleiche Berufsziele hatten wie ich. Woher, das weiß ich nicht mehr genau, aber irgendwann erhielten meine Freunde und ich eine Einladung zu den Weltjugendfestspielen in Leipzig. Die Einladung beinhaltete freie Unterkunft und Verpflegung sowie freie An- und Abreise. Obendrauf gab es noch ein kleines Taschengeld. Das sah für uns nach Urlaub und Erholung aus. Die Großzügigkeit hat uns erst mal nicht gewundert, also meldeten wir uns an. Ich hatte kurz vorher einen Betriebsunfall und musste mich wieder abmelden. Schicksal! Meine Freunde fuhren und kamen nach einigen Tagen als glühende Kommunisten zurück, die mit ihrer Meinung auch nicht hinter den Berg hielten. Sie waren außerdem ›Drüben‹ reichlich mit Geld ausgestattet worden. Inzwischen hatten sich im Westen die politischen Verhältnisse stabilisiert und unverbesserliche Kommunisten wurden auch in den Betrieben nicht mehr geduldet. Beide wurden nach kurzer Zeit wegen Agitationsarbeit entlassen.

Mein Freund Hans, zunächst wegen der Entlassung arbeitslos, ist in die Fremdenlegion gegangen. Er hat dort als Fremdenlegionär gekämpft, ist in Dien Bien Phu gefangen genommen, an die DDR ausgeliefert worden und ist von dort wieder in den Westen geflüchtet. Inzwischen war ja schon viel Wasser den Rhein heruntergelaufen und es wurden Bergleute gesucht. Auf der Zeche *Hagenbeck* fand er wieder eine Arbeitsstelle. Er kam, ohne dass ich davon wusste, in mein Revier, ich führte hier die Morgenschicht. Auf seiner ersten Schicht, einer Nachtschicht, ist er tödlich verunglückt. Als ich in den Betrieb kam, lag er verschüttet unter Steinen begraben, aber er lebte noch und schrie fürchterlich. Es war zum Herzerweichen. Nach einer Spritze durch den Werksarzt wurde es dann ruhig. Einige Zeit später wurde Hans tot geborgen. Ein erschreckendes Einzelschicksal.

Von meinem Freund Charly habe ich später gehört, er sei Holzfäller im Bayerischen Wald geworden. Das war aber nicht so.

Charly und ich nach der Grubenfahrt.

Schon 1951 hatte ich den Kontakt zu ihm verloren. Nach einigen Jahren hatte ich dann alles in die Wege gesetzt, ihn ausfindig zu machen, was aber zunächst ergebnislos blieb. Erst im Jahre 2012 fand ich ihn. Es war schon eine dolle Überraschung für ihn und eine riesige Freude für uns beide. Einige Zeit danach habe ich ihn in seinem Heimatort besucht. Das war ein herzliches Wiedersehen nach 61 Jahren.

Charly und ich in den Ruhrauen.

Es gab natürlich viel zu erzählen. Charly war noch 1951 nach Australien ausgewandert und hat dort im Goldbergbau und im Tunnelbau sein Geld verdient und im Busch und Dschungel viele Abenteuer erlebt. Nach acht Jahren ist er wieder in die Heimat zurück und hat hier eine Familie gegründet und dann in der Industrie gearbeitet. Wir schwärmten von alten Zeiten, als wir im besten Anzug in den Ruhrauen wandelten, die Jacke lässig über die Schultern gehängt, mit 70er Schlag in der Hose und blank geputzten Schuhen. Wir selbst fühlten uns als Mittelpunkt der Erde, und fast platzten uns vor Energie der Kragen und die Hose. Wenn ich mit Charly unterwegs war, fühlte ich mich besonders sicher, denn Charly war Boxer. Aber auch Spaß konnte man mit ihm haben. Einmal saßen wir in einem guten und voll besetzten Kaffee und protzten gegenseitig mit unseren Erlebnissen. Das war so dick aufgetragen, dass wir einen Lachanfall bekamen. Wir konnten einfach nicht mehr aufhören und erregten so einiges Aufsehen. Dem Inhaber gefiel das nicht und wir wurden von ihm hinauskomplimentiert. Inzwischen lachte aber das halbe Lokal mit uns. Lachen steckt eben an!

Anfang 1952, ich war jetzt 19 Jahre alt, war eine Entscheidung zu treffen. Eine Entscheidung, die nicht leicht war und mein ganzes zukünftiges Leben bestimmen sollte. Von der Gewerkschaft aus wurde bei mir nachgefragt, ob ich für eine Position bei ihnen zur Verfügung stünde. Ich ging noch zum Abendgymnasium nach Duisburg und hatte das Mindestalter von 19 Jahren für eine Bewerbung bei der Bergvorschule erreicht. Was tun, was anstreben?, das war die Frage. Eine Gewerkschaftskarriere, ein Hochschulstudium oder ein Bergschulstudium? Herz und Verstand zeigten in verschiedene Richtungen. Sicher war, ich musste von meinem derzeitigen Status ausgehen. Ich konnte bisher und auch in Zukunft nicht damit rechnen, dass jemand für mich eine längere Zeit kostenloses Wohnen, Schlafen und Essen und darüber hinaus auch die sonst noch anfallenden Unkosten übernehmen würde.

Die Entscheidung war gar nicht leicht. Ich brauchte fachmännischen Rat. Meinen Vater hielt ich in der Angelegenheit für nicht sehr kompetent und hatte darüber hinaus auch Probleme, ihn diesbezüglich anzusprechen. Ich fasste mir also ein Herz und sprach mit meinem Taufpaten Onkel Leo, dem Bruder meiner Mutter, über das Problem. Am Ende erteilte dieser mir zwar keinen Rat zu der einen oder der anderen Seite, erweiterte aber meine Sichtweite, sodass mir nun die endgültige Entscheidung für den Steigerberuf leichter fiel.

Einige Tage später schickte ich meine Bewerbung für den Besuch der Bergvorschule los. Das Bergschulstudium war kostenlos und man verdiente durch den Wechsel zwischen Theorie und Praxis genügend Geld für den Lebensunterhalt. Bei meiner Entscheidung spielte auch das Leben meines Großvaters eine Rolle, der in Österreich auf der Bergschule Leoben Bergtechnik studiert hatte und später auf mehreren Zechen im Ruhrgebiet Reviersteiger war. Mutters Vater war nie im Leben arbeitslos, hat in einer angesehenen Position immer gutes Geld verdient und bekam damals eine sehr gute Rente.

Gottesdienstbesuche, die ich vom Dorf aus gewohnt war, habe ich auch in Mülheim Heißen beigehalten. Sonntagmorgens ging ich zum Hochamt in die Heißener Kirche. Von der Belegschaft des Bullenklosters war ich, so habe ich das in meiner Erinnerung, einer der ganz wenigen Kirchgänger. Inzwischen war ich auch Mitglied in der ›Katholischen Arbeiterbewegung‹ und in der ›Katholischen Jugend‹ und war eine ganz kurze Zeit sogar Pfarrjugendführer. Hier wurde ich auch mit der katholischen Soziallehre konfrontiert. Die Sozialenzykliken *Rerum Novarum*, eine Enzyklika Leos des XIII., und *Quadragesima anno*, eine Enzyklika Pius des XI., waren viele Jahre meine ständigen Begleiter. Ich war begeistert und sah darin eine gute Alternative zum Kommunismus. Ich habe es sehr bedauert, dass das Gedankengut nicht nachhaltig verbreitet wurde. Einwände gegen die Enzykliken habe ich nur wegen deren Herkunft gehört, sachliche Argumente dagegen habe ich nie vernommen. Was dort geschrieben und verkündet wurde, hört sich wie moderne Forderungen der Arbeitnehmer an. Der Papst schrieb unter anderem vor, die Arbeiter als Brüder anzusehen und über ihre geistigen und leiblichen Interessen zu wachen. Der Arbeitgeber sollte nicht Tyrann sein, sondern als ein liebevoller Fürsorger auftreten.

Papst Leo der XIII. mahnte schon 1884 in seiner *Enzyklika Humanum genus*:

Diejenigen, die vom Lohne ihrer Handarbeit ihr armes Leben fristen und vor allem anderen der Lie-

be und des Trostes würdig sind, mit möglichst gro-
ßem Wohlwollen zu unterstützen. Er bezeichnet es
als gottgewollte Ordnung, dass der Arbeiter durch-
gängig in gesunden Tagen so viel verdienen soll,
dass er sich einen Zehrpfennig für das Alter und
Tage der Not zurücklegen kann. Nur in Ausnahme-
fällen sollte die werktätige Nächstenliebe eintreten.

Na bitte!

Später war ich ein Anhänger von Pater Leppich, ein Jesu-
itenpater, der in den 50er und 60er Jahren als Straßen-
prediger in Westdeutschland religiös geprägte Großveranstaltungen abhielt und damit regen Zulauf hatte. Man
nannte ihn auch den ›roten Pater‹, den ›schwarzen Göbbels‹ oder auch das ›Maschinengewehr Gottes‹. Er
sprach lautstark sowie völlig unkonventionell. Sein Auftreten und seine Thesen wurden allerdings nicht von
allen positiv bewertet. Ich jedenfalls war von allem begeistert und habe fast alle seine Großveranstaltungen im
Revier besucht.

Hatten in den schlechten Kriegs- und Nachkriegsjahren die Leute verstärkt über Gebete Zuflucht zu Gott
gesucht, wurde man jetzt eher kritischer und stellte die
Frage, warum er, Gott, das alles zugelassen hat. Es wurde argumentiert, entweder ist Gott allmächtig, dann
kann er nicht barmherzig sein oder er ist barmherzig,
dann kann er nicht allmächtig sein.

Bei einer Feier der ›Katholischen Arbeiterbewegung‹ erzählte ich dem Pastor, der auch Präsens der KAB war,
dass ich eine neue Koststelle suchte. Der Pastor nahm
seine Glocke, bimmelte und bat um Ruhe. Dann erklärte
er meinen Fall und fragte, ob nicht jemand der Teilnehmer eine Koststelle für den lieben Leo Abel hätte. Es
meldeten sich mehrere Personen, unter anderem auch
Anton Wehmann. Wir wurden schnell handelseinig und
schon einige Tage später zog ich als Kostgänger bei der
Familie Wehmann in Mülheim Heißen ein. Der Umzug
war nicht sehr aufwendig, passte doch meine ganze Habe – wie schon bei allen vorangegangenen Umzügen –
in einen kleinen Pappkarton. Für Kost und Logis zahlte
ich zu der Zeit 90,– DM pro Monat.

Anton Wehmann war ein sehr weitsichtiger Mann, eigentlich hatte er in seinem Hause keinen Platz für einen
Kostgänger, dafür hatte er aber zwei nette Töchter. Und
wie das Schicksal so spielt, wurde eine davon, die Elisabeth, dann im Jahre 1954 meine Frau und Mutter meiner sechs Kinder.

Bei Wehmanns lebte ich nun endlich in geordneten Verhältnissen. Wir schrieben das Jahr 1952. Ich hatte endlich die Zulassung für die Bergvorschule in Oberhausen Sterkrade erhalten.

In diesem Jahr trat auch das Betriebsverfassungsgesetz in Kraft. Es sah die Mitwirkung und Mitbestimmung der Arbeitnehmer in privatwirtschaftlichen Betrieben in sozialen, personellen und wirtschaftlichen Angelegenheiten vor. Für alle Arbeitnehmer ein sehr wesentlicher Schritt. Infolge des Gesetzes bekam nun jede Bergwerksgesellschaft einen Arbeitsdirektor und später einen eigenen Direktor für Personal und Soziales, kurz PS-Direktor genannt. Das Betriebsverfassungsgesetz wurde von mir sehr begrüßt. Der Arbeitsdirektor war jetzt ordentliches Vorstandsmitglied mit allen Rechten und Pflichten, was man auch im Betrieb schnell positiv bemerken konnte.

Ja, und ich war jetzt in der Heldenschmiede des Bergbaus. Um das, was dies gefühlsmäßig bedeutete, anschaulich zu beschreiben, fällt mir folgender spöttischer Vergleich ein: Hier werden die, aus einem bunt zusammen gewürfelten Haufen ausgesiebten, besten Rohdiamanten von Hand verlesen und die Ausgewählten so lange geschliffen, bis sie in jeder Beziehung den Anforderungen entsprechen. Trotzdem gibt es noch bei der Präsentation des fertigen Produktes bezüglich der Ausstrahlung, Lupenreinheit und des Feinschliffs ganz erhebliche Unterschiede. Die Hochkarätigen von ihnen haben dann ihren

Preis. Na, das ist vielleicht etwas übertrieben ausgedrückt, aber irgendwie haben wir das so gefühlt.

Der Schulort lag circa 30 Kilometer vom Wohnort entfernt und war schlecht mit öffentlichen Verkehrsmitteln zu erreichen. Deshalb kaufte ich mir auf Ratenzahlung ein Motorrad, eine 125er DKW und konnte so den Schulweg in circa 40 Minuten zurücklegen. Wie schon an anderer Stelle erwähnt, war der zweijährige Besuch der Bergvorschule voll nebenberuflich, da war eine Zeitersparnis für den Schulweg nach der Achtstundenschicht unter Tage schon sehr vorteilhaft. Nach der Aufnahme in die Bergvorschule habe ich mich von allen anderen Aufgaben zurückgezogen und mich voll auf mein berufliches Ziel konzentriert.

In der Bergvorschule unterrichteten Studienräte sowohl in den klassischen Lernfächern als auch in Gesellschaftslehre, Politik und Kultur. Hier ging es also zunächst kaum um den Bergbau, sondern um Anhebung des Allgemeinwissens und um das Auftreten im Beruf und in der Öffentlichkeit. Wir lernten die Werke von Hemingway, Norman Mailer und anderen modernen Schriftstellern kennen und besuchten auch Opern und Schauspiele.

Auf Kleidung und Umgangsformen in der Schule und auch im privaten Bereich wurde besonders Wert gelegt. In jedem Semester gab es ein Klassenfest in gehobener Umgebung mit Damen. Die Herren erschienen in der Bergmannskluft, die Damen in großer Abendrobe. Insgesamt hatte die Ausbildung in der Bergvorschule einen elitären Charakter.

Auch im Hinblick auf die Berufsarbeit bedeutete der Übergang zur Bergvorschule eine Änderung. Der berufliche Einsatz war jetzt vorgeschrieben. Nach einem Plan, in dem genau vorgeschrieben war, wie lange und in welchen Betriebsbereichen gearbeitet und Erfahrungen gesammelt werden mussten, wurde jetzt der jeweilige Einsatz gesteuert. Darüber war ein Berichtsbuch zu führen, das einmal im Monat vom Betrieb und der Schule abgezeichnet werden musste.

Der praktische Teil meiner Ausbildung führte mich jetzt auch an Arbeitsplätze, die ich vorher nur vom Hörensagen kannte. Hauptsächlich war ich im Förderschacht tätig, die Hauptschlagader des Bergwerks, ein kreisrundes dunkles Loch mit einem Durchmesser von 10 Metern, das 800 Meter senkrecht in die Tiefe führt. Ich gehörte jetzt also zu den Schachthauern.

Einen Tag im Schacht werde ich, solange ich lebe, nicht vergessen: Der letzte Kohlenwagen war an diesem Tag gehoben, jetzt gehörte der Schacht uns, den Schachthauern. Mit geringer Geschwindigkeit starteten wir, oben auf dem Korbdeckel stehend, zur Revisionsfahrt. Aus Sicherheitsgründen haben wir unseren Standort mit einem Blechdach und einem Geländer geschützt. Langsam glitt der Korb in die Tiefe. Mit unseren Lampen leuchteten wir die Umgebung aus und suchten nach Gefahrenpunkten. An einem alten Füllort hielten wir an und stiegen vom Korb. Hier wurden in früheren Jahren die Kohlen gefördert, jetzt lagerten die Schachthauer dort ihr Material. Hinter dem Füllort lagen noch einige gut erhaltene große Räume, die ehemaligen Pferdeställe.

Etwa ab Mitte des 19. Jahrhunderts wurden für die Streckenförderung im Bergbau Pferde eingesetzt. In der Spitze sollen 7000-8000 Pferde im Untertagedienst eingesetzt worden sein. Der letzte Grubengaul ging nach zwölfjähriger Dienstzeit erst im Jahre 1966 in Rente. Über die Zeit, in der die Kohlenwagen unter Tage von Pferden gezogen wurden und über die Grubenpferde selbst gibt es viele Geschichten und Legenden.

Wir sollten eine verschlissene Spurlatte auswechseln. Also luden wir das erforderliche Werkzeug und Material auf den Förderkorb, fuhren langsam zur Einsatzstelle etwa auf halbe Schachthöhe und gingen ans Werk. Die Arbeit war noch nicht annähernd fertig, da erreichte uns ein Notruf. Der Korb wurde sofort für einen Verletztentransport benötigt. Eile war geboten, es musste improvisiert werden. Die Schachthauer bestiegen wieder den Korb und fuhren zur untersten Sohle, mich ließen sie zur Sicherung der Arbeitsstelle zurück. Da saß ich nun mutterseelenallein und rittlings auf einem Schachtholz mitten im Schacht und hielt mit einem Seil die noch losen Spurlatten in der Führung. Heiland! Nach oben wie nach unten waren es jeweils ungefähr 400 Meter. Es war dunkel, stockdunkel, der Schein meiner Lampe erhellte nur meine nahe Umgebung. Der in die Grube strömende, orkanartige kalte Luftstrom rauschte an mir vorbei und ließ mich vor Kälte, vor Angst und vor Wut über die Situation zittern. Mir durfte jetzt nicht schwindelig werden, und ich sollte möglichst nicht einschlafen, was schwierig war; ich war ja auf der Nachtschicht. Ich hörte nicht identifizierbare Geräusche, sie kamen aus allen

Richtungen; schon ein kleines Steinchen aus 400 Meter Höhe würde mich unweigerlich abstürzen lassen. Ich hatte Angst. Die Gewissheit aber, hier eine Aufgabe erfüllen zu müssen, ließ mich die schreckliche Zeit voller Bangen und Warten ertragen. Diese Nacht habe ich nie und werde ich nie vergessen.

Als weitere Tätigkeit im Rahmen meiner Ausbildung stand das Abteufen von Schächten auf dem Programm. Eine sehr interessante Arbeit, die große Fachkunde und besondere Fachkräfte verlangt und üblicherweise nicht von den Bergwerken selbst, sondern von Bergbau-Spezialfirmen ausgeführt wird, die über das spezielle Werkzeug und Fachkräfte verfügten. Da musste bebohrt, geschossen, geladen, belüftet, gemessen und gemauert werden. Hier gab es keinen Förderkorb. Menschen, Material und Haufwerk wurden in einem mehrere Kubikmeter fassenden und an einem Seil hängenden Stahlkübel im Schacht transportiert. Nach einer Einarbeitungszeit war ich wirklich stolz, Mitglied einer Teuf-Mannschaft zu sein. Es war schon eine robuste, international zusammengesetzte, harte, tatkräftige und leistungsbereite Mannschaft.

Arbeiten im Schacht.

Obwohl an anderen Stellen des Bergwerks Ähnliches zu beobachten war, fiel es mir hier besonders auf: Primen und Schnupfen gehörten immer dazu. Da unter Tage ein Rauchverbot besteht, nahm man Kautabak, um seinen Nikotinbedarf zu decken. Dieser wurde portionsweise von einer Stange abgebissen, mehrere Minuten im Mund umgewälzt und gekaut. Nach Abklingen der Wirkung spuckte man die braune Brühe mit spitzem Mund oder durch eine Zahnlücke irgendwo hin.

Bei Familie Wehmann teilte ich mir mit deren Sohn Karl ein kleines Zimmer. Die Wehmanns wohnten im Finkenkamp in der Heimaterde in Mülheim Heißen in einer landschaftlich tollen Umgebung. Es war ein kruppsches Siedlungshaus mit einem 1.200 Quadratmeter großen Garten. Es gab auch Ställe für Schwein, Ziege und Hühner. Wehmanns waren also Selbstversorger. Einmal im Jahr wurde auch ein Schwein geschlachtet, das gab ein üppiges Schlachtfest.

Es gab eine nette und stets hilfsbereite nachbarschaftliche Gemeinde. Einmal im Jahr fand in der Heimaterde ein Fest, das Kinderfest, statt, zu dem alle Straßen, Häuser und Gärten toll geschmückt wurden. Mittelpunkt des Festes waren der Sportplatz und der *Krug zur Heimaterde*, in dem auch an jedem Wochenende getanzt werden konnte. Eine Idylle und ein Hort der Lebensfreude. Ähnlich sah es auch in den sogenannten Bergarbeiterkolonien im Revier aus. Leider wurde viel davon später aus wirtschaftlichen Gründen zerstört. Solche lebenswerten Wohn- und Lebensbereiche wurden Anfang des Jahrhunderts von sozial eingestellten und verantwortungsvollen Unternehmern im Ruhrgebiet für ihre Belegschaftsmitglieder an vielen Stellen geschaffen. Damals war das auch ein Angebot an die jungen Leute aus ganz Europa, ins Ruhrgebiet zu kommen. Mitarbeiterwerbung! Das Ruhrgebiet war damals das Eldorado Europas und Kap der Guten Hoffnung. Dort war der Ausländeranteil höher als heute. Es gab wohl auch örtlichen Ärger, aber letztendlich waren alle in der gemeinsamen Religion vereint und das verband. Heute gibt es dort, wo einst die schmucken Siedlungshäuser standen – mit ganz wenigen Ausnahmen – nur noch eng zusammenstehende mehrgeschossige Häuser.

Wegen seiner christlich sozialen Grundeinstellung und aufgrund seines Engagements war Anton Wehmann beliebt und bekannt und zeitweise sogar Mitglied des Betriebsrates seiner Arbeitsstelle. In seiner Freizeit war er leidenschaftlicher Hobbygärtner und Skatspieler. Anton diente von 1909 bis 1912 bei der 5. Eskadron des 1. Leibhusaren-Regiments Nr.1 in Danzig Langfuhr, und wurde anschließend als Husar der Reserve beurlaubt. Infolge der Mobilmachung zum Ersten Weltkrieg wurde er am 17.01.1916 zu den Waffen gerufen. Anton hat im Ersten Weltkrieg an zahlreichen Schlachten u.a. bei Verdun, Reimes und Arras teilgenommen. 1917 wurde er zum Gefreiten, am 16.04.1918 wegen Tapferkeit vor dem Feind zum Unteroffizier und am 29.07.1918 zum Sergeanten befördert. Am 05.10.1917 erhielt er als besondere Auszeichnung das EK II. Seine ehrenhafte Entlassung aus dem Kriegsdienst erfolgte am 06.01.1919 in Eidelstedt.

Danach kehrte er nur für eine kurze Zeit in seine ermländische Heimat zurück. Während einige 100 Jahre vorher alles ›gen Osten ritt‹, zog es viele Menschen und auch Anton nun in den Westen. Hier gab es Arbeit und Brot. Die ›Ostpreußen‹ standen als Arbeitskräfte in hohem Ansehen und waren entsprechend gefragt. Handwerkliches Können, Fleiß und vor allem Zuverlässigkeit gelten auch heute noch als Tugenden der ›alten Ostpreußen‹. Anton lebte seit dem 31.12.1932 mit seiner Familie in Mülheim Ruhr Heißen. Er war praktizierender katholischer Christ und aktives Mitglied der ›Katholischen Arbeiter-Bewegung‹.

Bei Anton und seiner Familie wohnen zu können, war für mich ein großes Glück. Ich mochte alle und wurde von ihnen gemocht.

Elisabeth und ich waren uns jetzt nah und wurden bald ein Paar. 1953 gab es eine große Verlobungsfeier in der Wohnung meiner Eltern in Oberhauen Sterkrade.

Zwei Jahre nach meinem Einzug bei Wehmanns heirateten wir. Die standesamtliche Hochzeit fand am 14.08.1954 im Standesamt Mülheim Ruhr statt; die kirchliche einen Tag später in der Pfarrkirche in Mülheim Heißen.

Wir wohnten nach unserer Trauung weiterhin bei den Schwiegereltern, denn noch war ich in der Bergvorschule, die ich erst im Herbst 1954 erfolgreich abschließen konnte. Aber ich hatte mich nach der Eheschließung sofort bei der Zechenleitung um eine Werkswohnung beworben. In dieser Zeit gab es für Wohnungen noch lange Bewerberlisten. Da inzwischen ein Kind unterwegs war, was bei der Wohnungssuche berücksichtigt wurde, mussten wir nicht allzu lange warten.

1955 bestand ich dann auch die Aufnahmeprüfung zur Bergschule und wurde noch im Frühjahr in die Klasse HA55/57 der Bergschule zu Duisburg Hamborn, einer Zweigstelle der Bochumer Bergschule, aufgenommen. Ich war stolz und glücklich. Jetzt kam es darauf an, die vorgeschriebenen fünf Semester erfolgreich hinter mich zu bringen und anschließend angestellt zu werden.

Mitte 1955 erhielten wir in der Körnerstraße in Essen West eine Zweizimmer-Neubauwohnung und waren darüber sehr glücklich. Das Umzugsgut war nicht sehr groß; ein Schreibtisch, den ich inzwischen erworben hatte, und einige Koffer mit Kleidung und kleineren Haushaltsgegenständen. Unser bis dahin gemeinsam Erspartes reichte für Gardinen und Lampen und für die Einrichtung des Schlafzimmers. Alles Übrige wurde angeschafft, nachdem das dafür erforderliche Geld angespart war. Finanzielle Unterstützung gab es weder aus dem Hause Wehmann noch aus dem Hause Abel. Bei vielen unserer Freunde sah das anders aus; da wurde was geerbt oder sie wurden von gut situierten Verwandten unterstützt und hatten dadurch einen besseren Start ins Familienleben als wir. Uns hat das aber nie demoralisiert, sondern beflügelt und wir waren stolz und glücklich über jeden noch so kleinen Fortschritt. Unser gemeinsamer Wunsch war einfach nur, viele Kinder zu haben.

Am 11.09.1955 kam unser erstgeborener Sohn Hans Ulrich zur Welt. Von dem Tag an hieß ich bei den Dozenten nur noch ›Abel, der junge Vater‹. Die Geburt des ersten Kindes ist natürlich etwas sehr Aufregendes. Einige Tage vorher war in der Nacht unverhofft die Fruchtblase geplatzt, das Bett war total nass. Wir wussten zunächst nicht, was wir tun sollten, wir waren beide sehr aufgeregt. Schließlich habe ich mich auf mein Motorrad gesetzt, die Schwiegermutter geholt und einen Arzt verständigt, der dann eine Einweisung ins Krankenhaus veranlasste. Im Krankenhaus angekommen, sagte die Hebamme: »Ach, das kann noch einige Tage dauern, gehen Sie mal beruhigt nach Hause.« Was ich dann auch tat, nahm aber den Umweg über eine Gaststätte. Als ich am nächsten Morgen zu Hause mit brummendem Kopf erwachte und mich später dann nach dem Befinden meiner Frau erkundigte, war Hans Ulrich schon einige Stunden auf dieser Welt.

Bis zu der gesetzlichen Zeit vor der Niederkunft arbeitete meine Frau Elisabeth als Näherin in einer Wäschefabrik in Mülheim Ruhr. Das war eine Firma, die ihre Mitarbeiterinnen sehr ausnutzte. Ich habe mehrfach die Funktionäre des DGBs erfolglos gebeten, sich um die Praktiken dieser Firma zu kümmern. Doch vergeblich.

Nach der Geburt von Hans Ulrich widmete sich Elisabeth ganz der Familie, was zu unserer Zeit völlig normal war. Ich habe die Leistung, die sie von da an jeden Tag für unsere Familie vollbracht hat, immer geschätzt. Leider werden aber diese Frauen heute oft unberechtigterweise diffamiert und als Heimchen am Herd oder als 3-K-Frauen – Küche, Kirche, Kinder – bezeichnet. Ich kenne nicht die genaue Prozentzahl, schätze aber, dass es im Durchschnitt mindestens 80% waren, die die Arbeitsteilung zwischen Mann und Frau bevorzugten. Man sagte: »Die Frau ist Wirtschaftsminister und der Mann Arbeitsminister.« In meinem Umkreis, bei Verwandten, Bekannten, Freunden und Kollegen, waren es sogar annähernd 100%. Die Haushaltsführung war zu der Zeit natürlich auch erheblich aufwendiger als heute. Statt der Waschmaschine gab es nur ein Waschbrett. Brennmaterial wie Holz und Kohle war zu bestellen, musste eingelagert und zur Verwendung für Küche und Wohnzimmer aus dem Keller geholt und die Asche danach wieder entsorgt werden. Die Öfen waren zu versorgen und zu scheuern. Auch Supermärkte gab es noch nicht. Lebensmittel und Haushaltswaren gab es in mehreren Geschäften, die weit auseinander lagen und zu Fuß aufzusuchen waren, denn über Autos verfügte man damals in normalen Familien noch nicht. Da war also der Einkauf beim Bäcker, dem Metzger, dem Kolonialwarenhändler und auf dem Markt zu tätigen und das nur in kleinen Mengen, da es zu dieser Zeit kaum Kühlschränke und Kühltruhen gab. Im Prinzip war jede zu erledigende Arbeit wesentlich aufwendiger und kraftraubender. Die Leistungen der Frauen können daher gar nicht hoch genug geschätzt werden. Das Nachgehen einer anderen Tätigkeit war zudem allein aus zeitlichen Gründen kaum noch möglich.

Heute sieht das natürlich alles etwas anders aus, auch wenn es nach wie vor Paare gibt, die diese Arbeitsteilung weiter aufrechterhalten. Es muss ja auch nicht unbedingt die Frau sein, die den Part im Haushalt übernimmt. Doch scheint es mir von Vorteil, wenn einer von beiden sich um die finanzielle Sicherstellung kümmert – die entsprechenden Bedingungen dafür vorausgesetzt – und der andere durch seine Tätigkeit für Kindererziehung, Haushalt etc. dem Karrieremachenden den Rücken freihält. Nur muss dann ganz klar sein, dass das so erzielte Einkommen ein echtes Familieneinkommen ist und dass der nicht erwerbstätige Partner nicht nur mit Taschengeld abgespeist wird, was leider immer wieder passiert.

Die Ausbildungsbedingungen in der Bergschule waren sehr streng und elitär. Es gab eine Anwesenheitsliste und

Zensuren in allen Fächern und jeweils zum Ende des Semesters Klausuren, zur Halbzeit eine Zwischenprüfung. Eine ganz besonders wichtige Zensur war das ›NIE NIE‹, was nie gefehlt und nie zu spät gekommen bedeutete. Seitens der Betriebe war das ein wichtiges Kriterium für die Einstellung und so war natürlich jeder bestrebt, diese Zensur zu erreichen. Es wird sogar berichtet, dass Bergschüler nicht zur Beerdigung ihres eigenen Vaters gegangen sind, um ja nicht diesen Anspruch zu verlieren.

Wer es bis hier mit viel Aufwand geschafft hatte, musste sich nun den Gegebenheiten fügen, mitmachen, festgesetzte Ziele erreichen, vorgeschriebene Kleidung korrekt tragen, sich gut benehmen und im Übrigen die Klappe halten, schließlich wurde ja vom Bergbau alles bezahlt. Wer das nicht wollte oder nicht konnte, wurde gefeuert. Es gab Dozenten, die besonders gnadenlos waren. Erhielt jemand zum Beispiel im Fach ›Bergpolizeiverordnung‹ die Zensur FÜNF, bedeutete das das endgültige AUS, egal wie die anderen Zensuren aussahen. Das waren aber auch wirklich wichtige Fächer, wenn man sich die Vielzahl der Grubenunglücke und Katastrophen vor Augen führt. Da durch die regelmäßigen Führungszeugnisse eine enge Zusammenarbeit zwischen den Betrieben und der Bergschule gegeben war, war auch in der Regel eine Rückkehr in den Betrieb ausgeschlossen.

Korrekte Dienstkleidung war damals für uns ein Muss; selbst im heißesten Sommer durfte der ›Kittel‹ nicht aufgeknöpft, geschweige denn ausgezogen werden. Wer im Unterricht auffällig geworden war, weil er geschwätzt, gelangweilt auf die Uhr geschaut oder ähnliche ›schlimme Taten‹ begangen hatte, durfte den Rest der Stunde auf dem Flur verbringen. Er flog einfach raus! Nur zur Erinnerung, ich war mit 23 Jahren der Jüngste in der Klasse. Das strenge Regiment der Bergschule bedeutete intensives Studium im Unterricht, erweitert durch Haus- und Semesterarbeiten und das alles in Verbindung mit tadelloser Führung im Betrieb und im Privatbereich.

Mit der Aufnahme in die Bergschule wurde ich auch Mitglied im Verein deutscher Bergingenieure. Das strenge Reglement der Bergschule änderte sich später mit dem Übergang des Lehrbetriebes von der privaten Bergschule zur Bergingenieurschule und noch später zur Fachhochschule Bergbau. Letzteres war dann ein Studium, das jeder Interessent mit einer entsprechenden schulischen Vorbildung und nach einem Praktikum im Bergbau, jetzt aber auf eigene Kosten, aufnehmen konnte. Die Absolventen hatten es aber beim Eintritt in den Beruf sehr schwer, da ihnen im Vergleich zu unserer Ausbildung die Praxis fehlte.

Am 3. August 1956, also noch während meiner Bergschulzeit, gab es auf der Zeche *Dahlbusch* ein schweres Grubenunglück mit 41 Toten. Hier kam zum ersten Mal zur Rettung der Verschütteten die sogenannte Dahlbuschbombe zum Einsatz, die inzwischen weltweit bei ähnlichen Katastrophen Verwendung findet. Im Lehrbetrieb wieder mal ein Hinweis, wie wichtig in der Praxis die Einhaltung der bergbehördlichen Bestimmungen, Verordnungen und Gesetze und die Weiterentwicklung der zur Gefahrenerkennung und -vermeidung geeigneten Mittel sind.

1956 machte ich die Prüfung als Schießmeister, die im Zuge der Bergschulausbildung zwingend vorgeschrieben war. Jetzt war ich befugt, im Untertagebetrieb Sprengarbeiten jeder Art auszuführen und musste das im Rahmen der Ausbildung auch machen.

Nach den vorgeschriebenen fünf Semestern und einer Abschlussexkursion in die Bergbaugebiete Österreichs, Ungarns und der Tschechischen Republik bestand ich 1957 die Abschlussprüfung der Bergschule zu Hamborn mit dem Gesamtergebnis ›GUT‹. Das Zeugnis trug den Vermerk, dass es zum Eintritt in die technisch gehobene Laufbahn berechtigt.

Meine erste Anstellung als Grubensteiger bekam ich mit Wirkung vom 01.11.1957 beim damaligen Mülheimer Bergwerksverein auf der Zeche *Hagenbeck*, der ältesten urkundlich nachgewiesenen Zeche des Oberbergamtbezirks Dortmund, in Essen Schönebeck. Ich bekam für diese Tätigkeit einen Grundlohn plus Leistungszulage von bis zu 30%, dazu bekamen alle technischen Bergbauangestellte als Deputat freies Wohnen in einer Dienstwohnung des Unternehmens und freien Brand.

Nun hatte ich alle Prüfungen bestanden und war von der Bergbehörde als Aufsichtsperson im Sinne des Berggesetzes verpflichtet worden. Der Obersteiger hatte mir tags zuvor die Morgenschicht in Revier 6 übertragen. Erhobenen Hauptes und mit einem tiefen Glücksgefühl ging ich durchs Zechentor und an der Markenkontrolle und den dort anstehenden Bergleuten vorbei. Ich war keine Nummer mehr. Ich hatte mein Berufsziel nach harten Anstrengungen und intensiven Bemühungen erreicht. In der Steigerstube stellte mich der Obersteiger meinen neuen Kollegen vor, die ich ja schon alle kannte, denn ich wurde ja, was nicht allgemein üblich war, auf der selben Zeche als Aufsichtsperson eingesetzt, wo ich zuvor Kumpel und Praktikant war. Ein bisschen komisch war mir schon zumute, heißt es doch: »Der Prophet gilt nichts in seinem Heimatlande.« Dann ging es an der Mannschaftskaue vorbei in die Steigerkaue. Als Steiger wurde ich standesgemäß mit weißem Grubenzeug versorgt. Ich bekam jetzt einen Blitzer, das ist eine große Akkulampe, die vom Steiger an aufwärts getragen wurde. Vollständig ausgestattet ging ich stolz und mit etwas schlotternden Beinen in Richtung Schacht. Auch einen neuen Helm hatte man mir verpasst. Die Farbe des Helmes zeigte die Fachrichtung und auch die Stellung in der Hierarchie an. Einen gelben hatte der deutsche Bergarbeiter, grün kennzeichnete den türkischen Kumpel. Diese Unterscheidung wurde aber später verboten. Die Helmfarbe rot kennzeichnete den Elektriker (im Sprachgebrauch Brückenbauer), blaue Helme trugen die Schlosser. Meiner war weiß, denn ich war Steiger, meine Vorgesetzten, die Oberbeamten, trugen schwarze Helme.

Erstmals stand ich nicht mehr mit den Kumpel in langer Reihe an, sondern nun ging ich, wie es sich für eine Aufsichtsperson im Dienst gehört, direkt bis ans Schachttor. Ein bisschen Spießrutenlaufen war das schon. Dann begann die Grubenfahrt. An meinem Einsatzort angekommen, ging es los: »Steiger, wo soll ich heute arbeiten?«, »Steiger, wie soll ich das machen?« … Gott sei Dank war es ein eingespieltes Team, das ich übernommen hatte. Der Strebführer und die Ortsältesten übernahmen das Kommando, jeder für seinen Bereich – Routine!

Was eigentlich von vornherein klar war, wurde mir jetzt erst und das schlagartig bewusst und legte sich schwer auf meine Schultern. Jetzt war ich für alles, was hier geschah, verantwortlich: für den wirtschaftlichen Erfolg, die Einhaltung der einschlägigen Gesetze, für Leib und Seele der mir anvertrauten Leute und darüber hinaus für das ganze Bergwerk. Besondere Angst hatte ich vor schlagendem Wetter, wie Methangasexplosionen genannt werden, denn ich wusste, dass auch diese nicht an den Grenzen der Reviere haltmachten.

Der Beruf, den ich nun hatte, war dennoch mein Traumjob, er hatte mich immer schon fasziniert. Ich hatte ihn von der Pike auf gelernt. Und trotzdem, wo der Bergmann hinkommt, war vorher noch keiner und hinter der Hacke ist es duster, wie man bei uns sagt. Man lernt in diesem Beruf einfach nie aus. Der technische Fortschritt brachte zudem ständig neue Probleme, die erkannt und bewältigt werden mussten. Mit der guten praktischen und theoretischen Vorbildung waren die aber zu meistern. Schwieriger war da schon der ungewohnte Umgang mit den Leuten – das ist ja auch in anderen Berufen so –, das lernt man nicht während eines Studiums und auch nicht in der Ausbildung. Unter dem Druck der Akkordarbeit wird häufig Arbeit abgeliefert, die eine verantwortliche Aufsichtsperson nicht akzeptieren kann und darf, und die sein Eingreifen – und dies nicht immer zur Freude des Betroffenen – erfordert. Soll heißen; schon der Steiger muss ein gutes Durchsetzungsvermögen haben, und auch das konnte ich nach einiger Zeit entwickeln.

Aber auch diese Medaille hat zwei Seiten. Eine lange Zeit bin ich täglich frisch, froh und voller Tatendrang zur Arbeit gegangen, dann wechselten die Vorgesetzten. Der langjährige Obersteiger, ein alter erfahrener Fuhrmann, wurde als Leiter des Grubenbetriebes *Hagenbeck* abgelöst und ein anderer, relativ junger Mann als Betriebsführer mit dessen Aufgaben betraut. Es war auch die Zeit der beginnenden Kohlenkrise. Es gab Kurzarbeit und auch Entlassungen. Nun änderte sich alles schnell und dramatisch. Steiger wurden vor versammelter Mannschaft abgekanzelt, täglich gab es neue Drohungen: »Wenn keine Leistung kommt, kommt der Deckel auf den Schacht«, was heißen sollte: dann wird der Betrieb stillgelegt und ihr werdet arbeitslos. Aber auch Kürzungen der Leistungsprämie waren an der Tagesordnung. Nicht zu sprechen von den ersten Kündigungen wegen Rationalisierungsmaßnahmen. Es wurde geflucht, geschimpft, geschrien und getobt. Jetzt kam auch noch ein neuer Direktor, der die Mannschaft noch weiter aufmischte. Management by Hubschrauber, nämlich: »Landen, Staub aufwirbeln und wieder abfliegen!« Und alles bei einer Siebentagewoche und täglichen Überstunden. Mehrarbeit, die sogar oft ohne Bezahlung gemacht werden musste, leistete nun jeder. Überstunden waren ja einerseits zwingend vorgeschrieben, wenn der Betrieb oder die Sicherheit gefährdet war, andererseits wurden sie aber vom Betriebsführer später mit einem sehr engen Blick auf Notwendigkeit überprüft und unter Umständen auch ersatzlos gestrichen. Von der Direktion wurde angewiesen, dass nur noch zwei Überschichten bezahlt wurden. Falls erforderlich, mussten natürlich dennoch mehr verfahren werden. Diese sollten dann später irgendwann abgefeiert werden, was oft eine Zusage blieb, die nicht umgesetzt wurde. Beschwerden wurden oft als ›subversives Verhalten‹ ausgelegt und geahndet. Nicht wenige zogen nun freiwillig einen Berufswechsel vor. Das war für die Leute schlimm, vor allem da ihre Ausbildung zwar unübertrefflich gut, aber sehr einseitig war. Auch ich bin in dieser Zeit zweimal entlassen und kurz darauf und nach Verhandlungen wieder eingestellt worden. Auf dem Weg zur Arbeit sah ich beim Betreten des Zechengeländes im Geiste stets die Warnung:

Ab hier verlassen Sie den demokratischen Sektor.

1958 mussten auf dem Bergwerk *Elisabethenglück* vier Bergleute durch einen Grubenbrand ihr Leben lassen; ein weiterer Grund, noch besser hinzusehen und auf die Arbeit der Mitarbeiter und auf die eigene zu achten.

Lange hatte sie sich angekündigt und nun hatte sie uns voll erreicht, die Kohlenkrise! Die Kohlenvorräte reichten unter Berücksichtigung des damaligen Verbrauchs noch für circa 150 Jahre. Trotzdem: Die deutsche Steinkohle war durch ungünstige Lagerstätten und durch besonders schwere Förderbedingungen im Vergleich zum Weltmarktpreis zu teuer geworden. Außerdem bevorzugte der Endverbraucher zunehmend leichter zu handhabende und sauberere Energiearten wie Strom, Gas oder Öl. Aber auch das Argument der CO_2- und Methan-Immission sprach gegen eine Weiterführung des Bergbaus.

1958, ich war gerade mal ein Jahr angestellt, gab es die ersten Entlassungen und auch die ersten, damals noch unbezahlten Feierschichten, die rasant zunahmen und bald die Millionengrenze überschritten. Ebenfalls unter dem Einfluss der Kohlenkrise gab es ab dem 01. Mai 1959 die Fünftagewoche.

Im Herbst 1959 zeigten die Bergleute ihren Unmut. 60.000 marschierten nach Bonn und trugen dort ihre Forderungen vor. Es ging um das eigene Schicksal und um den Erhalt der Arbeitsplätze im Steinkohlebergbau. Infolge der Krise war der Leistungsdruck ins Unermessliche gestiegen, es wurde schamlos Druck ausgeübt und mit Entlassungen gedroht. Auch die ersten Kündigungen wurden schon verschickt. Noch waren wir genug, um Gehör zu finden. Es war ja noch nicht lange her, dass es hieß: »Wenn das Ruhrgebiet hustet, bekommt die Bundesrepublik eine Lungenentzündung.«

Der Protestmarsch war von der Gewerkschaft gut organisiert. Eigene Ordner verhinderten brutale Übergriffe, der Protest blieb friedlich und hatte Erfolg. Diesem Protestmarsch sollten später noch viele folgen.

aus: Walter Köpping, *100 Jahre Bergarbeiter-Dichtung*, S. 238.
»Ich erkenne die Macht der Gewerkschaft …«

Das Ruhrgebiet und der Bergbau hatten in der Vergangenheit schon härtere Auseinandersetzungen erlebt. Dass Proteste im Arbeitsleben heute geordnet geschehen können, ist das Verdienst des freiheitlich demokratischen Staates und der Gewerkschaften. Diese Voraussetzungen gab es nicht immer.

Der Protest der Bergleute im Jahre 1959 blieb nicht ergebnislos, unter anderem erreichten wir damals einen Härteausgleich für die Feierschichten. Doch der wirtschaftliche Druck wurde so groß, dass weitere Stilllegungen unvermeidlich waren. In der Zeit von 1958–1963 waren 24 Schachtanlagen stillgelegt worden. 1964 meldete der Rationalisierungsverband weitere 31 Großzechen und 20 Kleinzechen mit einer Kapazität von 26 Millionen Tonnen zur Stilllegung an. Nun musste auch ich um meinen Arbeitsplatz bangen. Im Betrieb wurde der Ton noch rauer und der Erfolgsdruck noch größer. Alles war im Umbruch, nichts hatte mehr Bestand, jeden Tag neue Meldungen über Zechenstilllegungen, Zusammenlegungen von Bergwerken, Entlassungen, Verlegungen, Umschulungen. Die Zeche *Hagenbeck*, meine Zeche, wurde 1966 stillgelegt.

Insgesamt 25 Bergbaugesellschaften mit einem Förderanteil von 93,5 % schlossen sich 1968 aus Rationalisierungsgründen zur *Ruhrkohlen AG* zusammen, die dann am 01.01.1969 ihre Tätigkeit aufnahm. Die neugegründete Einheitsgesellschaft des deutschen Ruhrbergbaus verfügte damit immer noch über 52 Schachtanlagen, 29 Zechenkokereien, fünf Brikettfabriken sowie 20 der eigenen Versorgung dienenden Zechenkraftwerke. Heute, 2010, gibt es nur noch fünf Bergwerke. Dieser Auslaufbergbau wird nur noch bis zum Jahre 2018 staatlicherseits subventioniert. Für eine Förderung nach diesem Datum, sofern das überhaupt in Betracht gezogen wird, muss sich der Bergbau dann dem weltweiten Wettbewerb stellen. In diesem Zusammenhang ist es auch erwähnenswert, dass es für den Bergbau eine große Zulieferindustrie gibt, die viele Menschen beschäftigt und die weltweit mit ihren Produkten führend ist. Mit der letzten Zeche würde auch die Zulieferindustrie ihre Tore schließen oder mindestens erhebliche Einbußen hinnehmen müssen. Ich möchte an dieser Stelle besonders hervorheben, dass alle sozialverträglichen Maßnahmen durchgeführt werden konnten; das war und ist aus meiner Sicht eine meisterlich gut gelungene Gemeinschaftsarbeit zwischen Politik, Unternehmen, Gewerkschaft und Betriebsräten.

Neben all den Problemen lief das tägliche Familienleben natürlich weiter. 1958 machten wir zum Beispiel unseren ersten Urlaub mit Hans Ulrich im Schwarzwald. Das Bergwerk hatte ein eigenes Urlaubsprogramm. Es bedurfte lediglich einer Anmeldung bei der werksseitigen Urlaubsabteilung, die Kosten konnte man in bis zu 12 Raten vom Gehalt abbuchen lassen. Das war sehr schön und mitarbeiterfreundlich. Auch ich nutzte diese Möglichkeit, denn die Familie war noch im Aufbau und das Geld knapp. Aber die Urlaubsgewährung für Aufsichtspersonen seitens des Betriebes war ständig ungewiss. Zugesagte Urlaube konnten damals wegen Personalmangels abgesagt werden, und oft verschob man den Urlaubsantritt aus betrieblichen Gründen bis ins nächste Jahr hinein. Das konnte ich dann bezüglich unseres ersten Urlaubs am eigenen Leibe erleben. Meine Anmeldung dafür war schon vor Monaten erfolgt. Zwei Tage vorher teilte man mir mit, dass der Urlaub aus betrieblichen Gründen nicht angetreten werden könne. Großer Kummer, zu Haus flossen Tränen. Am gleichen Tage hatte ich eine Grubenfahrt mit dem Bergwerksdirektor. Ich bat ihn um ein Machtwort in dieser Angelegenheit, denn die Koffer waren ja schon gepackt. Er ließ mich wissen, dass die Urlaubsgewährung allein Angelegenheit der Betriebsführung sei und bat mich dafür um Verständnis, was ich aber wirklich nicht aufbringen konnte. Als ich nach der Schicht nach Hause kam, war natürlich die Enttäuschung sehr groß und es flossen wiederum Tränen. Am Tage des vorgesehenen Urlaubsantrittes bat mich der Betriebsführer in sein Büro. Er teilte mir mit, dass er eine andere Lösung gefunden habe und dass ich ab sofort Urlaub hätte. Auf seine Frage, ob ich mich jetzt freuen würde, fand ich wirklich keine Antwort. Ich beeilte mich, nach Hause zu kommen. Wieder große Aufregung und Tränen. Die Mitglieder der Gruppenreise sollten sich planmäßig um 11 Uhr am Essener Hauptbahnhof treffen. Wir packten schnell wieder die Koffer, rannten zur Straßenbahn und erreichten gerade noch die Gruppe. Alle Teilnehmer wurden aufgerufen und bekamen ihre Reiseunterlagen, nur wir nicht. Wir waren vom Betrieb abgemeldet worden. Nach vielem Hin und Her nahm man uns trotzdem mit, wir erhielten aber in Gengenbach nur eine Notunterkunft. Dennoch genossen wir die Tage zusammen und konnten uns von dem anstrengenden Alltag und all den Problemen ein wenig erholen.

1959 wurde der zweite Sohn geboren. Wohnungsprobleme gab es dadurch nicht, denn ein Jahr vorher bekam ich in der Wattenbachstraße in Essen Frohnhausen meine erste Dienstwohnung mit einer Wohnfläche von 100 Quadratmetern (drei Zimmer, Küche, Diele und Bad). Meine Arbeitsstelle auf der Zeche *Hagenbeck* erreichte ich in 15 Minuten zu Fuß. Eine familiengerechte moderne Angestelltenwohnung. Wir waren glücklich. Mit der Wohnung verbunden war mietfreies Wohnen und kos-

tenloser Energieverbrauch, wie es damals für alle Bergbauangestellten als Deputat üblich war. Geheizt wurde
natürlich mit Kohle.

> 1960 starben auf dem Steinkohlenbergwerk *Karl
> Marx* 123 Bergleute durch eine Schlagwetterexplo-
> sion mit nachfolgender Kohlenstaubexplosion.

1961 kam dann unsere erste Tochter zur Welt. Im selben
Jahr kaufte ich das erste Auto, einen 15 Jahre alten Opel
Olympia. Da die Halterkosten aber zu hoch waren, wur-
de dieser nach sechs Monaten wieder verkauft. Von dem
Erlös leisteten wir uns den ersten Fernseher in unserem
Leben; eine Fernsehtruhe mit einem schwarz-weiß Ge-
rät.

> Am 07.02.1962 ereignete sich im Saarland auf der
> Zeche *Luisenthal* ein schweres Grubenunglück,
> ausgelöst durch eine Schlagwetterexplosion. 299
> Bergleute verloren ihr Leben. Diese Nachricht ging
> jedem Bergmann durch Mark und Bein. Obwohl in
> den vergangenen Jahren die Grubenunglückspro-
> phylaxe, besonders auch für Schlagwetterexplosio-
> nen, erheblich verbessert werden konnte, reichte es
> einfach noch nicht aus, um diese schweren Unglü-
> cke zu verhindern. Doch man bemühte sich und
> schickte junge, gut ausgebildete und mit den mo-
> dernsten Hilfsmitteln vertraute Fachleute zur Besse-
> rung der Sicherheit in die Bergwerke.

1961 wurde die Mauer errichtet, die Ost- und Westdeutschland lange Jahre trennen sollte, für Berlin eine
Insellage brachte und an deren Todesstreifen viele Re-
publikflüchtige ihr Leben lassen mussten. Deutschland
und die Welt hielten den Atem an. Zu dieser Zeit war ich
voll – und zwar bis zum Gehtnichtmehr – im Arbeitspro-
zess eingespannt; Politik berührte mich nur peripher.

Ungewöhnlich früh, nämlich schon 1961, im Alter von
28 Jahren und nach nur drei Jahren Schichtsteigertätig-
keit, wurde ich, nachdem ich schon über ein Jahr vorher
kommissarisch Abteilungssteigerdienste versehen hatte,
zum Abteilungssteiger (Reviersteiger) befördert. Ich erhielt nun ein höheres Grundgehalt plus einer leistungs-
abhängigen Zulage sowie freies Wohnen und freien
Brand. Grundlage für die Leistungszulagen war die pro-
zentuale Überschreitung des Fördersolls des gesamten
Bergwerks sowie des eigenen Reviers, der Holzverbrauch
in der eigenen Abteilung und später auch die Revierkos-
ten. Die Höhe der Zulagen konnte schon mal bei 50 %
des Grundgehaltes liegen, das war schon ein ganz schöner Anreiz.

Der berufliche Aufstieg bedeutete aber auch noch
weniger Freizeit. Die Schichtzettelführung sowie die Planung und Organisation benötigte zusätzliche Zeit und
auch mein Tag hatte nur 24 Stunden. Für diese zusätzlichen Verwaltungsarbeiten, für die es noch keine Hilfsmittel wie Computer, Bindegeräte oder Taschenrechner
gab, die also wirklich noch echte Handarbeit war, musste
neben der normalen Arbeit einiges an Zeit aufgebracht

werden. Es war schon eine beachtliche Leistung, die mir der Job im Laufe meiner Reviersteigerjahre da abverlangte, da gab es nur wenig Zeit zum Schlafen oder für Privates. Nun sollte man annehmen, das hätte auch zu einem großen Verdruss und zu ständigen Ängsten geführt. Keineswegs! Mit jugendlichem Drang und Elan, ja auch mit Freude bei der Bewältigung schier unglaublich schwieriger Aufgaben, ging es Tag für Tag, und wenn es sein musste auch Nacht für Nacht, ans Werk. Schlussendlich drehte sich mein ganzes Leben um SOS = Sicherheit, Ordnung und Sauberkeit, darüber hinaus natürlich um die Sollerfüllung, die Gesundheit der Mitarbeiter und natürlich auch um die Wirtschaftlichkeit des Betriebes. Es gab schlimme Tage, an denen ich mit hängenden Ohren und frustriert durch das Tor ging; aber immer nach dem Motto »Auf Regen folgt Sonne« ging es am nächsten Tag mit Volldampf wieder ans Werk. Genauso oft gab es nämlich Tage, da gelang einfach alles, und ich konnte beglückt, stolz – weil erfolgreich – den Betrieb verlassen. Insgesamt war meine Zeit, ja, eigentlich mein ganzes Leben, auf viel Betrieb und nur wenig Privatleben ausgerichtet. Der Verstand war jetzt voll auf Leistung eingestellt. Ich stand täglich unter Volldampf. Mit Leidenschaft und Energie plante, organisierte, kontrollierte, ja, man kann wohl auch sagen ›kämpfte‹ ich, und kroch dazu täglich mehrfach bäuchlings oder robbend über 200 Meter durch das nur 50–60 Zentimeter hohe Flöz in 1.000 Meter Tiefe, um meiner Aufgabe und Verantwortung nachzukommen. Mein Körper registrierte das – erst gelegentlich, dann zunehmend – als

Druck und Belastung. Irgendwann war die Grenze erreicht. Ich machte mir Sorgen wegen der Gefahr einer Staublunge und ging zum Arzt. Dieser sagte nur: »Kurztreten!« Sicher ein gut gemeinter Ratschlag, aber er kannte weder mich noch meinen Job näher. Von Anfang an war klar, diesen Job konnte man nur ganz oder gar nicht machen. Ich benötigte zunächst eine Verschnaufpause und bekam eine Heilkur verordnet. Danach ging es wieder in alter Frische ans Werk. Ich suchte aber nach Möglichkeiten, die mir die Aufgabenerfüllung leichter und erträglicher machten, und stieß auf die Hirt-Methode, eine Methode zur optimalen Arbeits- und Lebensgestaltung. Nachdem ich mich umfassend darüber informiert und sie für meine Ziele als geeignet erkannt hatte, kaufte ich mich in das System ein. Die Kosten dafür waren für meine damaligen Einkommensverhältnisse ganz erheblich. Doch war ich von dem Wert dessen überzeugt. Das Kostenleistungsverhältnis empfand ich als angemessen. Viele Jahre später erst erkannten auch die Unternehmensführungen die Notwendigkeit von Weiterbildung für ihre Mitarbeiter. Erst dann ließen sie ihre Führungskräfte, natürlich immer deren Aufgaben entsprechend, durch Fachinstitute in kostenlosen Seminaren – bei Freistellung von der Arbeit – in gehobener Umgebung in Managementmethoden und Managementpraktiken schulen. Später erwarben die Unternehmen für diese Methoden Lizenzen und ließen einige Mitarbeiter, darunter auch mich, als Lehrbeauftragte ausbilden.

Im Rückblick war die Hirt-Methode für mich bzw. für die Erfüllung meiner Aufgaben eine wertvolle Hilfe. Es war ja noch die ›VORDIGITALE ZEIT‹, in der es noch keinerlei Hilfen durch Computer gab. Die Methode bot neben einem umfangreichen Einführungsbuch und Lernheften auch Arbeits- und Planungshilfen, ein detailliertes Zeitplanbuch, eine spezielle Armbanduhr, mit der Möglichkeit der Terminüberwachung. Auch an die körperliche Ertüchtigung war gedacht, die sich in den restlichen Zeitplan integrierte. Hier fand man eine Anleitung zum Fitnesstraining mit Yoga, autogenem Training und Atemübungen. Darüber hinaus gab es hilfreiche Vorschläge für den Umgang mit Mitarbeitern, Vorgesetzten und sogar für erfolgreiches Finanzverhalten. Das Ziel war, die tägliche Arbeit gesunder, in einer kürzeren Zeit sowie besser und erfolgreicher als zuvor zu erledigen. Die gewonnene Zeit war dann nach individuellem Gusto wahlweise für das persönliche Wohlergehen oder auch für den weiteren beruflichen Aufstieg zu verwenden.

Am 24.10.1963 erreicht uns eine entsetzliche Nachricht. Wieder eine Grubenkatastrophe, jetzt nicht bei uns in der Steinkohle, sondern auf der Eisenerzgrube *Lengede*. Über Tage waren Klärdeiche gebrochen und das Wasser und der Schlamm waren in den Schacht geströmt, als sich 129 Bergleute in der Grube befanden. Eine weltweit beachtete Rettungsaktion lief an. Von der Tagesoberfläche aus wurden Bohrlöcher niedergebracht. Beim Anbohren eines abgeworfenen Grubenteils, dem sogenannten ›alten Mann‹, fand man einen Bereich, zu dem 11 Bergleute geflüchtet waren. Alle lebten noch! Mithilfe der sogenannten Dahlbuschbombe konnten sie durch dieses Bohrloch gerettet werden. Diese Rettungsaktion fand als ›Das Wunder von Lengede‹ Eingang in die Bergbaugeschichte. Auch ich hatte die Übertragung im Fernsehen miterlebt. Am Ende waren 29 Tote zu beklagen. Drei der später tot gefundenen Bergleute sollen schätzungsweise zwei Wochen in ihrem Gefängnis unter Tage überlebt haben. Für alle Bergleute eine absolute Horrorsituation. Man mag sich nicht vorstellen, wie sie gelitten haben zwischen Entbehrung, Hoffen und Bangen.

Anfang 1964 wurde die Position eines Wettersteigers vakant, ich wurde als Nachfolger ausgewählt und für diese Aufgabe aufgebaut. Den entsprechenden Lehrgang hatte ich gerade erst abgeschlossen. Nun sollte ich für die Luftversorgung (Wetterführung) des gesamten Bergwerks *Hagenbeck* zuständig sein; eine sehr wichtige und verantwortungsvolle Aufgabe. Für die Grubenbewetterung gelten besondere Vorschriften, deren Einhaltung ständig überprüft werden muss. Meine Aufgabe war, die ganze Grube mit frischen Wettern zu versorgen und das Verdünnen und Beseitigen der schädlichen Gase zu regeln. Eine große und schwere Verantwortung, wenn man bedenkt, dass die meisten großen Grubenunglücke durch Schlagwetterexplosionen verursacht werden. Die Schwierigkeit lag darin, dass matte, giftige und schlagende Wetter in der Regel nicht zu fühlen, zu riechen oder zu schmecken waren und sie nur mit Hilfsmitteln festgestellt werden konnten.

Für die Temperaturüberwachung der Bergbaubetriebe gibt es eine eigene Kennziffer, das effektive Grubenklima (tff), ein Klimasummenwert aus Trockentemperatur, Feuchttemperatur und Wetterbewegung. Der Wert des effektiven Grubenklimas entstand empirisch durch Angaben von Versuchspersonen, die in Klimakammern verschiedenen Klimawerten ausgesetzt wurden und danach Angaben zu der dort gefühlten Temperatur machten. Aus diesen Werten sind Tabellen und Kurven entstanden, aus denen die effektive Temperatur anhand der gemessenen Einzelwerte direkt abgelesen werden kann. Auch hierfür ist der Wettersteiger zuständig, denn die Dauer, die reine Arbeitszeit vor Ort, hängt von der Effektivtemperatur ab; ab einer Effektivtemperatur von 28 Grad ist die Arbeitszeit um eine Stunde zu kürzen. Das Ganze hat dadurch also auch eine erhebliche wirtschaftliche Komponente. Außerdem oblag mir in dieser Eigenschaft die Ausbildung der Wetterleute, d.h. der Leute, deren Aufgabe es war, die Luft an arbeitsfreien Tagen oder in unbelegten Betriebspunkten auf schädliche Gase zu untersuchen. Zudem waren regelmäßig für die Bergbehörde Kontrollmessungen der Wettermenge, Wettergeschwindigkeit und Wetterzusammensetzung und der Nutzquerschnitte durchzuführen sowie die geforderten Wetterberichte anzufertigen und der Bergbehörde termingerecht zuzustellen.

In meiner Zeit als Wettersteiger fanden in der Welt viele Atombombenversuche statt. Die dadurch erzeugten Erschütterungen in der Erdkruste wurden über viele Tausend Kilometer auch auf meinen Messgeräten angezeigt.

Im Januar 1965 standen größere Reparaturen am Grubenlüfter an, dafür waren umfangreiche und nicht aufschiebbare Vorarbeiten erforderlich. Ich war an diesem Morgen todmüde, weil ich die halbe Nacht in Oberhausen im Krankenhaus verbracht hatte, wo meine Mutter nach einem Herzinfarkt eingeliefert worden war. Die Tage davor konnte ich mich noch mit ihr unterhalten, und plötzlich lag sie im Koma. Ich saß viele Stunden an ihrem Bett, hielt ihre Hand, nickte vor Müdigkeit immer wieder weg. Der helle Klang eines Glöckchens ließ mich aufschrecken; es war der Krankenhauspfarrer mit einem Messdiener; sie kamen, um die Letzte Ölung zu spenden. Tief traurig und bewegt folgte ich der Zeremonie und saß danach noch einige Zeit an Mutters Bett. Wie sollte es weitergehen? Hier bleiben und weiter wachen oder gehen?, war die Frage. Lange habe ich überlegt, helfen konnte ich nicht, also ging ich, denn in nur wenigen Stunden begann mein Arbeitstag.

Ich war zwar pünktlich bei der Arbeit, fühlte mich aber ausgelaugt und traurig. Ich musste für die bevorstehenden Reparaturen am Wetterschacht, der ganz nahe an der Hauptverwaltung lag, Kontrollen und Messungen durchführen. Gegen 10 Uhr machte ich dort eine kurze Frühstückspause und setzte mich dazu auf einer kleinen Anhöhe in die Sonne. Ein Mitarbeiter der Hauptverwaltung sah das von seinem Fenster aus, ging zu seinem Chef und sagte, wie man mir später erzählte: »Die Steiger kriegen das dicke Geld und sitzen da in der Sonne, während wir hier für einen Hungerlohn Akten wälzen müssen.« Die Beschwerde wurde sofort an den Betriebsführer weitergeleitet.

Nach der Frühstückspause ging ich in mein Büro und machte dort die Auswertung der Messungen. Gegen Mittag schellte das Telefon, meine Frau war am Apparat, was ungewöhnlich war, denn sie rief mich eigentlich nie bei der Arbeit an. Sie atmete schwer und sagte mit erstickter Stimme: »Die Mama ist tot.« Eine große Traurigkeit überkam mich. Doch viel Zeit gönnte man mir nicht; plötzlich wurde mit lautem Getöse die Tür zu meinem Büro aufgerissen und mit puterrotem Gesicht stürzte der

Betriebsführer in mein Büro und schrie: »Das kann ich Ihnen sagen, Herr Abel, das wird Konsequenzen haben, wir reißen uns hier den Arsch auf und kämpfen ums Überleben und Sie setzen sich draußen in die Sonne und lassen es sich gut gehen, und das auch noch vor den Augen des Vorstandes.«

Ebenfalls 1965 wurde unsere Familie wieder etwas größer, der dritte Sohn erblickte das Licht dieser Welt, jetzt waren wir schon sechs Personen. Unsere Wohnung in Essen Frohnhausen wurde nun zu klein. Aufgrund meines Antrages bekamen wir ein älteres Angestelltenhaus in Essen Schönebeck zur Alleinbenutzung. Das Haus war geräumig, hatte genügend Platz und war gut ausgestattet. Wir hatten nun auch einen eigenen Vorgarten und hinter dem Haus einen richtigen, größeren Garten.

1965 gab es auf der Zeche *Sachsen* im Ruhrgebiet ein Grubenunglück mit zehn Toten und 1966 auf dem Bergwerk *Rossenray* eines mit 16 toten Bergleuten. Ein weiterer Hilfeschrei zur Wachsamkeit. Wieder ging es mir durch Mark und Bein.

Ab Mitte der 60er Jahre haben wir uns – auch mit der immer größer werdenden Familie – jährlich einen Urlaub gegönnt. Manchmal recht abenteuerlich wie bei unserem ersten Seeurlaub. Mit einem VW-Käfer – die Leistung betrug gerade einmal 25 PS –, den ich kurz vorher als Jahreswagen in Wolfsburg erworben hatte, machten wir uns auf den Weg. Es war ein schönes Auto. Es hatte sogar, man glaubt es heute kaum noch, standardmäßig Scheibengardinchen.

Der Wagen war vollgepackt mit Frau, Schwiegermutter und drei Kindern, dazu das Gepäck, etwas Wegzehrung, ein Nachttopf für die Kleine und Kotztüten für alle Insassen. Mit der Last war der Wagen natürlich hoffnungslos untermotorisiert. Deshalb fiel in ansteigenden Streckenabschnitten, von denen es Gott sei Dank nicht allzu viel gab, die Geschwindigkeit stark ab. Was sollte ich machen? Last abwerfen war nicht möglich, von Hand nachschieben ebenfalls nicht, also musste ich mich mit den Gegebenheiten abfinden und die Mannschaft bei Laune halten. Trotz der nicht gerade angenehmen Platzsituation für uns sechs Insassen und der geringen Durchschnittsgeschwindigkeit waren wir sehr lustig und sangen gemeinsam »Die Affen rasen durch den Wald ...«, und von der Morgenfrühe, die unsere Zeit sei, was eigentlich nicht so ganz stimmte – und natürlich Seemannslieder wie das vom ›Hamborger Veermaster‹ und den Blauen Jungs von der Waterkant und noch viele andere mehr. Es war immer eine dolle Stimmung. Wir kamen aber nur langsam voran, denn ständig musste irgendeiner pinkeln.

Und irgendwann am späten Nachmittag erreichten wir auch unser Ziel. Die Straße endete direkt am Meer. Wir hielten an, stiegen aus, ließen alles auf uns wirken, staunten, jubelten, waren überwältigt von dem Anblick, nahmen uns in die Arme und jubelten weiter. Unser Quartier war nicht weit entfernt. Eine Baracke aus dem Zweiten Weltkrieg mit nahestehendem Plumpsklo war jetzt für zwei Wochen unser Urlaubsdomizil. Urlaubsdomizil für acht Personen. Ja, acht Personen waren wir inzwischen, denn die gute Tante Marianne, Gott hab sie selig, und unser ältester Sohn, die beide wirklich nicht mehr in den Wagen gepasst hätten, waren samt Gepäck mit dem Zug angereist und stießen nun zu uns.

Den Zustand fanden wir überhaupt nicht schlimm, denn zu dieser Zeit war der Anspruch an Urlaubsquartiere im Allgemeinen und im Besonderen bei uns nicht sehr hoch. Wir waren jung, die Familie groß, das Geld war knapp und wir auch mit Einfachem zufrieden. Trotz der beengten Verhältnisse, in denen wir hier untergebracht waren, erholten wir uns in diesem Urlaub prächtig. Allen hat es so gut gefallen, dass diesem ersten Urlaub am Meer noch viele weitere im In- und Ausland folgten. Anreiz hierfür war bis dahin immer der Erholungseffekt und die idealen Beschäftigungsmöglichkeiten für die Kinder. Hier konnten sie Sandburgen und Schleusen bauen, sich im Wattschlamm wälzen und sich immer und immer wieder so richtig austoben. Aus den Erholungsurlauben entwickelte sich nach und nach eine Anziehungskraft, um nicht zu sagen eine Liebe zum Land, zum Meer und zu den Leuten, den Friesen.

Nach diesem Urlaub konnte ich die hier gewonnene Kraft sehr gut gebrauchen, denn nun hatte auch mich die Krise erreicht. 1966, im Alter von 33 Jahren, wurde ich im Rahmen von Rationalisierungsmaßnahmen wegen der bevorstehenden Betriebsstilllegung der Zechengruppe *Rosenblumendelle/Wiesche* zur Zeche *Welheim* in Bottrop verlegt, jetzt wieder als Reviersteiger. Der Weg zwischen meinem Wohnort und der Arbeitsstätte betrug nun 35 Kilometer; das war eine große Entfernung, vor allem für einen Beruf, der ständige Bereitschaft erforderte und möglichst noch Allgegenwärtigkeit.

An einem der ersten Arbeitstage in meinem neuen Betrieb passierte dann Folgendes: Es war 4:30 Uhr am frühen Morgen. Ich machte mich auf den Weg zu meiner neuen Arbeitsstelle, verließ das Haus, ging über die Straße, stieg in mein Auto – doch es ließ sich nicht starten. Egal, was ich auch probierte, es war nichts zu machen. Ich startete, aber außer einem kleinen Knurren tat sich nichts. Ich wiederholte den Vorgang mehrfach, jedoch ohne Ergebnis. Ich war genervt, holte die Starterkurbel aus dem Kofferraum und drehte ohne Ende; wieder nichts. Mir wurde warm, Schweißperlen tropften schon von meiner Nase. Ich überlegte, was die Ursache sein könnte; der Verteiler oder die Zündkerzen. Schnell öffnete ich die Motorhaube, nahm zuerst die Verteilerkappe ab, säuberte die Kontakte und ging wieder an die Kurbel – auch diesmal tat sich nichts. Ärgerlich, jetzt geriet ich in Zeitnot. Nacheinander schraubte ich die Zündkerzen heraus, säuberte sie, stellte den Spalt neu ein. Um die Feuchtigkeit zu vertreiben, sprühte ich schnell noch Moosöl über den Zündverteiler und die Kabel, aber der Motor sprang weder mithilfe des Starters noch der Kurbel an. Für mehr Selbstreparaturen hatte ich keine Zeit, wenn ich pünktlich im Betrieb sein wollte, und das wollte ich, denn ich war erst seit einigen Tagen dort beschäftigt und da sollte man tunlichst pünktlich sein.

Aus Verzweiflung schellte ich bei der Nachbarin, die als Taxifahrerin ihr Geld verdiente. Ich hatte sie geweckt, weshalb sie im ersten Moment nicht wirklich begeistert wirkte, doch als ich ihr den Ernst der Lage erklärte, brauchte sie keine fünf Minuten und schon saß ich im Taxi auf dem Weg zur Arbeit.

Pünktlich zur Morgenandacht, so nannten wir die Frühbesprechung, hielt sie genau vor dem Fenster des Betriebsführers. Nach der Besprechung wurde ich gefragt: »Warum kommen Sie denn mit einem Taxi?«

Ich erklärte kurz den Sachverhalt.

Betriebsführer und Obersteiger lobten mein Verhalten und bezeichneten es meinen Kollegen gegenüber als vorbildlich. Ich hörte noch, dass sie sagten: »Vielleicht haben wir doch keinen schlechten Griff mit dem Kerl gemacht.«

Auch einige Kollegen hatten meine Ankunft mitbekommen, aber weniger das Taxi, sondern mehr die Frau im Auto gesehen. Sie tuschelten hinter vorgehaltener Hand anerkennend: »Der Loser kommt doch bestimmt direkt aus einem Nachtlokal.« Ich ließ sie in dem Glauben, was auch immer sie sich darunter vorstellten, und ging mit dem Gefühl an die Arbeit, dass ich gerade von beiden Seiten geadelt worden war.

Die meisten Reviere der stillgelegten Schachtanlagen wurden komplett vom ersten bis zum letzten Mann, einschließlich der zuständigen Steiger übernommen. Da ich aber vorher Wettersteiger war, kam ich alleine und ohne Mannschaft. Ich war schon froh, überhaupt übernommen worden zu sein; dieses Glück hatte nicht jeder. Ich übernahm ein Revier, in dem der ehemalige Reviersteiger abgelöst worden war. Sein designierter Nachfolger war natürlich gar nicht glücklich darüber, dass mir die Revierführung übertragen worden war. Ich hatte also nicht nur mit der neuen, unbekannten Umgebung, den neuen Vorgesetzten und den völlig anderen geologischen Bedingungen, an die ich mich erst gewöhnen musste, zu kämpfen, sondern vor allem auch mit der eigenen, mir zugeteilten Mannschaft, die mir zunächst sehr reserviert gegenüberstand. Das änderte sich schon bald, aber leider nicht auf ganz friedlichem Wege. Es gab Streit, die Situation zwischen meinem Konkurrenten und mir eskalierte. Er oder ich, war die Frage, für beide war kein Platz. Ein Revierumzug, der von mir in einer bis dahin für unmöglich gehaltenen kurzen Zeit geplant, organisiert und überwacht wurde, verschaffte mir Luft. Er brachte die Anerkennung der neuen Vorgesetzten und eine dicke Sonderprämie, und das Personalproblem war damit auch erledigt. Dabei hätte das auch schief gehen können, denn bei einer letzten Kontrolldurchsicht meiner Unterlagen für den Revierumzug und speziell für die Bereitstellung des Werkzeugs stellte ich fest, dass etwas fehlte. Ein dringend benötigtes Werkzeug war weder im Betrieb noch im Magazin vorrätig. Der Magazinverwalter sah sich außerstande, es so schnell zu besorgen. Es war Freitagabend und schon am Samstag sollte die Aktion starten. Ich fuhr schnell mit meinem Wagen nach Eisen Tilco und kaufte das Werkzeug auf eigene Kosten. Der gut gelungene Revierumzug rettete die Situation, löste das Problem und brachte Anerkennung.

Mein neuer Betrieb hatte in allen Betriebsbereichen eine moderne technische Ausrüstung. Das war natürlich großartig, für mich aber etwas, an das ich mich auch erst gewöhnen musste. Wegen meiner guten und breit gefächerten Ausbildung ist mir das dann aber schnell gelungen.

Auch gab es hier einen völlig anderen und für mich positiveren Führungsstil im oberen Management. Die neue Direktion war offener und betriebsnäher und auch das Betriebsklima war besser. Das war eine gute Basis für eine vertrauensvolle Zusammenarbeit.

1967 wurde auch die Zeche *Welheim* stillgelegt und ich kam als Reviersteiger zur Zeche *Mathias Stinnes* ¾ in Gladbeck Brauck, die zur selben Zechengruppe gehörte.

Ich übernahm als Reviersteiger einen neu eingerichteten Betrieb im Mächtigkeitsbereich von 1,5–2 Metern, der mit einer der allerneusten und stärksten Schreitausbau-Version ausgerüstet war und eine technische Neuerung enthielt – Schreiten unter Andruck! Ich hatte den Betrieb einige Tage anlaufen lassen und erste Erfahrungen gesammelt, als eine Befahrung der Werksdirektion mit dem Leiter des Bergamtes und dem Chef der Lieferfirma erfolgte, um die Wunderwaffe zu besichtigen. Ich wurde gebeten, das Schreiten unter Andruck vorführen zu lassen und wurde ausführlich nach den bisherigen Erfahrungen befragt. Ich machte den Herren klar, dass ich keinen Vorteil in der Neuentwicklung sah, sondern eher einen Nachteil. Was ich auch bei einer längeren Vorführung überzeugend deutlich machen konnte. Ich hatte schon befürchtet, dass mich nun der volle Unmut treffen würde. Oft trifft ja nicht den Verursacher, sondern den Überbringer einer schlechten Nachricht die volle Härte, aber weit gefehlt. Meine Argumente waren überzeugend. Die Runde besprach, was sie gehört und gesehen hatte. Man war sich einig darüber, dass mit dieser Technik das gewünschte Ziel nicht erreicht werden könne und beschloss, eine Weiterentwicklung zu veranlassen.

Am 01.12.1966 wurde ich zum Fahrsteiger befördert und das zunächst, ohne das für diese Dienststellung sonst übliche einjährige Aufbaustudium in der sogenannten Oberklasse absolviert zu haben. Die Freistellung wurde mir aber für den Fall verbindlich zugesagt, dass ich die mir übertragenen Aufgaben binnen eines Jahres gut erledigt hätte. Na, ein Jahr Bewerung, da konnte ich mit leben! Und ich nutzte dieses Jahr, die Bilanz sah gut aus und so erhielt ich vom Vorstand die einjährige Freistellung zum Besuch der Oberklasse.

Als Fahrsteiger konnte ich als Leiter einer ganzen Schicht im Grubenbetrieb, als Leiter einer Fahrabteilung oder als Projektingenieur eingesetzt werden. Ich erhielt ein Grundgehalt, eine Leistungsprämie, ein 13. Grundgehalt als Weihnachtsgeld und freie Wohnung und freien Brand.

»Als Fahrsteiger sind Sie leitender Angestellter im Sinne des Betriebsverfassungsgesetzes«, das wurde im Anstellungsvertrag besonders hervorgehoben erwähnt. Eine wesentliche Aufgabe der Fahrsteiger ist die Gedingekalkulation und der Gedingeabschluss. Als Gedinge wird im

Bergbau die Akkordarbeit bezeichnet. Die Schwierigkeit ist, bei der Festsetzung das richtige Maß dafür zu finden. Ich vergleiche das immer mit Seilchenspringen. Wird das Seilchen zu tief gehalten, muss sich keiner anstrengen, es kommt keine Leistung. Wird es zu hoch gespannt, nimmt man noch nicht einmal mehr einen Anlauf. In beiden Fällen bleibt die Leistung auf der Strecke.

Als Oberbeamter war man auch durch den Betrieb im Unfallschadensverband gegen Unfallschäden und Invalidität zusatzversichert und im Bochumer Verband für eine Zusatzversorgung im Falle der Pensionierung angemeldet. Die Höhe der Zusatzversorgung richtete sich nach der Einstufung in der Betriebshierarchie. Eine der starken Belastung angemessene Vergütung und Versorgung.

Für alle Oberbeamten im Bergbau war es auch obligatorisch, dass sie Mitglied im *Verband oberer Bergbeamter*, kurz VOB, waren. Dieser Verband wurde später umbenannt in *Verband der Führungskräfte in Bergbau, Energiewirtschaft und Umweltschutz* (VDF) und dann mit dem *Verband Angestellter Führungskräfte* (VAF) zum *Verband Deutscher Führungskräfte* (DFK) verschmolzen. Von meiner ersten Schicht als Fahrsteiger bis heute bin ich Mitglied in diesem Verband und seinen Nachfolgern. Das Leistungsspektrum des Verbandes beinhaltet eine umfassende berufsbegleitende Beratung und Vertretung der aktiven Mitglieder und Ruheständler, wie professionelle Unterstützung durch Personalberater, juristische Beratung und Vertretung, Seminare und Workshops. Durch die Informationen in der monatlich erscheinenden Zeitschrift *Die Führungskräfte* bleibe ich auch im Ruhestand ›im Bilde‹. Die Zeitschrift ist inzwischen umbenannt und heißt jetzt *Perspektiven – Zeitschrift für Führungskräfte.*

Als Fahrsteiger hatte ich nun auch Anspruch auf eine Oberbeamtenwohnung. 1967 bekam ich in der Rheinbabenstraße in Bottrop Eigen eine sehr schöne und große Wohnung, die per Fernwärme beheizt wurde. Die Wohnung lag im ersten Obergeschoss und hatte zwei Wohnzimmer, eine große Küche, zwei Schlafzimmer und ein Bad mit WC. Zur Wohnung gehörte eine Mansarde im 2. Obergeschoss mit einem Vorraum von 40 Quadratmetern, das wir als Spielzimmer nutzten sowie zwei weiteren Schlafzimmern. Jetzt gab es ausreichenden Wohnraum für die große Familie in standesgemäßer Lage. 1968 wurde hier unsere zweite Tochter und 1970 der vierte Sohn geboren. Jetzt war unsere Familie mit acht Personen komplett und die neue Wohnung gut ausgelastet.

So wie viele deutsche Familien sind auch wir eigentlich eine europäische Familie, mit Wurzeln in Deutschland, im französischen Königreich Westfalen, in Frankreich, Österreich/Ungarn, Galizien, Tschechien, Ostpreußen, Ermland, Polen und sogar mit Abkömmlingen in Amerika und Kanada. Also in mehreren Generationen deutsch geboren, jedoch mit europäischen Wurzeln. Die Frage ist doch nur, wie weit man in der Familienforschung zurückgehen muss oder will, um seine Wurzeln zu erkennen. Bei dieser Aufzählung sind noch nicht mal die großen Wanderbewegungen in der Antike und im Mittelalter berücksichtigt, von der kaum eine Familie verschont geblieben ist. Trotz allem gibt es den verdammten Nationalismus, manchmal unverblümt ausgeprägt und auch zur Schau getragen, manchmal als Patriotismus, Vaterlandsliebe oder Heimatliebe getarnt. Wenn ich an Europa denke und sehe z.B. beim Absingen der Nationalhymnen vor einem Länderspiel die fanatischen Gesichter der singenden Sportler, dann weiß ich es wieder: Es ist noch ein langer Weg bis ›Europa‹. Man gewinnt den Eindruck, das ist kein Länderspiel, sondern ein Krieg. Gut, man kann sagen: »Besser Krieg um ein Stück Leder als mit dem Gewehr.« Nein, es ist einfach eine entbehrliche Überbetonung des Nationalen und ein Ausdruck von Nationalismus.

Bis Mitte der 60er Jahre waren im Steinkohlebergbau in den Strebbereichen beachtliche Rationalisierungserfolge erreicht worden. Man hatte sich auf Gewinnung und Strebförderung konzentriert. Der zunehmende wirtschaftliche Druck erforderte nun auch Maßnahmen in den nachgeschalteten Bereichen. Hier gab es noch erkennbare Rationalisierungsreserven. Der Vorstand beschloss ein Programm zur Rationalisierung der Förder- und Transportbereiche.

Noch im Jahre 1967 wurde ich im Rang eines Fahrsteigers als Förder- und Transportingenieur zur Hauptschachtanlage *Mathias Stinnes* in Essen Karnap verlegt. Dort wurde ich als Projektleiter mit der Rationalisierung des Materialtransportes und mit der Umstellung auf Granby-Förderwagen beauftragt. Mein Büro lag zwar in der Stabsabteilung; ich unterstand jedoch dem Werksdirektor direkt und hatte dadurch viele Freiheitsgrade.

Als Projektingenieur war ich jetzt auch für die Rationalisierung des gesamten Materialtransportes der Schachtanlage zuständig; außerdem war ich Mitglied im Normenausschuss des Steinkohlenbergwerkvereins. Neue Maschinen waren erforderlich, sie mussten nicht nur gekauft, sondern auch neu entwickelt oder weiterentwickelt werden. Bis zur Betriebsreife war ein ständiger Gedanken- und Erfahrungsaustausch zwischen Lieferfirmen und Betriebsingenieuren erforderlich. Diese Entwicklung stellte hohe Anforderung an das gesamte technische Personal – von der Steigerebene bis zur Werksleitung. Als Projektingenieur hatte ich Einfluss auf die Gesamtplanung des Bergwerks und war verantwortlich für die rechtzeitige Bereitstellung von Maschinen, maschinellen Einrichtungen und Material. Ziel war es, den Materialfluss so zu gestalten, dass das Material von Übertage – ohne Materialumschlag und Zwischenlagerung – bis zum Verbraucher mit so wenig Schichtenaufwand wie möglich durchgeführt werden konnte. Für den Stückguttransport waren geeignete Container zu beschaffen. Die Geldmittel dafür waren enorm und kaum zu realisieren. Ich wurde deshalb federführend beauftragt und bevollmächtigt unter Verwendung der alten Förderwagen geeignete Container nebst Untergestellen zu konstruieren und mit den Fachkräften in den eigenen Werkstätten bauen zu lassen. Neben den Stückgutbehältern wurden auch Container für Magazinmaterial konstruiert und ihr Einsatz geplant. Das war auch und insbesondere ein Be-

schäftigungsprogramm für die nicht ausgelastete Belegschaft der Zechenwerkstätten und wurde deshalb besonders vom Arbeitnehmerflügel unterstützt.

Bei der Fertigung der Container gab es da zwar einige
Patentprobleme, aber die haben wir bewältigt. Ich weiß
nicht mehr genau, wie viele Behälter und Unterwagen
wir in den eigenen Werkstätten gebaut haben, letztlich
waren aber alle Betriebe der Schachtanlage damit ausgerüstet und ein messbarer Rationalisierungserfolg erreicht.

Parallel arbeitete ich an der Rationalisierung des Staub-
guttransportes. Der Untertagebetrieb benötigte eine große Menge von Zement und Anhydrit; beides wurde bis
dahin in Säcken angeliefert und musste in der Regel auch
mehrfach umgeladen werden, ehe es beim Verbraucher
ankam. Das war sehr arbeitskostenaufwendig, außerdem
war die planmäßige und zeitgerechte Bereitstellung nicht
gewährleistet. Auf anderen Schachtanlagen gab es Ver-
suchsbetriebe, die das Staubgut von Übertage bis zum
Verbraucher entweder durch Rohrleitungen pneumatisch
oder auch hydraulisch transportierten. Der Zuschnitt unserer Anlage ließ aber weder das eine noch das andere zu.
Wir beschlossen deshalb, auch diesen Bereich auf Contai-
nerbetrieb umzustellen. Ich hatte keine Ahnung davon,
wie schwierig das sein würde. Zuerst kauften wir für viel
Geld bei einer Zulieferfirma fünf Silowagen und starteten
den ersten Versuch. Sie erfüllten in keiner Weise unsere
Ansprüche. Wenn das Material beim Verbraucher nach
einer Fahrt über mehrere Kilometer ankam, hatte es sich
so verfestigt, dass der Silowagen nur aufwendig in Handarbeit entleert werden konnte. So ging es also nicht und

wieder war eine eigene Konstruktion gefragt. Ich habe deshalb gemeinsam mit der Firma Hölter, insbesondere mit dem Firmenchef Professor Karlheinz Hölter, den Fluidförderwagen erfunden. Das ist jetzt leicht gesagt, aber dazwischen lagen viele technische Irrwege, viel Zeit, viel Schweiß und noch mehr Ärger. Aber Ende gut, alles gut! Jetzt war es möglich, Fluidförderwagen über Tage aus Standsilos zu füllen, über beliebige Kilometer über Gleise und Einschienenhängebahnen zu transportieren und das Staubgut vor Ort mit Hilfe einer Förderschnecke direkt in die Betonmischmaschine einzugeben. Das wurde ein beachtlicher Rationalisierungserfolg. Wenn ich das jetzt hier so schreibe, muss ich mich fragen, ob ich mich nicht ein wenig unter Wert verkauft habe!

> 1968 wieder eine Katastrophe. Auf dem Bergwerk *Minister Achenbach* kamen 17 Bergleute durch eine Schlagwetterexplosion zu Tode. Wieder hatte der Bergmannstod zugeschlagen: ›Schlagende Wetter‹.

1968 trat ich dann endlich meine weitere Ausbildung in der Oberklasse an. Dieses Aufbaustudium war dem ausgesuchten Führungsnachwuchs vorbehalten; man konnte sich dafür nicht bewerben, man wurde geschickt. Eine Freistellung für ein einjähriges Studium bei vollen Bezügen als außertariflicher Angestellter, wo gibt es so etwas sonst noch? Aber anders wäre es für mich auch gar nicht möglich gewesen.

Es war eine schöne Zeit, wenn auch sehr anstrengend. Die Anforderungen waren hoch. Auch für die Dozenten war es eine Herausforderung, schließlich hatten alle Teilnehmer zwischen 15 und 20 Jahre Berufserfahrung. Vor allem in den technischen Fächern stellte sich manchmal die Frage, wer hier wohl von wem etwas lernte.

Insgesamt konnte aber auch der berufliche Horizont wesentlich für künftige Führungsaufgaben erweitert werden. Meine mitstudierenden Kollegen wählten mich für das gesamte Jahr zu ihrem Sprecher und noch heute treffe ich mich einmal im Jahr mit meinen Oberklassenkollegen.

Nach Vorlage und Bewertung meiner Oberklassenabschlussarbeit, 92 Seiten Text und 27 Anlagen, natürlich über Planung und Organisation des Materialflusses, sowie zahlreicher Klausuren und einer mündlichen Prüfung, konnte ich auch hier das Examen mit Erfolg bestehen. Am Ende der Studienzeit wurde ich von der Schulleitung gebeten, für alle drei Oberklassen eine Abschlussrede zu halten. Am 26.09.1969 habe ich in der Aula der jetzigen Fachhochschule folgende Worte gefunden:

Meine Damen und Herren!

Der Betriebsführerlehrgang des Jahrganges 1968–1969 findet mit der heutigen würdigen Veranstaltung seinen Abschluss.
Wie Sie und wir soeben hören konnten, haben alle Teilnehmer das Ausbildungsziel erreicht. Nach einem Jahr angestrengter geistiger Arbeit haben wir, die Lehrgangsteilnehmer, heute eine Hürde ge-

nommen und uns für weitere betriebliche Aufgaben, Führungsaufgaben, qualifiziert.

Das erreichte Ziel erfüllt uns mit Freude und Stolz. Freude, nicht nur weil mit dem Oberklassenabschluss üblicherweise eine wirtschaftliche Besserstellung verbunden ist, sondern – und ich meine ganz besonders – weil wir jetzt mehr als bisher unsere eigenen Ideen und Vorstellungen verwirklichen können, weil wir Führungsaufgaben übernehmen und mithelfen können, den Bergbau der Zukunft zu projektieren und zu verwirklichen. Einen Bergbau, in dem mehr als bisher der Mensch im Mittelpunkt steht und in dem günstigere Betriebsergebnisse durch verbesserte Arbeitsbedingungen erreicht werden.

Es werden heute nicht nur wir, die Lehrgangsteilnehmer verabschiedet, sondern – weil dieser Lehrgang der endgültig letzte seiner Art war – ein gesamtes Schulsystem. Ein Schulsystem, das seit Jahrzehnten bewährten Betriebsbeamten des Steinkohlenbergbaus eine abgerundete, betriebsnahe Ausbildung vermittelt hat. Eine Ausbildung, die immer dem Stand der Technik angepasst war, die es den Absolventen ermöglicht hat, Neuerungen besser zu verstehen und den Fortschritt in die Betriebe zu tragen. Ich möchte an dieser Stelle keine Grabrede halten. Es ist mir aber ein Bedürfnis, darauf hinzuweisen, dass dieses Schulsystem nicht endet, weil es versagt hat. Wir, die letzten Lehrgangsteilnehmer, halten zwar einige Veränderungen im Stundenplan für erforderlich, das System insgesamt aber für gut, zeitgemäß und sogar für fortschrittlich.

Nicht von ungefähr, sondern wegen ihrer guten Ausbildung, stehen die in den Betriebsführerlehrgängen ausgebildeten deutschen Bergingenieure seit Jahrzehnten im in- und ausländischen Bergbau als Führungskräfte an leitender Stelle. Sie sind maßgeblich beteiligt an den Erfolgen der Grubensicherheit und an dem gewaltigen Anstieg der Arbeitsproduktivität in den letzten Jahren.

Die Betriebsführerlehrgänge durch ein besseres System zu ersetzen, ist keine leichte Aufgabe. Es darf nicht vergessen werden, dass hier Männer ausgebildet wurden und den letzten Schliff bekamen, die sich in den Betrieben schon bewährt hatten, denen durch die Freistellung schon Führungsqualitäten bescheinigt wurden und die, das erscheint mir der wichtigste Punkt zu sein, sich dem Bergbau verbunden fühlen.

Wir sind stolz darauf, Absolventen eines Betriebsführerlehrganges zu sein. Als Sprecher der Klassen O1, O2 und O3 des letzten Lehrganges, danke ich im Namen meiner Kameraden den Bergwerksgesellschaften, die uns die Teilnahme an dem Lehrgang ermöglicht haben. Dank auch – und an dieser Stelle besonders – an die Herren des Lehrerkollegiums.

Meine Herren!

Ein Jahr ist kurz, zu kurz eigentlich, um Leute, die so lange von der Schulbank weg waren, geistig wieder auf ›Vordermann‹ zu bringen. Ich muss heu-

te feststellen; es ist Ihnen trotzdem gelungen. Zwar haben beide Teile bisweilen kräftig Schweiß verloren, aber – vor den Erfolg haben die Götter nun mal den Schweiß gesetzt. Bis hier könnte ein Skeptiker noch sagen, das wäre doch selbstverständlich und auch Ihre Pflicht gewesen. Nicht selbstverständlich und nicht Ihre Pflicht war es aber, dass Sie uns, den alten ›Betriebshasen‹, soviel Verständnis entgegen gebracht haben; vor allem dafür möchten wir uns bedanken. Ihr freundliches Angebot, uns auch weiterhin mit Rat und Tat zur Seite zu stehen, nehmen wir dankend zur Kenntnis. Wir dürfen an dieser Stelle versichern, dass Sie uns eine Menge Wissen vermittelt haben, und das nicht nur theoretisch, sondern praktisch, anschaulich, betriebsnah, aktuell.

Wir stellen fest: Die Oberklasse war ein voller Erfolg; für uns, für Sie – und für unseren Arbeitgeber war sie gut investiertes Kapital.

Glückauf!

Wir waren insgesamt 28 Teilnehmer. Ich war der Zweitälteste und ihr Sprecher und rufe seitdem jährlich zum Treffen der Ehemaligen. Von den 28 sind inzwischen 16 verstorben. Ich bin jetzt 79 Jahre alt und habe heute mit meinen Kollegen telefoniert und sie zum Jahrestreffen 2012 eingeladen. Von den 12 noch Lebenden mussten vier wegen schwerer Erkrankung absagen. Die Belastungen dieses Berufes sind eben nicht im Zeug stecken geblieben! Unser Beruf bedeutete viele Jahre gute Bezahlung, aber unter unbeschreiblicher körperlicher, geistiger und nervlicher Belastung. Wir hatten viel zu wenig Zeit, um unser hart verdientes Geld auszugeben. So blieb es auch im Alter. Die Altersversorgung ist sehr gut, doch beziehen wir diese, jedenfalls im Rückblick, über eine erheblich kürzere Zeit als der Durchschnitt der Bevölkerung.

Ende der 60er Jahre verschärfte sich die Situation des deutschen Steinkohlenbergbaus weiter. Weitere Rationalisierungsmaßnahmen, Zechenschließungen, Kündigungen waren an der Tagesordnung. Zechen wurden stillgelegt, Belegschaften aus Rationalisierungsgründen entlassen. Man musste Angst um seinen Arbeitsplatz haben. Den Bergbauangestellten wurden einige Privilegien gestrichen, unter anderem auch die freie Dienstwohnung. Wohl wurde ein bestimmter Betrag dafür dem Gehalt zugeschlagen, der aber schnell von den Teuerungsraten aufgefressen wurde. Im Anbetracht dieser Situation beschlossen wir, ein Eigenheim zu bauen. Mit der ungewissen beruflichen Situation im Hintergrund war das schon sehr mutig und außerdem mit vielen zusätzlichen Ängsten verbunden. Dann legte auch noch ein Nachbar Widerspruch gegen das schon begonnene Bauvorhaben ein. Der Bau wurde zeitweilig eingestellt und mit der Sperrung von Hypotheken gedroht. Wir suchten anwaltlichen Rat und politischen Rückhalt. Letzteren erhielt ich von den SPD-Mitgliedern im Rat der Stadt. Das war für mich die Veranlassung, in die SPD, der ich ja ohnehin gedanklich nahe stand, einzutreten. Nachdem aber die Partei kriegsähnliche Auslandseinsätze der Bundeswehr befürwortete, bin ich nach 27jähriger Mitgliedschaft ausgetreten.

Nach vielen Wochen konnte unser Anwalt über die Landesbaubehörde die Baugenehmigung erreichen.

Im Mai 1972 war es dann so weit, wir zogen in unser Eigenheim und waren auf das Erreichte stolz. Kurz darauf erhöhten die Banken den Zinssatz für den variablen Teil der Hypothek von 7% auf 11%. Gleichzeitig nahm das Land für die zweite Hypothek, die zinslos gewährt werden sollte, aufgrund einer Gesetzesänderung einen Zinssatz von 2%. Eine unglaubliche Belastung für unser Budget und unsere Nerven. Das ging an die Substanz. Die gemeinsame Verantwortung für unsere Familie hat uns aber immer beflügelt und wir schafften es gemeinsam!

Der 20. Juli 1969 war eine Sternstunde für die Menschheit; der erste Mensch landete auf dem Mond. Die Raumfähre *Apollo 11* brachte die Mondfähre *Eagle* und die Astronauten Neil Armstrong und Edwin Aldrin dort ins ›Meer der Ruhe‹. Beim Betreten des Mondes sprach Armstrong die berühmt gewordenen Worte:

»Es ist ein kleiner Schritt für einen Menschen,
aber ein großer Sprung für die Menschheit.«

In meiner Jugend hatte ich mir sehr gewünscht, das einmal zu erleben. Entsprechend groß war meine Begeisterung. Einige Tage später kaufte ich mir eine Briefmarke vom ersten Mondflug, die ich immer noch gut aufbewahre. Diese Mission war ein sehr teures Prestigeobjekt der Amerikaner und beweist, was die Menschen zu schaffen in der Lage sind. Gestern der Mond, morgen der Mars und andere Planeten und Sterne! Und so phantastisch, beeindruckend und faszinierend das auch sein mag, drängt sich mir doch immer wieder die Frage auf: Ist das nötig? Nichts gegen Wissenschaft und Forschung, die ich für sehr wichtig halte. Was aber könnte mit gleichem Geldaufwand und gleichem Engagement Gutes auf dieser Erde getan werden?

Nach Besuch des Betriebsführerlehrganges wurde ich innerhalb der Stabsabteilung mit der Leitung der Mechanisierungsabteilung auf der Schachtanlage *Mathias Stinnes 1/2/5* beauftragt. Damit war ich für die Planung und Organisation des Maschineneinsatzes sowie für die Einsatz- und Betriebspläne für den gesamten Untertagebetrieb zuständig und bekam zusätzlich auch überbetriebliche Aufgaben übertragen.

Und wieder stand eine Verlegung an. Am 01.09.1971 verlegte mich der Vorstand wegen Stilllegung der Zeche *Mathias Stinnes* zur Zeche *Nordstern* in Gelsenkirchen Horst. Hier war eine Stelle als Wirtschaftsingenieur vakant. Ich bekam ausreichend Gelegenheit, die Zeche kennenzulernen und bekam hierfür zunächst eine Fahrsteigerabteilung im Abbau übertragen.

Später, ab dem 28.02.1972, erhielt ich dann die Bestellung zum Wirtschaftsingenieur. In dieser Eigenschaft war ich örtlich für das ganze Bergwerk zuständig. Sachlich bedeutete die Berufung die ›Überwachung der Materialwirtschaft hinsichtlich der Beschaffung und Verwendung nach Maßgabe der Bergverordnung und den dazu ergangenen ergänzenden Verfügungen‹.

Mit Wirkung vom 01.08.1975, ich war jetzt 42 Jahre alt, erfolgte dann die Beförderung zum Leiter der Obersteigerabteilung Abbau und zum ständigen Vertreter des Betriebsführers im Untertagebetrieb des Bergwerks *Nordstern*. In dieser Abteilung waren circa 1.000 Bergleute, vier Fahrsteiger, sechs Reviersteiger und circa 25 Steiger beschäftigt. Damit war ich für die gesamte Kohlenförderung des Bergwerks verantwortlich sowie für Sicherheit, Sauberkeit und Ordnung in dem weitverzweigten und unübersichtlichen Grubengebäude.

Die Aufgaben, die ich zu erfüllen hatte, umfassten eigentlich alles, was so anfallen konnte. Es war nicht nur sprichwörtlich ein Fulltime-Job; oft ging er auch tatsächlich über 24 Stunden. Langweilig wurde es jedenfalls nie; jeder Tag war anders und über jeden einzelnen könnte ich ein Buch schreiben.

1975/76 wurde ich vom Vorstand der BAG als Teilnehmer des Seminars für Betriebsführung benannt. Das waren 42 Fortbildungsveranstaltungen in allen relevanten Fächern, verbunden mit einer Studienreise in den Bergbau Ungarns und einer Wochentagung ›Führungs- und Rechtspraxis im Bergbau‹. Meine Ausbildung war also auch jetzt immer noch nicht beendet.

Wo im untertägigen Steinkohlenbergbau Kohle abgebaut wird, entstehen Hohlräume. Diese kann man nach Durchgang des Abbaus zu Bruch gehen lassen oder mit viel Aufwand und hohen Kosten wieder verfüllen. Selbst die verfüllten Hohlräume werden unter Belastung des

Gebirgskörpers bis zu 50% ihrer ursprünglichen Höhe wieder zusammengedrückt. Es kommt zu Absenkungen der Tagesoberfläche, zu Bergschäden. Es ist unglaublich aber es ist so! Durch den Bergbau sind ganze Gebiete mit Häusern, Kirchen, Straßen, Bächen um mehr als 20 Meter abgesenkt worden. Es sind Mulden entstanden, die, würde man sie nicht ständig durch das Abpumpen des Wassers frei halten, volllaufen und einen See bilden würden. Um das auf Dauer zu verhindern, müssen die Pumpen für alle Ewigkeit betrieben werden. Ewigkeitskosten!

Da auf dem Bergwerk *Nordstern* wegen der empfindlichen Tagesoberfläche und der relativ hohen Flözmächtigkeit die Betriebe einen erheblichen Anteil an Blasversatz hatten und nach dem neusten Stand der Technik arbeiteten, wurde ich als Obersteiger fast zwangsläufig auch Fachmann für Blasversatz. Gemäß einer Vereinbarung zwischen der Direktion und der Fachhochschule Bergbau beauftragte man mich, dort nebenberuflich den Studierenden Kenntnisse in diesem Bereich zu vermitteln.

Mit der Verantwortung ist das so eine Sache. Natürlich ist jeder an seiner Arbeitsstelle oder in seinem Arbeitsbereich verantwortlich und die letzte Verantwortung trägt der Arbeitgeber in Gestalt des Vorstandes. Dieser delegiert die Verantwortung schriftlich auf die Werksleiter, diese wiederum delegieren ihre Aufgaben schriftlich auf die Obersteiger und Betriebsführer für deren Zuständigkeitsbereiche. Dazu gibt es, wie ich meine, eine schöne Geschichte: Der Vorstandsvorsitzende der Ruhrkohle hatte sich zu einer Befahrung angekündigt. Der sollte natürlich nur Gutes sehen, einen Grubenbetrieb, der bezüglich der Sicherheit, Sauberkeit und Ordnung ohne Beanstandung ist und vor allem wenige Leute, die dummes Zeug reden konnten. Dafür war viel Vorbereitung erforderlich. Nach einer an sich gelungenen Befahrung saßen wir im Personenzug und der höchste Chef fragte: »Wer ist auf diesem Bergwerk für die Kohlenförderung verantwortlich?« Der Bergwerksdirektor beugte sich vor und zeigte mit dem Finger auf mich. »Oh«, sagte darauf der oberste Chef, »und ich habe gedacht, Sie seien dafür verantwortlich.« Danach herrschte für einige Zeit eisiges Schweigen.

Das Grundgehalt eines Obersteigers ist natürlich höher als das eines Fahrsteigers. Darüber hinaus ergaben sich bezüglich der Privilegien, wie Leistungszulagen und Deputat, im Dienstvertrag keine Änderungen.

Als ich einmal beim Lungenfacharzt war, fragte der mich, was denn wohl so ein Obersteiger auf der Zeche alles macht. Ganz erstaunt darüber, dass nicht jeder wusste, was das für ein zeitaufwendiger und nervenaufreibender Job ist, antwortete ich ihm: »Der Obersteiger ist für seinen Bereich der oberste Disziplinar- und Fachvorgesetzte und der Hauptverantwortliche für die Grubensicherheit. Er setzt theoretische Planung in Machbares um und macht alles, für das die im Rang höher Stehenden sich ehren und bezahlen lassen.« Der Doktor stellte fest: »Also genau so etwas wie der Oberarzt im Krankenhaus.« Wir waren uns einig!

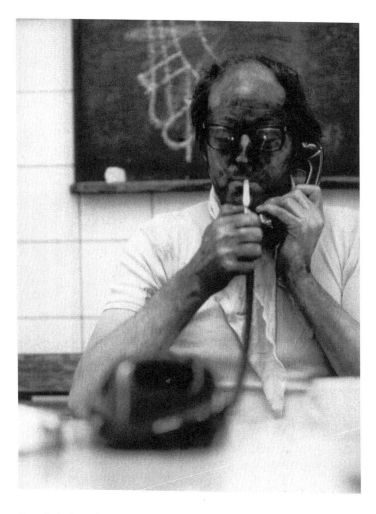

Der Job brachte nicht nur mehr Geld, ihn gut zu erfüllen erforderte auch einen größeren Zeitaufwand. Oft war ich jetzt von morgens 5:00 Uhr bis abends 20:00 Uhr auf der Zeche. Nur ganz selten gönnte ich mir mal Zeit für eine kurze Mittagspause zu Hause. In dieser Zeit ernährte ich mich von den mitgebrachten Dubbels, belegten Brötchen und Würstchen, die ich vom Kauenwärter holen ließ und natürlich von Kaffee, Cola und Zigaretten. Aber auch nach 20:00 Uhr war die Arbeitszeit genau genommen noch nicht zu Ende. Da sprach man von zu Hause aus noch telefonisch mit den Oberbeamten der Mittags- und Nachtschicht und wurde darüber hinaus bei schweren Unfällen, Gasalarm oder sonstigen erheblichen Betriebsstörungen in der Nacht geweckt. Gelegentlich waren diese Störungen so schwerwiegend, dass sie nicht telefonisch zu regeln waren und die eigene Anwesenheit erforderlich wurde – Adios Schlaf, Glückauf Zeche! Damals empfand ich das aber nicht als belastend. Ich stand in der Verantwortung und der persönliche Einsatz und das ›Kümmern‹ waren selbstverständlich. Aber auch das ist, wie man so schön sagt, nicht im Zeug stecken geblieben. Der Körper hat diese Überbelastung registriert und erst viel später auch reagiert!

Ja, und dann gab es noch die Besuchergruppen, die sich über den Bergbau informieren wollten und die geführt werden mussten. Da wir in den politischen Lagern Freunde und Fürsprecher verloren hatten, waren diese Besuche für uns von ganz besonderem Interesse. Wir konnten stolz den modernsten, am meisten mechanisierten und sichersten Untertagebergbau der Welt vorzeigen. Für die Besucher war es jeweils ein unvergessliches Erlebnis, ein Abenteuer. Sie kamen in eine faszinierende Welt. Vor der Grubenfahrt erhielten die Besucher eine kleine theoretische Einführung. Im Steigeranzug, mit aufgesetztem Grubenhelm mit Kopflampe, einem CO-Selbstretter und, falls erforderlich, auch mit einem Arschleder, ging es dann in rasender Geschwindigkeit in 1.000 Meter Tiefe. Wer das einmal mitgemacht hat, wird es sein ganzes Leben nicht mehr vergessen. Damit das alles gefahrlos geschehen konnte, waren vorher und bei der Grubenfahrt zahlreiche Sicherheitsmaßnahmen zu treffen; das haben wir sehr ernst genommen. Voller Achtung für die technische Ausrüstung und voll des Lobes für den nach wie vor schweren Bergmannsberuf sowie um einige Kenntnisse reicher, erreichten die Besucher dann einige Stunden später wieder das Tageslicht.

Für den Obersteiger war eine Besucherführung nur bei handverlesenen Leuten üblich, andere Besuchergruppen wurden durch den Sicherheitsdienst oder Arbeitsschutz geführt. Wenn eine Führung für den Obersteiger anstand, konnte sich das zeitlich lange hinziehen und endete in der Regel mit Brötchen, Bier und dem Bergmannsschnaps in der Oberbeamtenkaue. Alles natürlich im Grubenzeug und völlig ungewaschen, nicht einmal die Finger durften gesäubert werden. Hier wurden Leute, die sich besonders für den Bergbau verdient gemacht hatten, auf eine ganz besondere Weise geehrt. Sie wurden nämlich, sofern sie dazu bereit waren, zum Ehrenhauer geschlagen. Das war dann für alle eine sehr lustige Prozedur. Hilfsmittel waren ein Vorschlaghammer, in der Bergmannssprache ›Motteck‹ genannt, und eine Pfannschaufel, die sogenannte ›Pannschüppe‹. Beides wurde wie Folterwerkzeuge präsentiert. Man ließ sie herumgehen, von allen genauer ansehen, ließ sie bestaunen, betasten und anheben, um Respekt davor zu erreichen. Dann befragte man den Anwärter erneut, ob er immer noch bereit sei, in den edlen Stand der Ehrenhauer einzutreten. Das wurde trotz aller Angstmacherei in der Regel bejaht. Nun band man ihm das Arschleder um und er musste sich tief bücken. Ein Helfer hielt dem Anwärter eine Pfannschüppe vor den Hintern und ein anderer schlug kräftig zu. Für eine weiche Landung sorgte dann der Fänger, der sich in einiger Entfernung postiert hatte und den Anwärter auffing. Die Position des Fängers war dann besonders begehrt, wenn Frauen zum Ehrenhauer geschlagen wurden. Bei all dem Spaß hat so mancher diesen Ehrenschlag noch lange Zeit an seinem Allerwertesten gespürt. Über dieses Prozedere erhielt dann der Aspirant eine Ehrenhauerurkunde verbunden mit dem Privileg, beim Singen der 7. Strophe des Bergmannsliedes (... *wir tragen das Leder vor dem Arsch bei der Nacht* ...) wie alle echten Bergleute aufstehen zu dürfen.

Es gab also durchaus lustige Seiten in meinem Beruf, aber auch ernste und traurige Anlässe.

Einer meiner Vorgänger war Jäger und war auf der Rückfahrt von seiner Jagd mit seinem Auto tödlich verunglückt. Die Beerdigung fand in einem großen Rahmen statt. Nicht nur die Familie, sondern auch Arbeitskollegen im Bergmannskittel und die Jagdfreunde waren stark vertreten. Eine Bergmannskapelle und eine Jagdhorngruppe rundeten den würdigen Rahmen ab. Die Bergmannskapelle spielte am Grab die Bergmannshymne

»Glückauf der Steiger kommt ...« Und die Jagdhorngruppe stimmte das Lied vom guten Kameraden an: »Ich
hatte einen Kameraden, einen besseren findest du nicht
...« Ein Lied, das man noch gut aus den Kriegsjahren
kannte und das harte Kerle weich werden ließ. Nach
Verklingen der letzten Töne dieses Liedes fing der Jagd-
hund des Toten ein herzzerreißendes und nicht enden
wollendes Jaulen an. Alle waren tief erschüttert, ein kal-
ter Schauer lief meinem Rücken rauf und runter, es flossen Tränen!

Die schnell groß und größer werdende Familie verlangte
von meiner Frau und von mir ihren Tribut. Als Alleinver-
diener eine achtköpfige Familie gut zu versorgen, ist
selbst bei einem guten Einkommen nicht leicht. Es bedarf
einer ausgewogener Finanzplanung, zumal es später ja
auch einen zusätzlichen Aufwand für die Ausbildung und
das Studium der Kinder gab. Wenn mein Einkommen in
dieser Situation, aus welchen Gründen auch immer, einmal weggefallen wäre, hätte ich schnell die Armutsgren-
ze erreicht. Diese Angst fühlt man dann auch im Nacken.
Was andere aber lähmte, war mir Anreiz, einfach einmal
mehr aufzustehen als hinzufallen.

Das Finanzielle ist die eine Seite, wichtig und unver-
zichtbar! Aber es gibt auch noch eine andere Seite der
Medaille. Das ist die Versorgung des Haushaltes durch
die Hausfrau und Mutter. Acht Personen, die zudem alle
noch zu verschiedenen Zeiten nach Hause kommen,
ausreichend und ausgewogen mit Nahrung zu versorgen, ist an sich schon Schwerstarbeit und eine Meister-

leistung für die Frau des Hauses – aber, das ist noch nicht alles. Da ist die Wohnung sauber zu halten, Kleidung zu kaufen, Wäsche zu waschen, mit dem Fahrrad einzukaufen, und im Krankheitsfall möchte auch noch jeder umsorgt werden – und ich habe sicherlich noch die Hälfte vergessen! Und dem Mann musste bei all dem auch noch der Rücken freigehalten werden, sodass dieser sich auf seine Aus- und Weiterbildung, den Beruf, eben auf das Geldverdienen konzentrieren konnte. Natürlich das Ganze noch unter dem Zwang einer sparsamen Haushaltsführung. Wir, meine Frau und ich, waren beide bis zum Gehtnichtmehr ausgelastet, beide auch wohl zu gleichen Teilen, aber eigentlich nicht unglücklich dabei. Wenn man richtig in das Geschehen eingespannt und sich der Verantwortung bewusst ist, merkt man die Belastung nicht so. In unserer Familie musste alles funktionieren, da musste jeder mitwirken, mitdenken, verstehen, damit alles reibungslos lief und – heute weiß ich manchmal nicht mehr wie, aber – wir haben es geschafft! Jeder an seinem Platz. Sechs Kinder sind groß geworden, sechs Kinder konnten ihre Schulausbildung mit dem Abitur abschließen und hatten schon dadurch einen guten Start ins Berufsleben. Alle konnten nach dem Abitur ihr Wissen auf Fach-, Fachhoch- oder Hochschulen vertiefen, und haben inzwischen in ihren Berufen eine gehobene Position erreicht. Alle haben die richtige Einstellung zum Arbeitsleben und zu ihrem Beruf, bisher war keiner auch nur einen Tag arbeitslos. Ich bin stolz auf meine Kinder und auf das, was sie erreicht haben. Neben der guten Ausbildung hat es ihnen auch materiell an nichts gemangelt. Und das war nicht selbstverständlich! Aber manchmal bin ich traurig und bedauere es dann sehr, dass ich damals nicht mehr Zeit mit meinen Kindern verbringen konnte. Aber mein Job war nur **ganz oder gar nicht** zu meistern. Ein Wechsel hätte die Existenzgrundlage der ganzen Familie gefährdet.

An dieser Stelle noch einen Blick in einen modernen Bergbaubetrieb. Er zeigt den Zustand, wie er zu dem Zeitpunkt war, als ich die Untertagetätigkeit aus gesundheitlichen Gründen aufgeben musste, also ein Rückblick auf das Jahr 1982. Die Mechanisierung der Streben und der nachgeschalteten Bereiche ist auf allen Bergwerken erfolgt, überall aber etwas anders, aber nicht weniger wirkungsvoll.

Die Kohle wird mit elektrohydraulisch betriebenen Doppelwalzenladern gewonnen und über Kettenförderer vom Streb in die Fußstrecke transportiert. Über moderne Gummigurtförderer gelangt die Kohle über Wendelrutschen von der Fußstrecke in die Hauptstrecke. Dort wird sie in große Förderwagen geladen, mit führerlos betriebenen Fahrdrahtlokomotiven zum Schacht gefahren und ohne Fahrtunterbrechung in große Schachtbunker entladen. Vom Bunker aus wird die Kohle automatisch in ein etwa 20 Tonnen fassendes Fördergefäß gefüllt, welches sich nach erfolgter Füllung ebenfalls automatisch in Bewegung setzt und die Kohle über die Teufe von 1.000 Meter mit großer Geschwindigkeit nach oben hebt, zu Tage fördert. Ein Bergwerk hat ein weitverzweigtes Streckennetz (Tunnelnetz). Das bedeutet lange Wegezeiten zu den Arbeitsstellen. Um die zu verkürzen, transportieren heute modere Personenzüge die Bergleute bis nahe an ihre Arbeitsstelle. In Strecken und Anhöhen, die von der Endstation der Personenzüge bis zum Einsatzort noch zu überwinden sind, übernehmen den Transport der Bergleute und auch den Transport des erforderlichen Materials moderne Einschienenhängebahnen. In vielen Strecken erfolgte der Personentransport auch über – für Personenfahrt zugelassene – Gummigurtförderer, und das sowohl im Oberband als auch auf dem Unterband des Gurtförderers.

Im Streb stützen Schreitausbaueinheiten das Gebirge (Hangende). Der Schreitausbau wird hydraulisch an das Hangende gepresst und ebenfalls hydraulisch vorgezogen. Eine Ausbaueinheit besteht aus vier Stempeln (Hydraulikzylinder); jeder dieser Zylinder drückt mit 60 Tonnen gegen das Gebirge und hält dieses im Verband. Der Abtransport des Haufwerkes, so wird das Gemenge aus Kohle und Steinen genannt, zur Fußstrecke erfolgt über Kettenförderer, auch Panzerförderer genannt. Hinter dem Ausbau wird der Raum wieder mit Steinen verfüllt. Die auf Kieselsteingröße gebrochenen Steine (Blasberge) werden mit Hilfe von Blasmaschinen mittels Druckluft durch Blasrohre in den Hohlraum hineingeblasen. Ein sehr teures und zeitaufwendiges Verfahren.

Strecken mussten zu Beginn meiner Tätigkeit mühsam von Hand aufgefahren werden. Das bedeutet, die Bohrlöcher waren mit von Hand geführten Bohrhämmern in den Stein zu bohren. Heute werden oft schon mehrarmige Bohrwagen (Bohrlafetten) eingesetzt. Nach dem

Bohren folgte die Sprengarbeit und danach das Weg-
räumen des rausgeschossenen Haufwerkes mit einer
Schaufel in den Förderwagen – durch Knochenarbeit
also. Inzwischen erfolgt auch die Ladearbeit maschinell,
wenn nicht sogar Teilschnitt- und Vollschnittmaschinen
zum Einsatz kommen, die den vollen erforderlichen
Querschnitt aus dem Gestein schneiden. Auch übergro-
ße Schlaghämmer, ›Impakt-Ripper‹ genannt, wie man sie
auch von Abbrucharbeiten an der Erdoberfläche kennt,
kommen zum Einsatz. An der Einführung dieser Maschinen und auch an ihrer Weiterentwicklung für den Bergbau war ich in einigen Fällen beteiligt.

Zur Sicherheit und Überwachung der Betriebe werden
die Laufzeiten der Maschinen elektronisch an die übertägigen Grubenwarten gemeldet und dort aufgezeich-
net. An vielen Stellen im Untertagebetrieb sind darüber
hinaus Gasmessstellen für Methan (CH_4) und Kohlen-
monoxid (CO) eingerichtet. Sie geben die gemessenen
Werte ebenfalls direkt an die Grubenwarte und setzen
bei Erreichen von Gefährdungsgrenzen automatisch die
Maschinen auf Stillstand und warnen die Mannschaft.

Der hochtechnisierte Betrieb hatte zwangsläufig auch
eine positive Auswirkung auf das Berufsbild der Bergleute. Aus den früheren Malochern sind heute hoch qualifi-
zierte Facharbeiter geworden. Zuerst fand eine Abquali-
fizierung statt; vom früher hoch angesehenen Bergmann
zum staub- und kohleverdreckten Arbeiter. Heute hat
der Beruf auch in der Öffentlichkeit wieder positiv an
Profil gewonnen.

Früher wie heute gibt es aber das Zusammengehörig-keitsgefühl als **Kumpel**. Das bedeutet hier aber mehr als nur ›netter Kerl‹ oder ›Freund‹. Die **Kumpel** sind Kamera-den, die sich absolut und hundertprozentig aufeinander verlassen können, vor allem in Gefahrensituationen, von denen es in der Arbeitswelt des Bergmanns nicht wenige gibt. Die Bezeichnung **Kumpel** beschreibt auch und insbe-sondere eine solidarische Arbeits- und Schicksalsgemein-schaft. Eine Gemeinschaft, die im Gegensatz zu früher heute keine National- und Hierarchiegrenzen mehr kennt. Aber das war nicht immer so …

Die Beschäftigten im Bergbau waren stets zu über 90% gewerkschaftlich organisiert. Die Gewerkschaft hat im Laufe der Jahre eine Vielzahl von Sozialleistungen erstrit-ten. Nicht zu vergessen die vielen Verbesserungen beim Einkommen, beim Urlaub, den Freischichten und bei Arbeitszeitverkürzungen.

Die ersten Gastarbeiter in unserem Betrieb lernte ich Ende der 50er Jahre kennen, es waren Italiener. Als ich eines Morgens in den Lichthof ging, standen vor dem Zimmer des Betriebsführers etwa 20 Leute, alles Italie-ner. Sie hatten bei uns die erste Schicht verfahren und verlangten Geld für ihre Arbeit. Die Verständigung war sehr schlecht. Bald war aber klar, dass man ihnen bei der Anwerbung zugesagt hatte, sie bekämen einen täglichen Lohn von 20 DM. Offensichtlich hatte man aber verges-sen, zu sagen, dass der Arbeitslohn nicht täglich, son-dern monatlich ausbezahlt würde. Sie waren sehr aufgeregt, weil die Zusage nicht eingehalten wurde, verlangten sofort die Auszahlung ihres Arbeitslohnes und wollten den Betriebsführer sprechen. Nach langer Wartezeit ließ dieser sie in sein Büro. Die Italiener fingen dort laut zu schreien und zu randalieren an. Einige setzten sich auf den Boden, andere an den Sitzungstisch und einer sogar auf den Stuhl des Betriebsführers. Der Sekretär hatte inzwischen die Polizei informiert. Nach einiger Zeit kamen etwa 20 Polizeibeamte und versuchten, die Italiener zu beruhigen. Die aber schrien weiter und griffen sogar die Polizisten an. Als einer von ihnen einem Beamten die Pistole entwendete, gingen diese zum Angriff über, und kurze Zeit später lagen 20 Italiener mit Handschellen versehen auf dem Boden des Lichthofes und wurden dann einzeln abgeführt.

In meinem Revier in Flöz *Finefrau Nebenbank* bekam ich zwei Italiener zugeordnet; für mich die ersten Gastarbeiter! Flöz *Finefrau Nebenbank* war kein sehr attraktiver Arbeitsplatz und hatte nur eine Flözmächtigkeit von 0,50–0,60 Meter. Antonio und Amleto, die beiden Italiener, hatten sich schnell eingearbeitet und schon nach kurzer Zeit leistungsmäßig ihre deutschen Kollegen überholt. Es war eine Freude, mit ihnen zu arbeiten. Für sie gab es kein Schichtende nach der Uhrzeit, sondern Schicht war, wenn die Arbeit fertig war – und wenn sie dafür zwei Schichten am Tag schieben mussten.

Einige Jahre später kamen die Türken der ersten Generation. Für uns waren es Exoten, die wir mochten. Ich habe gerne mit ihnen gearbeitet. Keine Arbeit war ihnen zu schmutzig und zu gefährlich und sie waren stets freundlich; so freundlich, dass uns das manchmal schon zu viel wurde. Es kam durchaus vor, dass sie beim Vortragen einer Bitte einen tiefen Bückling machten oder sich sogar niederknieten und, wenn man nicht aufpasste, die Hand ergriffen, um sie zu küssen. Das war dann schon mal etwas peinlich.

In meiner Zeit als Wettersteiger hatte ich auch so ein paar Erlebnisse mit ausländischen Arbeitern. Einmal zum Beispiel sah ich durch mein Fenster, dass sich draußen zwei Türken stritten. Inzwischen hatte sich auch eine Anzahl von Zuschauern eingefunden, die tatenlos zusahen. Ich ging raus und auf die beiden Kontrahenten zu, um Frieden zu stiften. Aus der Zuschauermenge wurde mir zugerufen: »Aufpassen, der hat ein Messer.« Dann sah auch ich das 30 Zentimeter lange Brotmesser in der Hand des einen, mit dem der andere bedroht wurde. Der angegriffene Türke lief weg. Jetzt setzte eine Hetzjagd ein. Der eine Türke vorweg und der andere mit dem Messer hinterher. Durch den Lichthof, durch den Schalter in das Steigerbüro und noch durch weitere Büros bis in eine Flursackgasse vor dem Magazin. Hier holte der Verfolger seinen Gegner ein und, bevor wir ihn zurückhalten konnten, warf er ihn zu Boden und stach mit dem Messer mehrfach auf ihn ein. Wir konnten dann den Türken überwältigen und der Polizei ausliefern. Der angegriffene Türke wurde bewusstlos mit mehreren Messerstichen in der Brust ins Krankenhaus gebracht; er hat es zum Glück überlebt. Einige Monate später gab es eine

Gerichtsverhandlung, zu der ich als Zeuge geladen wurde.

Ganz so tragisch lief es nicht immer ab, manchmal waren auch komische Sachen dabei, aber vor allem gehörten alle Männer, die im Bergbau arbeiteten, egal aus welchem Land sie kamen, als Kumpel zusammen.

In meiner Zeit als Obersteiger kam ich durch einen Betrieb, der eine Förderstörung an einem Kettenförderer hatte. Steiger Rolli stand in dem defekten Förderer und erklärte gerade einem Türken, was er zu tun hätte. Der Türke hatte offensichtlich nichts verstanden und schaute den Steiger ungläubig an. Dieser ging etwas näher auf den Türken zu und sagte mit erhobenem Finger: »Ja, du kannst weißem Mann ruhig glauben.« Die Situation war so komisch, dass ich mich vor Lachen nicht mehr halten konnte.

Und keiner von uns, egal woher er einst kam, war vor der Geißel des Bergmanns, der Staublunge, in Sicherheit. Dieser Gefahr war jeder ausgesetzt und wir alle hatten Angst davor. Ja, die Angst war immer mit in der Zeche. Zu viele hatte das Schicksal bereits ereilt. Zu viele waren bereits daran gestorben. Auch bei mir machte sich irgendwann die Belastung des Berufes körperlich bemerkbar.

Durch das Einatmen von lungengängigen Quarzstäuben kommt es zum Ausfall von mehr oder weniger großen Teilen der Lunge. Nebenwirkungen sind Kreislaufstörungen, Bronchitis und Lungenemphysem. Die Staublunge ist seit vielen Jahren als Berufskrankheit der Bergleute anerkannt und ist nicht heilbar, wohl aber können die auftretenden Beschwerden durch Medikamente gemildert werden.

Die krankmachende Wirkung von Gesteinsstaub war schon seit dem Altertum aus anderen Bergbauzweigen bekannt und war auch dort schon ein großes Problem. Es ist daher eigentlich erstaunlich, dass das im Steinkohlebergbau an der Ruhr so spät erkannt und beachtet wurde. Besonders gefährlich war der Abbau in den Flözen der Anthrazit-, Mager- und Esskohle und das vor allem in der steilen und halbsteilen Lagerung. Genau dort aber war ich in meinen ersten Berufsjahren eingesetzt. Zu Beginn meiner Untertagetätigkeit im Jahre 1949 gab es bezüglich der Staubbekämpfung nur zaghafte Versuche. Etwa ab Mitte der 50er bis Anfang der 60er Jahre änderte sich das. Es war ein weiter, aber erfolgreicher Weg.

Heute gibt es gute Maßnahmen, den Staub schon bei der Entstehung zu bekämpfen: Anfeuchten des Haufwerkes, Wasserberieselung bei mechanischer Gewinnung, der Einsatz von Nassbohrmaschinen und Nassabbauhämmern sowie das Kohlenstoß-Tränkverfahren und auch die Staubabsaugung. Aber auch schon vorhandene Staubmaskentypen als persönliche Schutzmittel wurden weiterentwickelt. Dabei gab es allerdings auch einige Fehlentwicklungen, die die Situation für die Kumpel sogar noch verschlechterte. Eine dieser Fehlentwicklungen war der Pressluftatmer, der zwar vor Staub schützen konnte, aber den Träger an Bronchitis und Lungenem-

physem erkranken ließ. Welch ein Drama, eine Schutz-
einrichtung wird zum Krankheitsherd! Der Preßluftatmer
ist dann auch schnell wieder aus dem Verkehr gezogen
worden.

Heute gibt es gesetzliche Vorschriften für den Einsatz der
Untertagebeschäftigten in staubbelasteten Betrieben, wo
der Grad der Belastung gemessen und der Betrieb entsprechend eingestuft wird. Untertagebeschäftigte dürfen

ihrer Vorbelastung an Gesteinsstaub entsprechend in ihrem Bergmannsleben nur eine beschränkte Anzahl von Schichten in staubbelasteten Betrieben verfahren. Erreicht die persönliche Belastung des Bergmanns einen bestimmten Grad, so ist ihm weitere Untertagetätigkeit untersagt.

Mich persönlich betraf diese Regelung dann im Jahre 1982. Ich war damals 49 Jahre alt, war auf dem Zenit meines beruflichen Könnens und sah meine berufliche Karriere überhaupt noch nicht am Ende. Eine persönliche Katastrophe. Als ich aus einem Urlaub zurückkam, fand ich einen Vermerk vor, dass ich mich vor Aufnahme der Arbeit beim Werkchef melden möchte. Er teilte mir mit, man habe sich, nachdem der Bescheid der Berufsgenossenschaft eingetroffen war, um eine Ausnahmegenehmigung bei der Behörde bemüht. Diese ist aber weder für die Dauer noch für einen zeitweiligen Einsatz, z.B. für eine Position bei der Hauptverwaltung mit nur gelegentlichen Grubenfahrten, genehmigt worden.

Ich wurde zunächst mit Planungsaufgaben für die Grube beauftragt. Höheren Ortes war man zunächst ratlos und ließ durchblicken, ich sei ja sozial abgesichert und könne in den vorgezogenen Ruhestand gehen. Wie hätte ich mir das aber leisten können, lebten doch von meinen sechs Kindern immer noch drei in meinem Haushalt und die anderen waren auch noch in der Ausbildung oder im Studium. Zweimal habe ich in dieser Zeit und in der Angelegenheit eine schriftliche Eingabe an das Bundesfamilienministerium gemacht und eine unbefriedigende Antwort erhalten.

Einige Wochen gingen vorbei und ich wurde so langsam nervös. Alle waren in dieser Zeit sehr nett zu mir. Ich bekam aber jetzt eine Ahnung davon, wie ›wertvoll‹ auch ein ehemaliger Leistungsträger ist, der die gewohnte Leistung nicht mehr für den Betrieb erbringen kann/darf. In meiner Not rief ich das Vorstandsbüro an, um einen Termin zu erbitten. Statt der Sekretärin meldete sich der Arbeitsdirektor persönlich. Ich erfuhr, dass er informiert war und in Kürze eine Entscheidung treffen wollte.

Irgendwann kam dann endlich der Bescheid. Der Vorstand beabsichtigte, mich entweder als Leiter eines Fortbildungsbetriebes oder als Leiter eines Ausbildungsbetriebes einzusetzen. Zur Vorbereitung auf diese Tätigkeit verlegte mich der Vorstand zur Hauptabteilung B3, die für Aus- und Weiterbildung und angewandte Arbeitssicherheit zuständig war. Parallel dazu besuchte ich in Essen Heisingen einen Lehrgang zur Erlangung der Ausbildereignungsprüfung, die ich am 10.02.1983 mit Erfolg bestand.

Am 01.10.1982, mit 49 Jahren, wurde ich von der Zeche *Nordstern* zur Zentrallehrwerkstatt Zollverein 4/11 versetzt, wo ich zunächst von meinem Vorgänger eingearbeitet wurde. Am 11.07.1983 übertrug mir dann der Vorstand die Unternehmerpflichten für diesen Bereich. Gleichzeitig erfolgte die Bestellung als verantwortliche Person gemäß §§ 58ff des Bundesberggesetzes.

In der Bestellung hieß es: »Sie sind Fach- und Disziplinarvorgesetzter aller Ihnen nachgeordneten Personen.« Die Ruhrkohle war zu dieser Zeit mit ca. 12.000 Lehrlingen der größte industrielle Ausbilder in Deutschland. Die Auszubildenden wurden auf den Zechen eingestellt und für Ausbildungsabschnitte, die besonders kostenintensiv waren und besonders geschulte Ausbilder erforderten, zeitweise in zentrale Ausbildungsbetriebe geschickt. Mein Ausbildungsbetrieb, die Zentrallehrwerkstatt Zollverein 4/11, war mit 475 Auszubildenden, 55 Ausbildern und zwei Bürofachkräften belegt. Unter Berücksichtigung der Berufsschultage und sonstigen Fehlschichten lag die Anwesenheit im Ausbildungsbetrieb je Tag bei 350–380 Personen. Ausgebildet wurde in den Berufen: Industriemechaniker, Energieanlagen-Elektroniker, Elektroinstallateure, Bergmechaniker und Berg- und Maschinenleute. Daneben wurden im Rahmen der Erwachsenenfortbildung Autogen- und Elektroschweißer ausgebildet und nachgeschult.

Ausbildungsbereich für Bergmechaniker
im Keller des Hauptgebäudes.

Die Einarbeitung in diesen für mich völlig neuen Bereich fiel mir leichter als gedacht. Ich möchte aber auch betonen, dass ich hier ganz hervorragende und willige Mitarbeiter (Meister, Steiger u. Techniker) vorfand. Es war also genügend Know-how vorhanden, es musste nur geweckt werden. Das Arbeiten mit den Jugendlichen machte mir Spaß. In den ganzen Jahren gab es keine großen Probleme. Die Jugend, die ich hier vorfand, war besser als der Ruf, der ihr vorauseilte. Alle waren technisch interessiert und bemühten sich redlich etwas zu lernen, und das bei einem überwiegend akzeptablen Verhalten. Das gilt insbesondere auch für die jungen Frauen in den technischen Berufen. Disziplin ist sicher in Ausbildungsbetrieben besser einzufordern als in der Berufsschule. Die mitgebrachten schulischen Kenntnisse waren schwach bis kaum vorhanden. Damit und auch mit der Einhaltung einer Disziplin hatten die Berufsschullehrer ihre Mühe. Wo es bei den Auszubildenden nicht ganz passte, haben wir im Betrieb Nachhilfe in den Grundfächern geben müssen.

Ich selbst konnte bald Akzente setzen und eigene Vorstellungen von einer modernen Ausbildung verwirklichen. Vorstellungen, die weit über die bestehenden Ausbildungsrahmenpläne hinausgingen, die natürlich auch bei einigen Personen und Gremien auf Widerstand stießen. Es war viel Überzeugungsarbeit erforderlich. Schlussendlich konnte ich für die Ausbildung der Energieanlagenelektroniker Computer beschaffen, mit denen speicherprogrammierbare Steuerungen entworfen und simuliert werden konnten.

Erklärungen für die nebenstehende tabellarische Übersicht

Wirtschaftskrise	Revolutionsjahr	Änderungen der Bergordnung	Einführung des Generalprivilegs

Zahlen in Zeile 4, Spalten 3 und 5, Mommsen/Borsdorf, Seite 28
Zahlen in Zeile 5, Spalte 3, Mommsen/Borsdorf, Seite 28
Endnoten: **Für die Beschreibung der Spalten stehen in der obersten Zeile in Klammern**
Für die Beschreibung der Zeilen stehen unten Spalte 13

[1] Angaben ab 1792, Zeile 5, Tenfelde, Seiten 602 und 603
[2] Angaben ab 1792, Zeile 5, Tenfelde, Seiten 602 und 603
[3] Angaben ab 1820, Mommsen/Borsdorf, Seite 36
[4] Angaben ab 1792, Zeile 5, Tenfelde, Seiten 602 und 603
[5] Angaben Mommsen/Borsdorf, Seite 36
[6] Angaben in Spalte 7, Jahrbuch für den Oberbergamtsbezirk Dortmund, abgedruckt in Otto Hue, Die Bergarbeiter, Historische Darstellung der Bergarbeiter-Verhältnisse von der ältesten bis zur neuesten Zeit
[7] Alle Angaben aus Spalte 8 nach Klaus Tenfelde, Sozialgeschichte der Bergarbeiter an der Ruhr, S. 603 u. 319
[8] Alle Angaben aus Spalte 9 nach Klaus Tenfelde, Sozialgeschichte der Bergarbeiter an der Ruhr, S. 603
[9] Zahlen beziehen sich auf den Gesamtbereich der Deutschen Knappschaftsberufsgenossenschaft, Otto Hue, Seite 9
[10] Alle Angaben aus Spalte 11 nach Klaus Tenfelde, Sozialgeschichte der Bergarbeiter an der Ruhr im 19. Jh. S.225,226
[11] Alle Angaben aus Spalte 12 nach Klaus Tenfelde, Sozialgeschichte der Bergarbeiter an der Ruhr im 19. Jh. S.225,226
[12] Alle Angaben in Spalte 13 nach Klaus Tennfelde, Sozialgeschichte der Bergarbeiter an der Ruhr, S. 603 u. 319
[13] Neue Bergordnung und Gründung des Märkischen Bergamtes
[14] **Abbau in der Ruhrzone, Herkunft der zugewanderten Arbeiter aus der Grafschaft Mark, Herzogtum Berg, Siegerland, Waldeck, Harz (Seminarunterlage)**
[15] Am 29.4.1766 „Revidirte Bergordnung für das Herzogthum Cleve, Fürstenthum Meus und die Grafschaft Mark". Diese Bergordnung blieb bis 1865 in Kraft. Regierungszeit **Friedr. d. Gr. 1740-1786**
[16] Am 16.5.1767 wurde das Generalprivileg erlassen. **Friedrich Wilhelm II. von 1786-1797**
Friedrich Wilhelm III. von 1797-1840
[17] Durchstoßen der Mergelschicht. Ab ca. 1840 Abbau in der Hellwegzone. Zuwanderer aus Argrargebieten von Westfalen, Lippe, Rheinland, Hessen **Friedrich Wilhelm IV. von 1840-1861**
[18] Revolutionsjahr
[19] Am 12.5.1851 ist das Miteigentümergesetz in Kraft getreten
[20] Am 10.4.1854 ist das Knappschaftsgesetz in Kraft getreten
[21] Von 1857-1859 Wirtschaftskrise,. Von den Zechen werden erste Feierschichten gemeldet. (Natorp)
[22] Am 21.3.1860 ist das Freizügigkeitsgesetz in Kraft getreten. Ab ca. 1860 Abbau in der südl. Emscherzone, Zuwanderer anfangs aus Nordwestdeutschland, später aus Ost-und Westpreußen Posen, Schlesien, Polen, Slowenien, Böhmen, Steiermark
[23] Am 12. 6. 1861 ist das Kompetenzgesetz in Kraft getreten. **Wilhelm I. 1861-1888,** 1862 Bismarck pr. Ministerpräs.
[24] 1865 wird das Allgemeine Berggesetz erlassen **Friedrich III. 1888, Kaiser für 99 Tage**
[25] Schon im 2. Halbjahr 1870 hatte eine Gründertätigkeit großen Stils begonnen. (Reichsgründung, Gründerboom) ab etwa 1870 Abbau in der nördliche Emscherzone (Vestische Zone)
Herkunft der Zuwanderer: wie unter Nr. 22
[26] Streik von ca. 21000 Essener Bergleute.
[27] Beginn einer großen Wirtschaftskrise, die bis 1878/79 anhält. (Gründerkrach) Große Depression!
[28] **Herkunft der Zuwanderer aus den übrigen Zonen des Ruhrgebietes**

Wilhelm II. von 1888-1918
Bismarks Sturz 1890

Ich in meiner Zeit
Leo Abel

1. Auflage
Februar 2013

ISBN Buch: 978-3-944050-43-0
ISBN E-Book: 978-3-944050-44-7

Lektorat: Ulrike Rücker • ulrike.ruecker@klecks-verlag.de
Umschlaggestaltung: Ralf Böhm
info@boehm-design.de • www.boehm-design.de

© 2013 KLECKS-VERLAG
Würzburger Straße 23 • D-63639 Flörsbachtal
info@klecks-verlag.de • www.klecks-verlag.de

Printed in Germany.

Alle im Buch enthaltenen Angaben wurden vom Autor nach bestem
Wissen erstellt und erfolgen ohne jegliche Verpflichtung oder Garantie
des Verlages.
Der Verlag übernimmt deshalb keinerlei Verantwortung und Haftung
für etwa vorhandene Unstimmigkeiten.

Bibliografische Information der Deutschen Nationalbibliothek:
Die Deutsche Nationalbibliothek verzeichnet diese Publikation in der
Deutschen Nationalbibliografie; detaillierte bibliografische Daten sind
im Internet über http://dnb.d-nb.de abrufbar.